21 世纪采购与供应规划系列教材配套习题与案例

采购与供应战略
习题与案例

胡 军 黄 瑶 编著

中国物资出版社

图书在版编目（CIP）数据

采购与供应战略习题与案例/胡军，黄瑶编著．—北京：中国物资出版社，2010.1

（21世纪采购与供应规划系列教材配套习题与案例）

ISBN 978 – 7 – 5047 – 3274 – 3

Ⅰ．采…　Ⅱ．①胡…②黄…　Ⅲ．①采购—物资管理②物资供应—物资管理　Ⅳ．F252

中国版本图书馆 CIP 数据核字（2009）第 212273 号

策划编辑　钱　瑛
责任编辑　董　涛
责任印制　何崇杭
责任校对　孙会香　杨小静

中国物资出版社出版发行

网址：http：//www.clph.cn

社址：北京市西城区月坛北街 25 号

电话：(010) 68589540　邮编：100834

全国新华书店经销

中国农业出版社印刷厂印刷

开本：787mm×1092mm　1/16　印张：18　字数：427 千字

2010 年 1 月第 1 版　2010 年 1 月第 1 次印刷

书号：ISBN 978 – 7 – 5047 – 3274 – 3/F·1292

印数：0001—3000 册

定价：**29.80 元**

（图书出现印装质量问题，本社负责调换）

前　言

随着经济全球化的发展和全球供应链管理的普遍实施，越来越多的跨国公司将其全球采购网络迅速向我国延伸。资料表明，近两年跨国公司在我国的年采购额已突破千亿美元，并呈逐年递增的态势。

当前，我国经济领域"采购"也成了热点话题，包括电子商务采购、企业招标采购和公共（政府）采购，跨国公司在我国建立采购中心又使这一热点加温。加强采购与供应管理、降低采购成本是企业价值链中的重要一环，对企业提升核心竞争力具有十分重要的意义。

据有关专家预测：我国加入WTO以后，将有望在10年内成为全球的制造中心和采购热点国家。跨国公司在我国的采购与我国企业的国际采购将日趋频繁。然而，由于我国长期以来采用传统的采购模式，致使我国企业的采购管理仍是一个十分薄弱的环节。有关资料表明，目前我国工业企业产品销售成本中，采购成本一般在60%左右。我国企业的采购管理水平与国际一流跨国公司相比差距十分明显，如不尽快改善与创新，仅采购环节就将在激烈的市场竞争中处于劣势。因此，如何学习、吸取国际先进企业采购管理理念和经验，改革传统的采购管理模式，加强采购管理，是当前我国广大企业普遍关注和亟待解决的热点问题。实践证明，加强采购管理，是企业降低成本的关键环节，是保证商品质量的重要手段，是提高企业敏捷性的重要前提，是增强企业核心竞争力的重要途径。伴随着全球竞争的加强，企业采购环节的地位将更加突出，采购工作将更加严格。

另外一个重要的、引人注意的方面就是政府采购日益进入经济生活。各个地方政府已经把政府采购列为一项重要的工作内容，而且随着我国《政府采购法》的出台，预计今后5～10年将进入我国政府采购的成熟期。政府采购是公共财政支出的重要方面，其对减少采购成本、节约巨额开支、规范采购行为、促进政府采购中的廉洁、增进公众对政府采购制度的信心等具有重要意义。

全球采购活动进入我国，也对我国企业和我国的经济政策、贸易制度提出了许多挑战。例如，企业的产品种类、质量与标准能否满足跨国公司全球生产体系和国际市场的要求，企业如何了解和适应国际采购的规则和方法，国内相关服务行业和基础设施是否能够适应国际采购中心运作的要求，经济体制和贸易政策中还存在着哪些不利于企业参与全球化竞争的内容，等等。这些方面也是当前需要企业、政府及相关研究机构进行深入研究和探讨的。

我国企业需要通过加强采购管理以适应全球资源配置的方式，同时，更应该在广泛参与国际市场竞争中建立起全球化的生产网络和采购网络，真正提高我国企业在国际市场上的竞争能力。

随着物流与供应链管理在社会经济中的地位越来越重要，物流人才的培养在我国蓬勃发展起来。作为物流和供应链管理领域中重要的一部分，采购人才在社会经济中起的作用越来越大，尽快地培养复合型采购专业人才非常迫切。当前，培养专业的采购人才主要有两种途径：一是在物流专业教学中简单地开设采购管理相关的课程，但这些课程很少有针对专业采购的，而且所授的知识都是传统的采购知识；二是通过认证机构，诸如国际性 CIPS（英国皇家采购与供应认证体系）、ITC（国际采购中心）和国内采购培训（中国采购与供应协会、劳动部）等机构进行的采购理论培训，国际培训机构的培训体系尽管非常完善，但是缺少合格的师资并且很多素材脱离了我国的实际。

针对国内采购管理蓬勃发展和采购人才的培养需要，编写物流专业的采购用书和采购专业的理论书籍显得尤为必要。基于专业采购人才培训和教材现状，在中国物资出版社及其编辑的大力支持下，作者规划了"21 世纪采购与供应规划系列教材"（系列教材书目见封底，本书是该系列教材的配套习题与案例）。系列教材借鉴了欧美国际采购的培训知识体系，同时结合我国企业采购人才培养的实际需要。希望系列教材能够成为物流专业中"采购与供应课程"的专业资料，亦能够成为专业采购人士的案头用书。

本书作为采购与供应规划系列教材中《采购与供应战略》的配套习题与案例，从知识的掌握和应用出发，紧紧围绕教材并对教材中的基本概念、重点难点和知识体系以不同的题型进行阐述，并通过案例分析锻炼读者分析问题和解决问题的能力。

全书共分为十一章，它和系列教材《采购与供应战略》中章节对应。首先是战略管理理论的知识习题与案例；其次是采购战略概述、市场供需原理、环境分析和战略定位等知识习题与案例；再次是根据采购战略的构成，重点介绍供应商战略、商品战略、核心能力战略、采购渠道战略、库存战略和成本战略等知识习题与案例；最后是介绍了战略采购的实施的知识习题与案例。

　　全书由胡军主编和统稿，并负责完成本书的第一至第八章，第九至第十一章由黄瑶（杭州商学院）负责完成。

　　全书在编写过程中得到了浙江诸多高校老师（浙江大学、浙江工业大学、浙江财经学院、中国计量学院、杭州电子科技大学等）和浙江工商大学硕士生的参与和支持。在此，对他们的辛勤工作表示衷心的感谢。

　　同时，本书在成书过程中得到了浙江工商大学信息学院院长凌云教授、陈子侠教授和傅培华教授的热情指导，浙江工商大学信息学院物流管理和工程系的老师在案例资料收集、素材整理上给予大力支持和协助，在此对他们表示衷心的感谢。感谢中国物资出版社的钱瑛编辑对本书出版的大力支持。

　　由于作者水平有限，成稿时间仓促，书中表述难免出现疏忽和谬误，敬请各位专家、读者提出批评意见，并及时反馈给作者，以便逐步完善（联系邮箱 junny_hu@ mail. zjgsu. edu. cn）。

　　本书在编写过程中参考或引用了许多专家学者的资料，作者已尽可能在参考文献中列出，谨对他们表示衷心的感谢。

胡　军

2009 年 8 月于浙江工商大学

目　录

第一章　战略管理理论

一、知识概述

通过本章的学习，掌握战略管理的基本理论，了解采购与供应战略的发展和作用。

二、基本概念

1. 概念1——采购与供应
【说明】从狭义的角度，采购与供应具有相同的含义；从广义的角度，供应包括与采购相关的更广泛的业务职能活动，它是采购的延伸。

2. 概念2——战略管理
【说明】战略管理是指企业高层管理人员为了企业长期的生存和发展，在充分分析企业外部环境和内部条件的基础上，确定和选择达到目标的有效战略，并将战略付诸实施及对战略实施的过程进行控制和评价的一个动态管理过程。

3. 概念3——公司愿景
【说明】公司愿景也叫公司使命，指企业区别于其他类型组织而存在的原因或目的。绝大多数的公司愿景是高度抽象的，公司愿景不是企业经营活动具体结果的表述，而是为企业提供了一种原则、方向和哲学。

4. 概念4——产业战略环境
【说明】对某一产业内的企业来说，产业战略环境是比一般战略环境更有直接影响的环境因素，它的特点是对产业内的所有企业都有影响，但对产业外的企业几乎没有影响。

5. 概念5——企业战略环境
【说明】企业战略环境是指对特定企业有重大影响的外部环境因素，是特定企业最直接的外部战略环境。一般来说，不同的企业会有不同的特别战略环境因素。

6. 概念6——管理水平
【说明】管理水平是指企业各方面的管理状况，主要包括战略管理、营销管理、生产管理、技术管理、质量管理、设备管理、供应管理、财务管理、人力资源管理和信息管理等。

7. 概念7——利益相关者
【说明】利益相关者是与企业有战略性利益关联的经济主体，主要包括银行、客户、供应商、股东和工会。

8. 概念8——"雷达图"分析法

【说明】"雷达图"分析法是从企业的生产性、安全性、收益性、成长性和流动性五个方面,对企业财务状态和经营现状进行直观、形象的综合分析与评价的图形。因其形状如雷达的放射波,而且具有指引经营"航向"的作用,故而得名。

9. 概念9——比较分析法

【说明】比较分析法是一种有价值的战略分析方法,有历史比较、行业比较和最佳业务比较三种不同的比较方法。

10. 概念10——总体战略

【说明】总体战略是研究企业要去哪儿和企业应该经营哪些事业以使企业长期获利等,是企业的战略总纲领,是企业最高管理层指导和控制企业的一切行为的最高行动纲领。

11. 概念11——业务单元战略

【说明】业务单元战略是在企业总体战略的指导下,经营管理某一个战略单位的战略计划,是总体战略之下的子战略,为企业的整体目标服务。

12. 概念12——职能战略

【说明】职能战略考虑如何有效组合企业内部资源来实现总体战略和业务单元战略。它更注重企业内部主要职能部门的短期战略计划,以使职能部门的管理人员能够清楚地认识到本职能部门在实施企业总体战略和业务单元战略中的责任与要求。

13. 概念13——增长向量

【说明】增长向量又称成长方向,不涉及企业目前产品与市场的态势,而是说明企业经营运行的方向,即从现有产品与市场组合向未来产品与市场组合移动的方向。

三、重点内容

1. 采购管理的发展

采购管理的发展经历的三个阶段如表1-1所示。

表1-1   采购管理的发展经历的三个阶段

现 在	发 展	战略原则
日常操作/执行	客户满意、供应商管理、物品采购专家组、市场机制	业务流程重整以向客户提供增值服务、获得竞争优势
行政管理、减少采购资源	流程增值、资源增值	构建组织能力、提高效率和价值
减少手动操作和重复作业	自动化和系统化——目录采购、采购卡、批量空白订单采购	无纸化办公、自我服务模式

2. 战略管理基本程序

战略管理基本程序分四个步骤。

（1）环境审视。

（2）战略制订。

（3）战略实施。

（4）战略评价和控制。

3. 战略管理体系

战略管理体系的结构如下图所示。

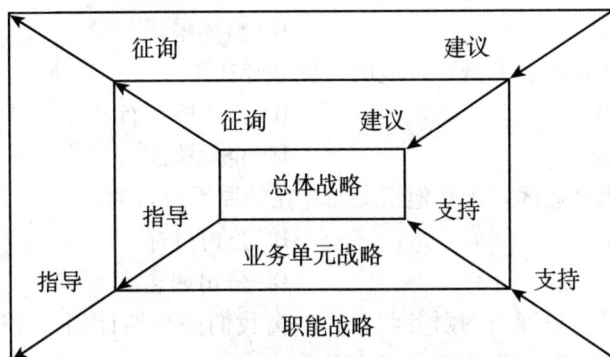

战略管理体系

四、习题与案例

（一）单选题（本题共 20 小题）

在每小题列出的四个备选项中只有一个是符合题目要求的，请将其代码填写在题中的括号内。错选、多选或未选均不得分。

1.（　　）对降低成本、提高公司核心竞争力是必不可少的一环，且又是供应链必不可少的一环。

A. 物料的监控　　　　　　　　B. 物流的速度

C. 生产　　　　　　　　　　　D. 采购

2. 在某种程度上，（　　）降低成本的方法已经达到其极限。

A. 劳动力成本小型化　　　　　B. 流程再造

C. 降低原材料成本　　　　　　D. 降低服务成本

3.（　　）不是战略管理的特点。

A. 风险性　　　　　　　　　　B. 长远性

C. 投资性　　　　　　　　　　D. 创新性

4. 下列关于供应战略与规划的关系的叙述正确的是（　　　）。

A. 供应规划是供应战略的核心和指导方针

B. 供应战略的选择从宏观大方向上指导企业供应管理和规划工作

C. 供应规划和供应战略是等同的　　　D. 供应规划决定了供应战略的选择

5. 战略管理需要（　　　）参与。

A. 企业领导　　　　　　　　　　　B. 全体股东

C. 战略管理部门高管　　　　　　　D. 全体员工

6. 下列不属于战略管理原则的是（　　　）。

A. 风险最低原则　　　　　　　　　B. 适应环境原则

C. 全员参与原则　　　　　　　　　D. 整体最优原则

7. 结构学派认为构成企业战略环境的关键部分在于（　　　）。

A. 宏观经济形势　　　　　　　　　B. 企业所在行业

C. 企业自身优势　　　　　　　　　D. 企业资源

8. （　　　）是指企业区别于其他组织而存在的原因或目的。

A. 公司愿景　　　　　　　　　　　B. 公司目标

C. 公司战略　　　　　　　　　　　D. 公司理念

9. 我们的责任是获得优秀的财务收益，平衡我们的长期计划，为股东获益及履行对社会和环境的义务，这是（　　　）公司的愿景。

A. 摩托罗拉　　　　　　　　　　　B. 美国石油

C. 康柏计算机　　　　　　　　　　D. 麦当劳

10. 战略管理理论从 20 世纪 90 年代至今，其主体是（　　　）。

A. 财务控制　　　　　　　　　　　B. 长期战略计划

C. 资源与核心能力　　　　　　　　D. 行业结构与竞争分析

11. 波特的"五力分析"适用于（　　　）的分析。

A. 一般战略环境　　　　　　　　　B. 外部战略环境

C. 企业战略环境　　　　　　　　　D. 产业战略环境

12. "五力分析"中的（　　　）既有威胁，也可能带来机会。

A. 产业进入者　　　　　　　　　　B. 企业间的竞争

C. 替代品　　　　　　　　　　　　D. 买方的讨价还价能力

13. 对于动态的复杂的外部战略环境，企业应该采取（　　　）的分析技术。

A. 组合分析　　　　　　　　　　　B. 经验分析

C. 历史性分析　　　　　　　　　　D. 分解分析

14. "雷达图"分析法中最大圆圈代表同行业先进水平的（　　　）倍。

A. 0.5　　　　　　B. 1　　　　　　C. 1.5　　　　　　D. 2

15. （　　　）分析法是为弥补行业比较法的不足而建立的。

A. 历史比较　　　　　　　　　　　B. 最佳业务比较

C. 企业优势比较　　　　　　　　D. 产品比较

16. 企业内部战略要素评价矩阵中评价值为4的战略要素代表企业的（　　　）。

A. 主要优势　　　　　　　　　　B. 一般优势

C. 一般劣势　　　　　　　　　　D. 主要劣势

17. （　　　）是研究企业要去哪儿和企业应该经营哪些事业以使企业长期获利。

A. 销售战略　　　　　　　　　　B. 总体战略

C. 业务单元战略　　　　　　　　D. 职能战略

18. （　　　）更加考虑企业如何在特定的市场上获取竞争优势。

A. 业务单元战略　　　　　　　　B. 职能战略

C. 市场战略　　　　　　　　　　D. 销售战略

19. 战术的制定应由（　　　）来负主要责任。

A. 企业高层管理者　　　　　　　B. 基层管理者和职工骨干

C. 业务单元主要管理者　　　　　D. 职能机构的中级管理人员

20. 下列属于职能部门管理者的职责的是（　　　）。

A. 参与制定公司战略　　　　　　B. 确定公司各业务单元的任务

C. 按照任务给各部门分配资源　　D. 考核各业务单元的工作

（二）多选题（本题共10小题）

请把正确答案的代码填写在题中的括号内，多选、漏选、错选不得分。如果全部答案的代码完全相同，例如全选 ABCDE，则本大题不得分。

1. 公司战略主要阐述（　　　）。

A. 企业长期目标　　　　　　　　B. 约束条件和策略

C. 经营理念　　　　　　　　　　D. 近期目标

E. 经营方式

2. 企业主要通过（　　　）来降低成本。

A. 削减劳动力　　　　　　　　　B. 降低生产设备成本

C. 降低物料和服务成本　　　　　D. 流程再造

E. 技术更新

3. 战略管理包括（　　　）程序。

A. 环境审视　　　　　　　　　　B. 战略制订

C. 战略实施　　　　　　　　　　D. 战略评价和控制

E. 绩效回顾

4. 战略制订包括（　　　）。

A. 确定企业愿景　　　　　　　　B. 设定战略目标

C. 制订企业战略　　　　　　　　D. 制订企业政策

E. 市场调查

5. 能力学派主张在（　　）层面进行竞争，并成为胜利者。

A. 核心能力　　　　　　　　　　B. 核心产品

C. 整体能力　　　　　　　　　　D. 最终产品

E. 技术创新

6. 资源学派提出的关于资源评价的标准有（　　）。

A. 不可模仿性　　　　　　　　　B. 持久性

C. 占有性　　　　　　　　　　　D. 替代性

E. 竞争优势性

7. 公司愿景包括（　　）定位。

A. 生存目的　　　　　　　　　　B. 公司优势

C. 经营哲学　　　　　　　　　　D. 生产产品

E. 公司形象

8. 一个好的企业战略目标具有（　　）特征。

A. 可接受性　　　　　　　　　　B. 不可模仿性

C. 可检验性　　　　　　　　　　D. 可实现性

E. 挑战性

9. 下列属于战略环境区别于一般环境的特点的是（　　）。

A. 全局性　　　　　　　　　　　B. 影响现在和未来

C. 影响过去　　　　　　　　　　D. 动态的

E. 静止的

10. 企业内部环境分析中所分析的企业资源有（　　）。

A. 有形资源　　　　　　　　　　B. 市场资源

C. 人力资源　　　　　　　　　　D. 管理资源

E. 无形资源

（三）名词解释题（本题共 8 小题）

1. 战略管理

2. 公司愿景

3. 利益相关者

4. "雷达图"分析法

5. 产业战略环境

6. 业务单元战略

7. 职能战略

8. 增长向量

（四）判断题（本题共 20 小题）

对的在括号内画"√"，错的画"×"。

1. 从广义的角度，供应和采购具有相同的含义。（　　）
2. 必须有采购人员也参与到公司战略的制订，战略资源的供应才能成功。（　　）
3. 规划是企业经营决策层次所重视的，重在突出重点、态度明确、可持续性和指导性。（　　）
4. 供应规划是贯穿供应战略的中心线索和指导方针。（　　）
5. 供应管理策略是对供应战略的提炼和概括，简洁地体现供应战略本质。（　　）
6. 战略管理是决定企业长期和短期问题的一系列重大管理决策和行动。（　　）
7. 狭义的战略管理是对战略管理的制定、实施、控制和修正进行的管理。（　　）
8. 战略管理的目的是使战略管理的风险最小。（　　）

9. 在战略管理策略做出后就应该长期坚持不变。（　　）

10. 核心能力观注重企业价值链中的整体优势。（　　）

11. 狭义的公司愿景以市场为导向，广义的公司愿景以产品为导向。（　　）

12. 公司愿景一般没有具体的数量特征和时间限定，战略目标需要经过数量评价。
（　　）

13. "雷达图"分析法中指标值处于标准线以内说明该指标处于理想状态。（　　）

14. 集成供应链是把过去分散的组织机构单位放到一起形成一个相互作用的流程。
（　　）

15. 战略型象限的产品是独特的，或者这种产品采用了成熟的技术。（　　）

16. 在某种程度上，采购已经成为能明显改善资产回报率的最后一种方式。（　　）

17. 公司目标是公司战略制定过程中的制高点，它将影响公司战略的使命。（　　）

18. 按照任务给各部门分配资源是业务单元管理者的职责。（　　）

19. 市场渗透是通过新产品的市场份额的增长达到企业成长的目的。（　　）

20. 协同作用只会产生正的效益，不会产生负的效益。（　　）

（五）简答题（本题共 14 小题）

将答案要点写出并作简要叙述，必要时可以画出流程图或示意图进行阐述。

1. 简述公司战略主要阐述的问题。

2. 简述供应战略的作用。

3. 简述战略管理的含义。

4. 简述战略管理的特点。

5. 简述整体最优原则包含的主要方面。

6. 简述战略管理的基本程序。

7. 简述结构学派的主要内容。

8. 简述柯林斯和蒙哥马利提出的资源价值评价的五项标准。

9. 简述公司愿景的内容。

10. 简述一个好的企业战略目标应具备的特征。

11. 简述战略环境与一般环境的区别。

12. 简述"五力分析"的要素。

13. 简述内部战略环境因素的内容。

14. 简述战略体系的层次。

(六) 论述题 (本题共 8 小题)

要求阐述过程中理论联系实际、结构严谨、分析透彻，必要时可以画出流程图或示意图进行阐述。

1. 论述战略管理的特点。

2. 论述战略管理的原则。

3. 论述战略管理的基本程序。

4. 论述能力学派理论。

5. 论述战略管理理论研究经历的历史沿革。

6. 论述公司愿景对企业战略发展的作用。

7. 论述资源和能力的内容。

8. 论述战略要素的构成。

（七）案例分析题（本题共 2 小题）

案例一：联想的供应战略

简单介绍一下联想如何进行供应商的协同。在供应商的协同方面我们提到两点：一点是做到全程协同，这样就包括在产品研发过程当中就要和供应商进行同步开发，另外在品质和供应弹性以及成本方面，需要进行一个持续的改善；另外一点是在采购价格方面需要供应商能够保持最佳的竞争力，这是在协同方面。

此外，采取全程紧密的策略，首先在供应商端会实现优胜劣汰，寻找有竞争力的合作伙伴，其次在供应商端会设立相应的采购平台，加强日常的管理，对于突发问题的解决以及持续改善项目的推进，我想联想进行供应商协同一个主要的目的，就是要确保在业界自由的供应商争夺以及采购资源的争夺中能够保持一种有利的战略位置。因为当前的竞争已经不单纯是企业和企业之间的竞争，而是企业和企业之间供应链的竞争。

基于刚才在供应商协同的一个理念，联想会定期的对采购的策略进行一些相应的制定，制定整体的采购策略，根据采购策略的情况确定是否需要导入新的供应商，并且进行供应商策略的调整。另外，日常对供应商的管理和绩效会定期进行一个评估，我想评估主要是从研发、质量、服务、供应以及成本五个方面来进行评估。另外，会根据这种评估的结果和供应商进行一些日常的采购的管理，我想这是一个总体采购的主要的流程。

结合案例，请回答以下问题：

1. 根据第一段内容，联想公司在平衡收入和运营成本的两种基本方法中采取的是哪种方法，在这种方法的分类中，它又是采取哪种方法来达到目的的？

2. 材料中的"协同"与教材中的协同作用的"协同"有何区别？

3. 简述供应战略的作用。

案例二：查得·罗万的商业背景

查得·罗万上高中时创办并经营了一家草坪服务公司。查得是从用家里的除草机为邻居修剪草坪开始的，后来他购置了设备，雇用了高中时的三个朋友，为更多的顾客服务。草坪服务公司的利润足以支付查得上大学的学费，并且在四年大学时期他仍继续经营公司。查得所学的专业是企业管理。四年级的时候，他开始关注录像带出租企业，这在当时还是一个比较新的行业，他的调查最后形成了一份关于录像带出租企业的研究报告。四年级中期，查得意识到他想开办一个录像带出租商店，并且在家乡的郊外商业区内选好了一个店址。1987年查得毕业后，开始在北卡罗来纳州莱克星顿（大约28000人的小镇）创办了一家录像带出租商店，叫视频概念公司，第一年即获得了64000美元的利润。

随着赢利的增加，越来越多的公司被吸引到了这个行业。全国录像带出租连锁店的增多引起了查得的注意，他参观了附近几个城市竞争对手的商店。在参观过程中，查得主要是看一看其他的录像带出租企业正在做什么，并且了解他应该做什么，以便他的公司更有效率和更有竞争力。虽然他也曾经参观过附近几个城市的百事达的录像商店，但是查得估计百事达商店的年收入至少要达到600000美元才有利可图。正是这一原因，查得相信莱克星顿太小了，不足以吸引一家大的录像带出租连锁店。他还认为，视频概念公司三家商店的存货之好以及经营的有效性可以同全国任一家连锁店相媲美，包括百事达，他相信视频概念公司在莱克星顿的市场地位很安全。

从1992年开始，莱克星顿的录像带出租收入的增长率慢了下来。1992年，百事达全国范围内开业一年多的商店的销售增长仅为4.7%。未来这一行业的增长也不容乐观，许多迹象表明市场已经成熟。更重要的是，电信公司不断努力，力争用光纤技术建立家用信息高速公路，每户家庭交纳一定费用后就可以足不出户地观看电影。尽管这一技术正处于发展阶段，但它扩散到小城镇也就是几年的事情。光纤技术对录像带出租业的长期威胁越来越明显。

展望未来查得感到，虽然他已竭尽全力，但视频概念公司的净利润并不像他预料的那样高，与他付出的时间和资本并不相当。他仅仅能偿付长期贷款的利息，目前的现金流入还不足以很快清偿银行贷款本金。查得正考虑几个选择：把一天的出租价格提高到2.49美元，以增加利润，但查得担心这种举动会带来坏的结果；雇用别人帮他管理公司，这样他可以寻找其他的工作；把公司卖掉。

结合案例，请回答以下问题：

1. 查得在成立公司前做了一份调查，他的调查应该分析外部战略环境的哪个层次？这一环境的经典分析方法涉及哪些要素？

2. 结合所学知识，阐述战略环境和一般环境的区别。

3. 如果你是查得，你面对这种困境会采取什么举措呢？

五、参考答案

（一）单选题答案（本题共 20 小题）

1	2	3	4	5	6	7	8	9	10
D	A	C	B	D	A	B	A	B	C
11	12	13	14	15	16	17	18	19	20
D	C	B	C	B	A	B	A	B	A

（二）多选题答案（本题共 10 小题）

1	2	3	4	5	6	7	8	9	10
ABD	ACD	ABCD	ABCD	ABD	ABCDE	ACE	ACDE	ABD	ACE

（三）名词解释题答案（本题共 8 小题）

1. 答：战略管理是指企业高层管理人员为了企业长期的生存和发展，在充分分析企业外部环境和内部条件的基础上，确定和选择达到目标的有效战略，并将战略付诸实施及对战略实施的过程进行控制和评价的一个动态管理过程。

2. 答：公司愿景也叫公司使命，指企业区别于其他类型组织而存在的原因或目的。绝大多数的公司愿景是高度抽象的，公司愿景不是企业经营活动具体结果的表述，而是为企业提供了一种原则、方向和哲学。

3. 答：利益相关者是与企业有战略性利益关联的经济主体，主要包括银行、客户、供应商、股东和工会。

4. 答："雷达图"分析法是从企业的生产性、安全性、收益性、成长性和流动性五个方面，对企业财务状态和经营现状进行直观、形象的综合分析与评价的图形。因其形状如雷达的放射波，而且具有指引经营"航向"的作用，故而得名。

5. 答：对某一产业内的企业来说，产业战略环境是比一般战略环境更有直接影响的环境因素，它的特点是对产业内的所有企业都有影响，但对产业外的企业几乎没有影响。

6. 答：业务单元战略是在企业总体战略的指导下，经营管理某一个战略单位的战略计划，是总体战略之下的子战略，为企业的整体目标服务。

7. 答：职能战略考虑如何有效组合企业内部资源来实现总体战略和业务单元战略。它更注重企业内部主要职能部门的短期战略计划，以使职能部门的管理人员能够清楚地认识到本职能部门在实施企业总体战略和业务单元战略中的责任与要求。

8. 答：增长向量又称成长方向，不涉及企业目前产品与市场的态势，而是说明企业经营运行的方向，即从现有产品与市场组合向未来产品与市场组合移动的方向。

（四）判断题答案（本题共 20 小题）

1	2	3	4	5	6	7	8	9	10
√	×	×	×	×	×	√	×	×	√
11	12	13	14	15	16	17	18	19	20
×	√	×	√	√	√	×	×	×	×

（五）简答题答案（本题共 14 小题）

1. 答：公司战略主要阐述以下问题：
①企业的长期目标与使命。
②制约活动的宽泛约束条件和策略。
③一系列的当前行动计划（策略）以及预期有助于实现企业目标的近期目标。

2. 答：供应战略的作用首先可以从战略与规划的关系上来看。战略规划是企业实际管理和操作层次中所重视的，重在详细、明确和可操作化，而战略则是企业经营决策层次所重视的，重在突出重点、明确态度、可持续性和指导性。供应战略作为企业的一种重要的职能层次的战略，将是贯穿整个供应规划各方面内容的中心线索和指导方针，所以在供应战略的选择过程中就应考虑规划中各个层次上的重点内容。反过来，供应战略一经选定，则供应规划在各个层次上都要在战略选择的指导下进行。所以，供应战略和供应规划间是相辅相成的关系，而其核心是供应战略的选择与制定，其重要性不言自明。总之，供应战略选择是企业经营决策层的工作重点之一，从宏观大方向上指导企业整个供应管理和规划工作，对企业供应活动开展至关重要。

3. 答：战略管理的含义包括以下几点：
①战略管理是决定企业长期问题的一系列重大管理决策和行动，包括企业战略的制定、实施、评价和控制。
②战略管理是企业制定长期战略和贯彻这种战略的活动。
③战略管理是企业处理自身与环境关系过程中实现其愿景的管理过程。

4. 答：战略管理的特点如下：

①总体性：战略管理是企业发展的蓝图，制约着企业经营管理的一切具体活动。

②长远性：战略管理通常着眼于未来 3～5 年或更长远的目标，考虑的是企业未来相当长一段时期内的总体发展问题。

③指导性：战略管理确定企业在一定时期内的发展目标以及实现这一目标的基本途径。

④现实性：战略管理一切从现有基础出发，建立在现有的主观因素和客观条件基础上。

⑤竞争性：战略管理的目的是获得市场竞争的胜利。

⑥风险性：战略管理以对环境的估计为基础，然而环境总是处于不确定的变化趋势中，任何战略管理都伴随有风险。

⑦创新性：企业内外环境的发展变化需要战略管理具有创新性，因循守旧的战略管理无法适应内外环境的发展变化。

⑧稳定性：战略一经制订后，在较长时期内要保持稳定，以利于贯彻执行。

5. 答：整体最优原则主要体现在三个方面：

①战略管理不强调企业某一个局部或部门的重要性，而是通过制定企业的愿景、目标来协调各单位、各部门的活动，使其形成合力。

②在战略实施过程中，企业组织结构、企业文化、资源分配方法等的选择，取决于其对战略实施的影响。

③在战略评价和控制过程中，战略管理更重视各个部门、单位对企业实际愿景、目标的贡献大小。

6. 答：战略管理的基本程序如下：

①环境审视。通过分析外部环境因素，可以明白企业面临的机会和挑战；通过分析内部环境因素，可以明白企业的优势和劣势。将内外因素结合起来，就为战略管理规划提供了一个基础。

②战略制订。确定企业愿景，设定战略目标，制订企业战略，制订企业政策。

③战略实施。战略管理实施是借助于实施体系和实施措施来实现战略管理目标的过程。

④战略评价和控制。战略评价和控制就是将战略实施的实际结果与预定的战略目标进行比较，检查两者的偏差程度，并采取有效措施予以纠正重大偏差以保证战略目标的实现。

7. 答：结构学派认为，企业竞争战略主要是指企业产品和服务参与市场竞争的方向、目标、方针及其策略，主要包括以下三个方面的内容：

①竞争方向：市场及市场的细分。

②竞争对象：竞争对手及其产品和服务。

③竞争目标及其实现途径：如何获取竞争优势。

8. 答：柯林斯和蒙哥马利提出的资源价值评价的五项标准是：

①不可模仿性：资源是否难以为竞争对手所复制。

②持久性：判断资源价值贬值的速度。

③占有性：分析资源所创造价值为谁占有。

④替代性：预测一个企业所拥有的资源能否被另一种更好的资源代替。

⑤竞争优势性：在自身资源和竞争对手的资源中，谁的资源更具有优越性。

9. 答：一般地，公司愿景包括以下三个方面的内容：

①企业生存目的定位。企业生存目的定位应该说明企业要满足顾客的某种需求，而不是说明企业要生产某种产品。

②企业经营哲学定位。企业经营哲学是对企业经营活动本质性认识的高度概括，包括企业基础价值观、企业内共同认可的行为准则及企业共同信仰等在内的管理哲学。

③企业形象定位。公司愿景定位的第三部分是企业公众形象的定位，特别是对于一个成长中的企业。企业形象的定位通过理念识别、视觉识别、行为识别三个部分来体现。

10. 答：一个好的企业战略目标应具有以下特征：

①可接受性。企业战略的实施和评价主要通过企业内部人员和外部公众来完成，因此，战略目标首先必须能被他们理解并符合他们的利益。

②可检验性。为了对企业管理活动的结果给予准确衡量，战略目标应该是具体的、可以检验的。目标必须明确，具体地说明将在何时达到何种结果。目标的定量化是使目标有检验性的最有效的方法。

③可实现性。在制订企业战略目标时必须在全面分析企业的内部环境优劣和外部环境利弊的基础上判断企业经过努力后所能达到的程度。

④挑战性。目标本身是一种激励力量，特别是企业目标充分体现了企业成员的共同利益，使战略目标和个人小目标很好地结合在一起时，就会极大地激发组织成员的工作热情和献身精神。

11. 答：一般来说，战略环境与一般环境的区别如下：

①战略环境对企业的影响是全局性的而非局部性的。构成战略环境的要素应是对企业有全局性重要影响的要素，这些要素发生变化时，将对企业的整体产生重大影响，企业为适应这些战略环境要素的变化必须采取涉及整体战略转变的行动。

②战略环境对企业的影响是现在和未来的而不是过去的。

③战略环境是动态的而不是静止的。

12. 答："五力分析"选取的五种环境要素是：

①产业进入威胁：进入本行业有哪些壁垒？它们阻碍新进入者的作用有多大？本企业怎样确定自己的地位？

②供货商的讨价还价能力：供货商的品牌或价格特色、在供货商战略中本企业的地位、供货商之间的关系等，都会影响企业与供货商的关系及其竞争优势。

③买方的讨价还价能力：本企业的部件或原材料占买方成本的比例，各买方之间是否

有联合的危险，本企业与买方是否具有战略合作关系。

④替代品的威胁：替代品限定了公司产品的最高价，替代品对公司不仅有威胁，也可能带来机会。

⑤现有企业的竞争：行业内竞争者的数量、产品差异程度、退出壁垒等，决定一个行业内的竞争激烈程度。

13. 答：企业内部与战略相关的因素很多，对于战略管理来说，不可能将所有的因素都进行分析，将其都列入内部战略环境因素，只能选择其中对战略有重大影响的因素，我们将这些因素称为内部战略环境因素。一般来说，内部战略环境因素包括以下三个方面的内容：

①内部资源和能力：即企业有什么。

②管理水平：即企业对资源和能力的应用状况如何。

③利益相关者：即谁对企业资源和能力及其应用状况关心。

14. 答：对于一般企业来说，大致需要三个层次的战略，即总体战略、业务单元战略和职能战略，这三个层次战略的地位和内容各不相同，它们之间的关系是：总体战略分解为业务单元战略，业务单元战略分解为职能战略；总体战略统率业务单元战略，业务单元战略统率职能战略。如果企业希望从整体上获得成功，那么企业必须要将这三者有机地结合起来，以使其整体发力，也就是说经理们要从这三个层次来考虑企业的战略。如果企业仅从事一项产业，那么企业的公司战略与业务单元战略就是一样的，也就是说这两种战略的决策权都将集中在企业的高层管理者手中。如果企业跨行业经营，而且有许多不同的经营活动，则企业的战略层次就如同前面所提到的三个层次的战略组合，首先是总体战略为最高层，其次是业务单元战略，最后是职能战略。

（六）论述题答案（本题共 8 小题）

1. 答：战略管理具有如下特点：

①总体性：战略管理是企业发展的蓝图，制约着企业经营管理的一切具体活动。

②长远性：战略管理通常着眼于未来 3～5 年或更长远的目标，考虑的是企业未来相当长一段时期内的总体发展问题。

③指导性：战略管理确定企业在一定时期内的发展目标以及实现这一目标的基本途径。

④现实性：战略管理一切从现有基础出发，建立在现有的主观因素和客观条件基础上。

⑤竞争性：战略管理的目的是获得市场竞争的胜利。

⑥风险性：战略管理以对环境的估计为基础，然而环境总是处于不确定的变化趋势中，任何战略管理都伴随有风险。

⑦创新性：企业内外环境的发展变化需要战略管理具有创新性，因循守旧的战略管理无法适应内外环境的发展变化。

⑧稳定性：战略一经制订后，在较长时期内要保持稳定，以利于贯彻执行。

战略管理必须与企业管理模式相适应：战略管理不应脱离现实可行的管理模式，同时，管理模式也必须适应战略管理的要求而调整。

战略管理与战术、策略、方法、手段相适应：一个好的战略管理如果缺乏实施的力量和技巧，也不会取得好的成绩。

2. 答：战略管理有助于企业走向成功之路。但是，不正确的战略管理有时会适得其反。因此，战略管理要遵循科学的原则。一般认为，战略管理要遵循以下五条原则：适应环境原则，全过程管理原则，全员参与原则，整体最优原则，反馈修正原则。

（1）适应环境原则

企业是社会大系统的一个组成部分，它的存在和发展在很大程度上受企业内外各种环境因素的影响，战略管理就是要在清楚这些环境因素的基础上，分析机会和挑战，并采取相应的措施。所以，有人说战略管理就是要实现企业与环境的和谐。

（2）全过程管理原则

战略管理是一个过程，大致包括以下步骤：战略制订，战略实施，战略控制，战略评价和修订。要想取得战略管理的成功，必须将战略管理作为一个完整过程来加以管理，忽视其中任何一个阶段都不可能取得战略管理的成功。

（3）全员参与原则

由于战略管理是全局性的，并且有一个制订、实施、控制和修订的全过程，所以战略管理决不仅仅是企业领导和战略管理部门的事，在战略管理的全过程中，企业全体员工都将参与。当然，在战略管理的不同阶段，员工的参与程度是不一样的。

（4）整体最优原则

战略管理要将企业视为一个整体来处理，要强调整体最优，而不是局部最优。整体最优原则体现在：①战略管理不强调企业某一个局部或部门的重要性，而是通过制订企业的愿景、目标来协调各单位、各部门的活动，使它们形成合力；②在战略实施过程中，企业组织结构、企业文化、资源分配方法等的选择，取决于它们对战略实施的影响；③在战略评价和控制过程中，战略管理更重视各个部门、单位对企业实际愿景、目标的贡献大小。

（5）反馈修正原则

战略管理涉及的时间跨度较大，一般在五年以上。在战略实施过程中，环境因素可能会发生变化。此时，企业只有不断地跟踪反馈方能保证战略的适应性。也可以这么说，对战略管理的评价和修订意味着新一轮战略管理的开始。因此，战略管理实质上是一种滚动式管理，只有持之以恒，才能确保战略意图的实现。

3. 答：战略管理由环境审视、战略制订、战略实施及战略评价和控制这四个阶段组成，每个阶段又包括了许多具体步骤：

（1）环境审视

通过分析外部环境因素，可以明白企业面临的机会和挑战；通过分析内部环境因素，可以明白企业的优势和劣势。将内外环境因素结合起来，就为战略管理规划提供了一个基础。

（2）战略制订

确定企业愿景：企业愿景是指在企业内外环境因素分析的基础上，确定企业应该从事什么业务，它的顾客是谁，企业要向自己的顾客提供什么样的产品和服务；设定战略目标：战略目标是企业在追求其愿景的过程中所要达到的特定地位，也就是企业活动在一定时期内所要取得的主要结果。例如，本企业未来三年的战略目标是实现利润总额增长5%；制订企业战略：这里的战略是为了实现战略目标而做出的较长时期的活动纲领；制订企业政策：企业政策是企业活动的方针性规定，是实施战略的保证，它渗透到企业的具体经营管理活动之中。主要的企业政策包括营销政策、研究和开发政策、生产政策、采购政策、人事政策、财务政策和会计政策。

（3）战略实施

战略实施是借助于实施体系和实施措施来实现战略管理目标的过程。这里的实施体系主要指战略实施的组织体系。这里的实施措施包括以下内容：①项目：为了实现战略目标必须要完成的重大项目；②预算：一定时期内的财务收支预计；③程序：具体的操作步骤。

（4）战略评价和控制

战略评价和控制就是将战略实施的实际结果与预定的战略目标进行比较，检查两者的偏差程度，并采取有效措施予以纠正重大偏差以保证战略目标的实现。当战略实施的结果与预定确定的战略目标出现重大差距时，如果分析的结果是由于内外环境因素的变化而使战略目标不恰当，则必须修改原来预定的战略目标，这一过程就是战略修正。

4. 答：能力学派是一种强调以企业特有能力为出发点来制定和实施企业竞争战略的理论思想，该学派有两种具有代表性的观点：一是汉默和普拉哈拉德为代表的"核心能力观"；二是以斯多克、伊万斯和舒尔曼为代表的"整体能力观"。"核心能力观"是指蕴涵于一个企业之中且具有明显优势的个别技术和生产技能的结合体，"整体能力观"主要表现为组织成员的集体技能和知识以及员工相互交往方式的组织程序。两种能力观都强调企业内部行为和过程所体现出的特有能力，但"核心能力观"注重企业价值链中的个别关键优势，而"整体能力观"则强调价值链中的整体优势。

能力学派指出20世纪90年代以来，企业竞争的基本逻辑发生了变化，在90年代以前市场处于相对平稳的状态下，企业战略仍可基本维持不变，企业竞争犹如国际象棋赛争夺棋盘中的方格一样，是一场争夺位置的定位战争，通常以其十分明确的市场细分来获得和防卫其市场份额，企业获取竞争优势的关键就是选择在何处进行竞争，至于选择何种竞争方式的问题处于第二位。但是，在90年代以来激烈动荡的市场环境中，竞争能否成功，取决于对市场趋势的预测和对变化中的顾客需求的快速反应。在这种竞争态势下，企业战略的核心不在于公司产品和市场定位，而在于其行为反应能力，战略重点在于识别和开发难以模仿的组织能力，这种组织能力是将一个企业与其竞争对手区分开来的标志。

能力学派的理论创新表现在如何识别和培育企业核心能力的理解上。在能力学派看来，如何识别核心能力已成为一个企业能否获取竞争优势的首要前提。能力学派认为，培育核心能力，并不意味着要比竞争对手在研究开发方面投入更多的资金，也不是要使其各个事业单元垂直一体化，事实上，核心能力来自于企业组织内的集体学习，来自于经验规范和价值观的传递，来自于组织成员的相互交流和共同参与。

能力学派理论创新的另一个方面是如何制定和实施企业竞争战略的政策主张。有关学者对企业核心能力、核心产品、最终产品及其关系做过一个著名而生动形象的比喻："一个实行多角化经营的公司犹如一棵大树，树干和主树枝是核心产品，较小的树枝是事业单元，树叶、花和果实就是最终产品，提供养分、支撑和稳定性的根部系统就是核心能力。"能力学派主张，要建立一个企业的长期领导地位，就必须在核心能力、核心产品和最终产品三个层面上参与竞争，并成为胜利者。

能力学派认为，企业高级管理层特别是首席执行官（CEO），应用大量时间来制定其竞争战略架构及其行动方案：以企业的核心能力为基础制定战略目标；围绕核心能力进行组织变革并确保每个战略目标所要求的专门技能和资源；监测竞争战略实施效果，并将测评效果与员工报酬结合起来；CEO 必须亲自领导竞争战略的制定和实施，并让一线经理积极介入。

5. 答：战略管理理论研究经历了以下历史沿革：

表 1-2　　　　　　　　战略管理理论研究经历的历史沿革

时间	20 世纪 50 年代~60 年代初	20 世纪 60 年代~70 年代初	20 世纪 70 年代~80 年代末	20 世纪 90 年代初至今
主体	财务控制	长期战略计划	行业结构与竞争分析	资源与核心能力
主要概念	巨额投资与财务预算的协调与控制，长期财务预算	环境评估、市场预测、制订长期战略计划、市场占有率分析、经营战略、环境、组织、战略模式的选择	行业结构分析、行业定位、公司制定适应环境的竞争战略、价值链分析、SWOT 分析	竞争优势的创造与维持、竞争者分析、保持竞争优势的知识体系和制度能力、顾客矩阵、生产者矩阵
组织特点	财务管理执行主要技能	公司设立综合计划室	从低收入行业退出、进入有市场潜力的新行业	人力资源管理、公司文化、技术进步、提高服务
代表人物		安索夫、安德鲁斯	波特	普雷赫莱德、哈默、格兰特、福克纳、鲍曼、巴顿

6. 答：企业战略的制定从确定公司愿景开始。任何企业在制定其战略时，必须在分析研究企业及其环境的基础上进一步明确自己的愿景。这不仅因为它关系着企业能否生存和发展，而且在整个企业战略的制定、实施和控制过程中有以下作用：

（1）公司愿景为企业发展指明方向

公司愿景的确定，首先，使企业发生战略性的改变；其次，为企业高屋建瓴构筑了一个目标一致的远景；再次，为企业成员理解企业的各种活动提供依据，保证企业内部对企业目的取得共识；最后，为企业外部公众树立了良好的企业形象，以使企业获得发展的信心和必要的支持与鼓励。

（2）公司愿景是企业战略制订的前提

首先，公司愿景是确定企业战略目标的前提，只有明确地对公司愿景进行定位，才能正确地树立起企业的各项战略目标；其次，公司愿景是战略方案制订和选择的依据。企业在制订战略过程中，要根据公司愿景来确定自己的基本方针、战略活动的关键领域及其行动顺序。

（3）公司愿景是企业战略的行动基础

首先，公司愿景是有效分配和使用企业资源的基础，有了明确的公司愿景，企业才能正确合理地把有限的资源分配在能保证实现公司愿景的经营事业和经营活动上；其次，公司愿景通过企业目的、经营哲学、企业形象三方面的定位而为企业明确经营方向、树立企业形象、营造企业文化，从而为企业战略的实施提供激励。

7. 答：一种较为简单和经典的分法是把企业的资源分成有形资源、无形资源以及人力资源。

（1）企业有形资源

企业有形资源包括企业的财务资源和实体资产，它们可以较容易地识别和评估，并在企业的各项财务报表中得以反映。财务数据使我们对有形资源的分析有了起点，在此基础上我们可以进一步评估这些资源的战略含义以及它们与企业竞争优势的关系。

（2）企业无形资源

企业无形资源有两大项目最为重要：①企业的声誉，其往往由企业产品的市场地位、形象，对顾客的服务，对员工的公正性所构成。随着产品和技术之间的差异度不断缩小，企业声誉以及企业形象在市场竞争中正扮演越来越重要的角色。企业声誉的市场往往可以表现为其产品的价格是否有超额的部分以及其产品的市场规模。②企业的技术资源，特别是指企业所拥有的专有技术，包括专利、版权、专有知识和贸易秘密。

（3）企业人力资源

企业人力资源是一种特定的有形资源，它意味着企业知识结构、技能和决策能力。许多经济学家把企业人力资源称为"人力资本"。识别和评估一个企业的人力资本是一件非常复杂和困难的工作。个人的技能可以通过学历、经验和工作表现来加以评估，但这只是表明了每个人的可能潜力，并不等于将这些放在一起共同工作就能发挥出协同效应，也不等于每个人工作的表现就能简单地加总为公司的表现。

企业能力。每一种企业资源并不能单独产生实际的生产力，真正的生产力来自于将各项资源进行组合，而正是一种有效的资源组合构成的企业能采取某些行动的能力，这些企业能力在战略的制定和执行以及市场竞争中起到重要的作用。尽管企业能力是多样化和多层次的，但是市场竞争的经验使人们更多地重视企业的"核心能力"或"特殊能力"，因为只有这种能力的充分发挥才能在与竞争对手的较量中取得优势，或者说能够帮助企业建立竞争优势的能力被称为企业的"核心能力"或"特殊能力"。

8. 答：一般认为，战略由产品与市场范围、增长向量、竞争优势和协同作用四种要素构成。

（1）产品与市场范围

产品与市场范围说明企业属于什么行业以及在所处行业中的地位。由于大行业往往过宽，其产品和技术涉及很多方面，经营的内容也过于广泛，产品与市场范围常常需要分行业来描述，这样可以清楚地表达企业的共同经营主线。

（2）增长向量

增长向量又称成长方向，不涉及企业目前产品与市场的态势，而是说明企业经营运行的方向，即从现有产品与市场组合向未来产品与市场组合移动的方向。市场渗透是通过目前的产品与市场的市场份额增长达到企业成长的目的的。市场开发是为企业产品寻找新的消费群，使产品承担新的愿景，以此作为企业成长的方向。产品开发是创造新的产品，以逐步替代现有产品，从而保持企业成长的势态。多种经营则独具特色，它的产品与市场都是新的，企业步入了一个新的经营领域。在前三种选择，企业的共同经营主线是明晰的，要么开发新的市场，要么开发新产品，或是两者同时进行。但是，在多种经营中，共同经营主线就显得不够清楚了。

（3）竞争优势

竞争优势说明是企业某一产品与市场组合的特殊属性，凭借这种属性可以给企业带来强有力的竞争地位。美国战略学家迈克尔·波特（Michel Porter）提出了三种可供选择的竞争优势。

（4）协同作用

协同作用常常被描述为 $1+1>2$ 的效果，这意味着企业内各业务单元联合起来所产生的效益要大于各业务单元各自努力所创造的效益总和。安索夫将协同作用划分成：销售协同作用，即企业各种产品使用共同的销售渠道和仓库等；运行协同作用，即在一个业务单元里运用另一个单元的管理经验与专门技能。如果协同作用使用不当，也会产生负的协同作用，即 $1+1<2$ 的结果，这就是所谓的内耗。

（七）案例分析题答案（本题共 2 小题）

案例一：

1. 答：运营成本、降低物料和服务成本。

2. 答：材料中的协同指企业与其供应商的协同，是企业和其供应商在产品研发过程中共同开发，在品质和成本方面持续改善，在价格方面保持竞争力。教材中的协同指企业内各业务单元联合生产，即在一个业务单元里运用另一个单元的管理经验与专门技能，且运用正确会带来 $1+1>2$ 的效果。

3. 答：①供应战略作为企业的一种重要的职能层次的战略，将是贯穿整个供应规划各方面内容的中心线索和指导方针。

②供应战略一经选定，则供应规划在各个层次上都要在战略选择的指导下进行。

③供应战略和供应规划间是相辅相成的关系，而其核心是供应战略的选择与制订。

总之，供应战略选择是企业经营决策层的工作重点之一，从宏观大方向上指导企业整个供应管理和规划工作，对企业供应活动开展至关重要。

案例二：

1. 答：产业战略环境；产业进入威胁、供货商的讨价还价能力、买方的讨价还价能力、替代用品和服务的威胁、现有企业间的竞争。

2. 答：①战略环境对企业的影响是全局性的而非局部性的。构成战略环境的要素应是对企业有全局性重要影响的要素，这些要素发生变化时将对企业的整体产生重大影响，企业为适应这些战略环境要素的变化就必须采取涉及整体战略转变的行动。

②战略环境对企业的影响是现在和未来的而不是过去的。

③战略环境是动态的而不是静止的。

3. 答：此题属开放性问题，答到开发新的产品、把光纤技术运用到企业中、采取新的举措开发市场等即可得分。

第二章　采购战略概述

一、知识概述

通过本章的学习，掌握采购战略的概念和思路、采购战略的制订过程、采购战略的重点内容、采购战略成功的关键因素和采购计划的制订，了解采购战略的意义和采购战略的关键因素。

二、基本概念

1. 概念1——职能战略

【说明】职能战略是各职能如何适应总体战略和业务单元战略要求的战略，是职能工作如何配合总体战略和业务单元战略实现的战略。没有总体战略和业务单元战略，职能战略也就失去了为之服务的对象和方向；没有职能战略，总体战略和业务单元战略也就失去了各职能领域的支持，它们的实施也就没有了基础。

2. 概念2——供应管理

【说明】供应管理，即为了保质、保量、经济、及时地供应生产经营所需的各种物品，对采购、储存、供料等一系列供应过程进行计划、组织、协调与控制，以确保企业经营目标的实现。

3. 概念3——供应战略

【说明】供应战略是供应管理部门在现代供应理念的指导下，为了实现企业战略目标，通过供应环境的分析，对供应管理工作所作的长远性的谋划和方略。

4. 概念4——供应管理目标

【说明】供应管理目标是企业的经营管理活动在一定时期内要达到的具体指标，有供应商数目、购买成本占购买的百分比、购买的交货时间、订货花费的时间、送货延误的比例、废弃材料的比例等。

5. 概念5——市场交易战略

【说明】市场交易战略是指企业主要通过市场上的合同买卖来取得所需的供应产品，供应产品的生产技术相对成熟或技术含量低，在企业最终产品的生产和销售中不具有重要性，对提升企业的核心竞争力作用甚微，企业不需要供应商提供售后服务，也不需要进行专项投资。

6. 概念6——短期项目合作战略

【说明】短期项目合作战略是企业与供应商基于一定的项目进行合作，但这种合作不考虑长期的战略影响。主要是为了应对一定的市场需求，企业与供应商采取一定的短期合作策略，以把握急剧变化的市场机会，在市场需求满足或消失后，合作就宣告结束。

7. 概念7——功能联盟战略

【说明】功能联盟战略供应产品对企业较为重要，需求量也较大，但产品本身生产技术成熟，替代性也较高，企业为了满足日常生产的需要，可以与供应商结成联盟，使供应商的生产产生规模效益，降低供应产品的价格，从而也相应地得到一些从供应商处转移过来的规模效益，降低企业自身的供应成本。

8. 概念8——创新联盟战略

【说明】创新联盟战略这种合作是企业为了长远的生存发展而采取的重大的战略步骤的一种，其目的是追求一种长期的竞争优势和一种双赢的结果，无论对企业还是供应商都是一次重大的战略选择。企业往往对一种新的产品从概念的提出就开始与供应商合作，到双方的产品设计和生产，供应商的技术和创新能力对最终产品都会产生本质的影响。

9. 概念9——日常型象限

【说明】日常型象限的物品通常在某一地区只有极少数的供应商，而且产品价值很低。虽然很多供应商有能力供应商品，但搜索和比较供应替代品的高昂成本通常远远超过这些物品本身的价值。一般情况下，这些物品的成本相对比较低，但需要花费大量的时间才能够获得。

10. 概念10——杠杆型象限

【说明】杠杆型象限采购物品的价值仍处于中低档次，但有大量供应商具备提供这些商品或服务的能力。这些物品的技术特征是相对标准化和广泛可得性。转换成本仍然比较低，但由于存在许多有能力提供商品和服务的供应商，采购的重点在于价格分析，而且将价格分析作为降低成本的基本工具。

11. 概念11——瓶颈型象限

【说明】瓶颈型象限的物品拥有大量的有能力的供应商，并且要求购买者支付中高档次的费用。企业的不同部门都具有购买这些商品或物品的需求，通过组合不同部门的需求，采购部门将与少数精选的供应商签订"更有利的合同"。

12. 概念12——战略型象限

【说明】战略型象限所包括的产品对于企业的经营成功十分重要，而且只有少数几家供应商有能力供应这种商品或服务。这样的商品是独特的，或者是用户化，或者它们仅仅代表着高价值的产品或者这种产品采用了成熟的技术。由于供应商的数目很少，在供应商之间转换可能非常困难。包括计算机微处理器、生物医药、新化学产品、催化式排气净化器、航行控制器。

13. 概念13——供应库优化

【说明】供应库优化是确定保留适当数量的供应商和对供应商进行重新组合的过程。虽然它是指确定供应商的适当规模，但通常是减少所使用供应商的数量。另外，那些没有能力在现在或者最近时期内达到世界级绩效水平的供应商，可能将会从供应商名单中删除。

14. 概念14——全面质量管理

【说明】全面质量管理（TQM）要求供应商进行统计过程控制（SPC）、设计试验、研究生产能力以及进行质量检查以消除程序变动，提高即时发现问题的能力，显示改正活动偏差的能力。同时，全面质量管理要求供应商持续不断地改善以形成零缺陷理念。此外，全面质量管理强调需求满足和超过客户需求。

15. 概念15——全球采购

【说明】全球采购（又称国际采购）是要求采购部门将全世界看做零部件、服务、产成品的潜在供应源的一种方法。它通常用于评价一个新市场或者对可能有助于公司更具竞争实力的同一家供应商进行沟通联络。

16. 概念16——长期供应商关系

【说明】长期供应商关系是指在未来的一段时间内（例如3年或者更长）选择关键供应商并将与选定的关键供应商紧密合作。通常情况下，使用长期供应商的重要性程度不断上升，并且大多数情况下都是通过签订长期合同的形式来形成的。

17. 概念17——采购方的全部成本

【说明】采购方的全部成本（TC）就是考虑超越单位成本、运输和工具识别并考虑全部成本的方法，它要求业务单位界定并计算所有需要采购产品的各种成本构成。大多数情况下，其中包括延期配送造成的成本、质量低劣或由于供应商无效而形成的其他形式的成本。

18. 概念18——总成本模型

【说明】总成本模型是一种结构性的方法，通过作业成本计算来了解与采购服务有关的供应链总成本。由于总成本模型揭示了每一个成本驱动因素，因此在评估供应商关于增加价值的建议以及挑选合适的供应商时很重要。通过总成本模型，采购组织可以在项目过程中寻求持续改进的机会。

19. 概念19——作业成本法

【说明】作业成本法（Approach Based Cost，ABC）是一种很好的成本计算工具。通过运用ABC成本法，公司可以了解在团队水平上可以节约哪些成本。一旦采购团队使用这种方法，供应链总成本将被确定下来，ABC成本法可以精确地计算出团队的费用盈亏。

三、重点内容

1. 采购战略的制订过程

采购战略的制订过程如图2—1所示。

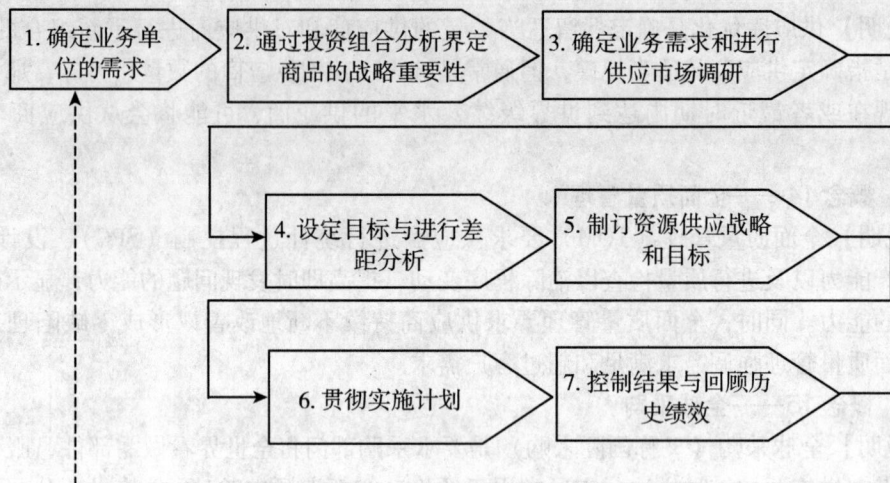

图 2 - 1　采购战略的制订过程

2. 采购战略的重点内容

（1）供应库优化。

（2）供应商的全面质量管理。

（3）全球采购。

（4）长期供应商关系。

（5）供应商及早参与产品设计。

（6）开发新的供应商。

（7）采购方的全部成本。

3. 采购战略成功的关键要素

（1）战略采购团队。

（2）共享权利。

（3）专家团队。

（4）制订变革管理战略。

（5）有效使用顾问。

（6）建立总成本模型。

（7）制订全面的沟通计划。

（8）培训和学习。

四、习题与案例

（一）单选题（本题共20小题）

在每小题列出的四个备选项中只有一个是符合题目要求的，请将其代码填写在题中的括号内。错选、多选或未选均不得分。

1. 下列关于职能战略的论述中错误的是（　　）。

A. 从职能战略的本质出发，职能战略主要包括职能战略目标、核心业务、职能政策

B. 职能战略更注重企业内部主要职能部门的长期战略计划

C. 没有总体战略和业务单元战略，职能战略也就失去了为之服务的对象，也失去了方向

D. 没有职能战略，总体战略和业务单元战略的实施也就没有了基础

2. 供应环节中的人员管理、资金管理、信息管理属于（　　）。

A. 供应管理的业务活动　　　　　　B. 供应管理的附属性活动

C. 供应管理的支持性活动　　　　　D. 供应管理的拓展性活动

3. 侧重于降低供应成本和短期利益考虑的是（　　）。

A. 市场交易战略　　　　　　　　　B. 短期项目合作战略

C. 功能联盟战略　　　　　　　　　D. 创新联盟战略

4. 采购战略制订过程的第一步是（　　）。

A. 确定采购需求的战略重要性　　　B. 确定业务需求和进行供应市场的调研

C. 制订采购战略和目标　　　　　　D. 确定业务单元的需求

5. 办公用品的供应、维护、修理和操作（MRO）服务的供应属于（　　）象限。

A. 日常型　　　　　　　　　　　　B. 杠杆型

C. 瓶颈型　　　　　　　　　　　　D. 战略型

6. 定期回顾会议每年至少要召开（　　）次。

A. 1　　　　　　B. 2　　　　　　C. 3　　　　　　D. 4

7. （　　）是一个企业为其经营活动方式所确立的价值、信念和行为准则。

A. 公司理念　　　　　　　　　　　B. 公司战略

C. 公司愿景　　　　　　　　　　　D. 公司规划

8. （　　）是企业为了长远的生存发展而采取的重大的战略步骤的一种，其目的是追求一种长期的竞争优势和一种双赢的结果。

A. 市场交易战略　　　　　　　　　B. 短期项目合作战略

C. 功能联盟战略　　　　　　　　　D. 创新联盟战略

9. 提高服务和产品的质量是与（　　）相联系的目标。

A. 降低成本的目的　　　　　　　　B. 技术/新产品开发的目的

C. 减少供应商总数的目的　　　　　D. 保证供应的目的

10. "价值 =1/价格" 的物品属于（   ）象限。

A. 日常型   B. 杠杆型

C. 瓶颈型   D. 战略型

11. （   ）象限的物品，减少供应商的数量，其余供应商也会同样受益。

A. 日常型   B. 杠杆型

C. 瓶颈型   D. 战略型

12. 采购部门在日常型象限领域所作贡献的价值等于（   ）。

A. 产品或服务的占有   B. 1/价格

C. 质量/价格   D. 对企业的重要性

13. 采购战略的最终对象是（   ）。

A. 商品   B. 服务

C. 商品和服务   D. 原材料

14. （   ）象限的商品和服务可能提供最佳的绩效改善机会，买方绝大部分资源应投入到这些类型的商品和服务上。

A. 战略型和杠杆型   B. 瓶颈型和战略型

C. 日常型和战略型   D. 杠杆型和瓶颈型

15. 下列不属于市场调研的内容的是（   ）。

A. 价格的预期变化   B. 企业的需求变化

C. 确定市场定位   D. 供应商分析

16. （   ）要求供应商进行统计过程控制、设计试验、研究生产能力以及进行质量检查以消除程序变动。

A. 供应库优化   B. 全面质量管理

C. 全球采购   D. 长期供应商关系

17. 如果现有供应商的能力不能满足当前或未来的要求，但企业并不想将其从供应商队伍中删除，最好的解决办法是（   ）。

A. 直接与供应商合作   B. 建立长期供应商关系

C. 供应库优化   D. 建立短期供应商关系

18. 下列关于培训的说法错误的是（   ）。

A. 有效培训和学习能够使人们充分参与到变革的过程中

B. 培训是一项持续进行的行为   C. 培训不能是非正式的学习

D. 培训教育人们重视战略和基本概念

19. （   ）模型描述了所有的供应链成本来源。

A. ABC   B. 供应定位

C. 组合分析   D. PEST

20. 在哪些方面需要对哪些人进行培训属于（   ）。

A. 培训矩阵   B. 认识课程

C. 技能课程
D. 培训日程

（二）多选题（本题共 10 小题）

请把正确答案的代码填写在题中的括号内，多选、漏选、错选不得分。如果全部答案的代码完全相同，例如全选 ABCDE，则本大题不得分。

1. 供应涉及（   ）内容。
A. 商流
B. 物流
C. 资金流
D. 材料流
E. 信息流

2. 供应规划包含（   ）内容。
A. 战略
B. 目标
C. 理念
D. 方案
E. 策略

3. 下列属于瓶颈型象限物品特点的有（   ）。
A. 供应商多
B. 价值处于中高档次
C. 价值低
D. 转换成本低
E. 价值与质量成正比

4. 有效的目标应具有（   ）特征。
A. 具体可测量
B. 数量型和软性的
C. 能评价质量、客户服务等
D. 企业单独设定
E. 与竞争对手的可比性

5. 采购战略应考虑（   ）标准。
A. 最佳供应商的相对标准
B. 需求方案的风险
C. 其他选择的机会成本
D. 方案的收益
E. 长期合作的可能性

6. 全球采购是要求采购部门将全世界看做（   ）的潜在供应源的一种方法。
A. 零部件
B. 原材料
C. 服务
D. 产成品
E. 半成品

7. 采购方的全部成本包括（   ）。
A. 延期配送成本
B. 质量低劣造成的成本
C. 运输成本
D. 样品成本
E. 供应商无效造成的成本

8. 服务的总成本包括（   ）。
A. 支付的价格
B. 第三方检查
C. 库存持有成本
D. 运输成本

E. 内部成本

9. 供应战略管理的目标是（　　　）。

A. 保质 　　　　　　　　　　　B. 保量

C. 经济 　　　　　　　　　　　D. 及时

E. 高效

10. 企业可以通过（　　　）来降低供应成本。

A. 与供应商竞争 　　　　　　　B. 与供应商合作

C. 与供应商联盟 　　　　　　　D. 与竞争者合作

E. 与竞争者联盟

（三）名词解释题（本题共 12 小题）

1. 职能战略

2. 供应管理

3. 市场交易战略

4. 功能联盟战略

5. 日常型象限

6. 杠杆型象限

7. 瓶颈型象限

8. 战略型象限

9. 供应库优化

10. 全球采购

11. 总成本模型

12. 作业成本法

（四）判断题（本题共 20 小题）

对的在括号内画"√"，错的画"×"。
1. 职能政策是对职能核心工作途径和方法的选择。（　　　）
2. 供应是以物品补充生产消耗的过程，包括采购、储存、供料等环节。（　　　）
3. 新的供应战略可以分为一般交易、长期合作伙伴和一体化三种战略。（　　　）
4. 短期项目在市场需求满足或消失后合作就宣告结束。（　　　）
5. 功能联盟战略供应产品对企业较为重要，需求量也较大，但风险较小。（　　　）
6. 企业的战略思路应从降低成本和促进创新两方面考虑。（　　　）
7. 日常型象限的物品通常在某一地区有很多的供应商，而且产品价值很低。（　　　）
8. 计算机微处理器、生物医药、新化学产品属于杠杆型象限。（　　　）
9. 绩效回顾的目的是分析战略是否成功，核心战略是否需要改变。（　　　）

10. 供应库优化就是指把没有能力达到世界级绩效水平的供应商从供应商名单中删除。（　　）

11. 供应战略管理是供应管理部门确定供应管理目标，制订供应战略规划并组织实施的一个动态与静态结合的管理过程。（　　）

12. 日常型象限的商品不适合考虑与其供应商结成战略联盟。（　　）

13. 全球采购的主要目标是实现市场的全球化和利益的最大化。（　　）

14. ABC 成本法可以对从何处节约成本以及建立从系统中驱逐成本的能力进行量化。（　　）

15. 培训的目标是影响和感化人们使其进行变革。（　　）

16. 战略目的是战略目标制订的主要成果。（　　）

17. 管理机构的两个关键要素是战略采购团队和执行指导委员会。（　　）

18. 有效沟通的本质是影响和感化人们使其进行变革。（　　）

19. 应用恰当的外部资源的关键是引进专业知识以弥补其内部能力的缺陷。（　　）

20. 在战略采购团队建立前，必须有一个管理机构和支持性的组织来分清采购团队的权利和义务。（　　）

（五）简答题（本题共 12 小题）

将答案要点写出并作简要叙述，必要时可以画出流程图或示意图进行阐述。

1. 简述职能战略的内容。

2. 简述生产企业供应管理的内容。

3. 简述供应战略的内涵。

4. 简述供应战略的四种基本类型。

5. 简述采购战略的制订过程。

6. 简述供应市场调研的内容。

7. 简述评价战略实施有效目标应具备的共同特征。

8. 简述采购战略的具体内容。

9. 简述战略贯彻实施的关键要素。

10. 简述采购战略的重点内容。

11. 简述采购战略成功的关键要素。

12. 简述全面沟通计划的内容。

（六）论述题（本题共 5 小题）

要求阐述过程中理论联系实际、结构严谨、分析透彻，必要时可以画出流程图或示意图进行阐述。

1. 论述采购战略制订的框架。

2. 论述采购战略的制订过程。

3. 论述供应定位模型。

4. 论述采购战略的重点内容。

5. 论述采购战略成功的关键要素。

（七）案例分析题（本题共 2 小题）

案例一：某公司采购管理

一家公司，如果其采购物料的费用占到其销售产品成本的55%，那么采购费用每下降1%，对利润增长所作出的贡献，相当于销售额增加12%～18%所带来的利润增长。国内生产企业，一般情况下采购支出占产品生产成本的30%～70%，可见采购费用的下降对提高利润率有何等巨大的潜力。除了降低成本、增加利润以外，采购对企业还有两个重要的作用：①保证产品质量的关键。优质的输入保证优质的产出；②增强竞争力的重要手段。与供应商结成战略联盟的关系，共同开发新材料、强化供应链管理、降低库存、保证到货的及时性，从而取得竞争对手所不能具有的竞争优势。

由于采购对企业效益有如此之大的影响，那些在采购实践上实行严密管理、不断创新、与合作伙伴建立起良好关系的企业，无疑赢得同业的尊重，被视为采购管理的领先者。目前国内的大多数企业在采购管理上还没有成体系的管理模式，还是粗放的管理方法，很不利于提高竞争力。最常见的缺陷是没有集中采购。一个集团、一家大公司，下面的分子公司各设自己的采购部门，相同的物料由不同的部门小批量地重复采购，白白地放弃了规模的优势。没有供应商管理体系。对不同重要程度的供应商没有差异化的管理体制；缺乏定期的供应商审核制度；对供应商的成本构成、供应商的供应商缺乏了解。其他的问题包括供应商和存货信息不能共享，采购控制通常是事后控制等。

结合案例，请回答以下问题：

1. 材料分析，企业在制订采购战略过程中应采取哪些方面的战略思路分析？

2. 企业的供应管理包括哪些方面的内容，供应商管理属于哪一内容？

3. 材料中谈到对供应商的管理要求进行供应库优化，请根据所学知识阐述供应库优化的内容。

案例二：约翰迪尔公司

2000 年的 11 月 22 日是一个星期五，约翰迪尔公司的供应商评审小组成员罗伯茨、玛丽、埃金斯和皮尔森正在讨论其供应商 Complex Parts 的绩效。这家公司去年为其在莫林的业务单元提供的服务有些问题，约翰迪尔公司在考虑是否将 Comples Parts 的业务交给其他的供应商。他们需要在下周向项目经理提交一份行动方案。

约翰迪尔公司成立于 1837 年，总部设在伊利诺伊州的莫林，它的 2000 项业务在全球 160 多个国家展开，在职员工 43000 人。公司生产农业、建筑、商业和消费领域的各种设备，在设备租赁、能源、特种技术和卫生保健等方面提供产品和服务。公司在 2000 年的净销售额达到 110 亿美元，总资产将近 120 亿美元，采购达到 60 亿美元。

Complex Parts 在过去 10 年内都是约翰迪尔公司的供应商，每年的业务量大约为 350 万美元。Complex Parts 向约翰迪尔公司提供的生产部件所需的大量工程技术和测试，能够提供和 Complex Parts 相同产品的供应商还有另外两家，但到目前为止仍然是 Complex Parts 向约翰迪尔公司提供所有零部件。Complex Parts 经常积极改善同约翰迪尔公司的业务关系，如销售工程师每周的访问，参与约翰迪尔公司的成本削减战略、设计革新和内部质量计划。Complex Parts 正积极提高针对约翰迪尔公司的销售。

约翰迪尔公司的追求卓越项目。追求卓越项目（Achieving Excellence Program，AEP）是一个动态的供应管理战略，旨在为约翰迪尔公司和它的供应商带来面对客户的竞争优势。AEP 通过供应商评估程序，提高沟通、信任、合作和持续改进，努力建立与供应商的长期合作关系。供应商评估由约翰迪尔公司的小组成员从五个方面进行评估，小组成员分别来自供应管理、运营、质量工程和产品开发部门。这五个方面分别是质量、运送、成本管理、持续周期和技术支持。

结合案例，请回答以下问题：

1. 材料中 Complex Parts 为约翰迪尔公司提供的产品属于哪一象限？

2. 结合材料和所学知识，分析 Complex Parts 和约翰迪尔公司是否已经建立了长期供应商关系？

3. 简述绩效回顾和控制结果的过程。

五、参考答案

（一）单选题答案（本题共 20 小题）

1	2	3	4	5	6	7	8	9	10
B	C	A	D	A	A	A	D	D	B
11	12	13	14	15	16	17	18	19	20
C	A	A	A	B	B	A	C	A	A

（二）多选题答案（本题共 10 小题）

1	2	3	4	5	6	7	8	9	10
ABCE	BCDE	ABE	ACE	ABC	ACD	ABCDE	ABCE	ABCD	ABC

（三）名词解释题答案（本题共 12 小题）

1. 答：职能战略是各职能如何适应总体战略和业务单元战略要求的战略，是职能工作如何配合总体战略和业务单元战略实现的战略。

2. 答：供应管理，即为了保质、保量、经济、及时地供应生产经营所需的各种物品，对采购、储存、供料等一系列供应过程进行计划、组织、协调与控制，以确保企业经营目标的实现。

3. 答：市场交易战略是指企业主要通过市场上的合同买卖来取得所需的供应产品，供应产品的生产技术相对成熟或技术含量低，在企业最终产品的生产和销售中不具有重要性，对提升企业的核心竞争力作用甚微，企业不需要供应商提供售后服务，也不需要进行专项投资。

4. 答：功能联盟战略供应产品对企业较为重要，需求量也较大，但产品本身生产技术成熟，替代性也较高，企业为了满足日常生产的需要，可以与供应商结成联盟，使供应商的生产产生规模效益，降低供应产品的价格，从而也相应地得到一些从供应商处转移过来的规模效益，降低企业自身的供应成本。

5. 答：日常型象限的物品通常在某一地区只有极少数的供应商，而且产品价值很低。虽然很多供应商有能力供应商品，但搜索和比较供应替代品的高昂成本通常远远超过这些物品本身的价值。一般情况下，这些物品的成本相对比较低，但需要花费大量的时间才能够获得。

6. 答：杠杆型象限采购物品的价值仍处于中低档次，但有大量供应商具备提供这些商品或服务的能力。这些物品的技术特征是相对标准化和广泛可得性。转换成本仍然比较低，但由于存在许多有能力提供商品和服务的供应商，采购的重点在于价格分析，而且将价格分析作为降低成本的基本工具。

7. 答：瓶颈型象限的物品拥有大量的有能力的供应商，并且要求购买者支付中高档次的费用。企业的不同部门都具有购买这些商品或物品的需求，通过组合不同部门的需求，采购部门将与少数精选的供应商签订"更有利的合同"。

8. 答：战略型象限所包括的产品对于企业的经营成功十分重要，而且只有少数几家供应商有能力供应这种商品或服务。这样的商品是独特的，或者是用户化，或者它们仅仅代表着高价值的产品或者这种产品采用了成熟的技术。

9. 答：供应库优化是确定保留适当数量的供应商和对供应商进行重新组合的过程。虽然它是指确定供应商的适当规模，但通常是减少所使用供应商的数量。另外，那些没有能力在现在或者最近时期内达到世界级绩效水平的供应商，可能将会从供应商名单中删除。

10. 答：全球采购（又称国际采购）是要求采购部门将全世界看做零部件、服务、产成品的潜在供应源的一种方法。它通常用于评价一个新市场或者对可能有助于公司更具竞争实力的同一家供应商进行沟通联络。

11. 答：总成本模型是一种结构性的方法，通过作业成本计算来了解与采购服务有关的供应链总成本。由于总成本模型揭示了每一个成本驱动因素，因此在评估供应商关于增加价值的建议以及挑选合适的供应商时很重要。通过总成本模型，采购组织可以在项目过程中寻求持续改进的机会。

12. 答：作业成本法（Approach Based Cost，ABC）是一种很好的成本计算工具。通过运用 ABC 成本法，公司可以了解在团队水平上可以节约哪些成本。一旦采购团队使用这种方法，供应链总成本将被确定下来，ABC 成本法可以精确地计算出团队的费用盈亏。

（四）判断题答案（本题共 20 小题）

1	2	3	4	5	6	7	8	9	10
√	√	×	√	×	√	×	×	√	×

11	12	13	14	15	16	17	18	19	20
×	√	×	√	×	×	√	×	√	√

（五）简答题答案（本题共 12 小题）

1. 答：从职能战略的本质出发，职能战略主要包括以下三个方面的内容：

（1）职能战略目标

也就是说，从总体战略和业务单元战略出发，本职能领域的工作要达到什么样的境界。如果达到了这种境界，就满足了总体战略和业务单元战略对本职能领域的要求，从而，本职能领域也就支持了总体战略和业务单元战略。

（2）核心业务

职能目标不可能自我实现，它需要做一些具体的工作才能实现。所以，从战略意义出发，我们把直接支持职能目标的职能工作称为职能核心工作。

（3）职能政策

各项职能工作都有许多项目，每个项目下还有具体内容。每个项目的具体实施有多种途径和方法可供选择，而不同的途径和方法会产生不同的结果。所以，要从总体战略、业务单元战略和职能战略目标出发，对不同的途径和方法作出选择，选择出与总体战略、业务单元战略和职能战略目标最相匹配的职能工作途径和方法。

2. 答：生产企业供应管理包括三个方面的内容：

①供应管理的业务活动，即计划、采购、存储以及供料等。

②供应管理的支持性活动，即供应环节中的人员管理、资金管理、信息管理等。

③供应管理的拓展性活动，即供应商管理。

3. 答：供应战略是供应管理部门在现代供应理念的指导下，为了实现企业战略目标，通过供应环境的分析，对供应管理工作所作的长远性的谋划和方略。

供应战略管理是供应管理部门为了实现企业的整体战略目标，在分析企业外部宏观环境和供应商所处的行业环境以及企业内部微观环境的基础上，确定供应管理目标，制订供应战略规划并组织实施的一个动态管理过程。

首先，供应战略管理是全过程管理，不仅涉及战略的制订与规划，而且要对战略的实施过程进行有效管理。其次，供应战略管理的实质是变革，因此它不是静态的、一次性的管理，而是根据外部环境的变化和内部条件的改变，不断进行创新的动态管理过程。

4. 答：四种基本供应战略即市场交易战略、短期项目合作战略、功能联盟战略和创新联盟战略。

（1）市场交易战略

指企业主要通过市场上的合同买卖来取得所需的供应产品，供应产品的生产技术相对成熟或技术含量低，在企业最终产品的生产和销售中不具有重要性，对提升企业的核心竞争力作用甚微，企业不需要供应商提供售后服务，也不需要进行专项投资。

（2）短期项目合作战略

企业与供应商基于一定的项目进行合作，但这种合作不考虑长期的战略影响。主要是为了应对一定的市场需求，企业与供应商采取一定的短期合作策略，以把握急剧变化的市场机会，在市场需求满足或消失后，合作就宣告结束。

（3）功能联盟战略

供应产品对企业较为重要，需求量也较大，但产品本身生产技术成熟，替代性也较高，企业为了满足日常生产的需要，可以与供应商结成联盟，使供应商的生产产生规模效益，降低供应产品的价格，从而也相应地得到一些从供应商处转移过来的规模效益，降低企业自身的供应成本。

（4）创新联盟战略

这种合作是企业为了长远的生存发展而采取的重大的战略步骤的一种，其目的是追求一种长期的竞争优势和一种双赢的结果，无论对企业还是供应商都是一次重大的战略选择。

5. 答：采购战略制订的过程如图 2 - 1 所示。

6. 答：供应市场调研的内容包括以下几个方面：

①确定当前的战略。

②识别供应商对商品进行支出的历史记录。

③计算商品的全部支出占业务单位所有支出的百分比。

④识别当前正在使用的和潜在的供应商，确定市场定位（例如最高价格、平均价格、业务单位价格等）。

⑤确定价格的预期变化趋势。

⑥进行供应商分析。

⑦识别市场领导者的战略。

⑧确定对信息技术的需求。

⑨确定用于满足当地要求的当前和未来所需数量。

⑩识别能够通过使用类似商品以降低购买商品支出的机会。

7. 答：有效的目标一般都应具备一些共同的特征：

①是具体的、可测量的和便于实施的。

②评价内部进展并可与外部竞争对手和评价基准进行比较。

③超越价格而作为全部成本的其他主要"驱动因素"。

④能够评价质量、客户服务、可得性、响应度等。

⑤如果可以，需要与供应商共同设定。

8. 答：采购战略应考虑研究中的相关标准，其中包括最佳供应商的相对标准、业务单位需求方案可能产生的"风险"、其他不同选择所带来的"机会成本"。向管理层提交的战略应包括具体细节如下：

①供应商的数量及分配给每家供应商的业务量。

②备选的供应商。

③合同的时间跨度和类型。

④供应商对产品设计的参与程度（是供应商提供的设计方案还是原有的设计方案）。

⑤当地的还是全球的供应商。

⑥全程服务分销商或者基本设备制造商，供应商的研发活动。

⑦关系类型（传统的或者战略联盟）。

9. 答：战略贯彻实施要求获得公司的控股权以及时间和任务的相关文件，相关各方应该了解采购战略可能带来的任何变化。战略贯彻实施的关键要素包括以下几个方面：

①在规定时间内所需要完成的任务。

②分派责任和实施过程的所有权限，确保实施过程的参与者能够得到充足的资源。

③向供应商和内部客户介绍战略的相关内容并争取全员参与。

④在与供应商谈判前编制谈判计划以及一份"理想合同"。

⑤与所有的使用者和股东交流战略实施情况。

⑥制订应急计划以防突发事件的出现。

然后，负责实施战略的个人或团体将签订合同、编制交流计划，并负责贯彻实施计划。强生公司为诸如服务等间接商品的供应商编制一份全球协定。工厂设备供货合同需要约两年的时间才能实现从现在的供应商转移到全球供应商。

10. 答：企业可能要根据每一种商品的差异性，针对每种商品的特点，有针对性地采用各种各样不同的采购战略，下面是采购战略应当关注的重点内容：

①供应库优化。

②全面质量管理（TQM）。

③全球采购，又称国际采购。

④长期供应商关系。

⑤供应商及早参与产品设计。

⑥直接与供应商合作。

⑦采购方的全部成本。

11. 答：采购战略要取得成功，关键要素有以下几个方面：

①战略采购团队：战略采购的支持者要保持远见和长远战略。

②共享权力：当公司里所有人都共享权力和领导力时，企业的主要文化已经发生了变化。

③专家团队：专家团队不仅可以陈述他们的工作以及建议，也可以展示他们工作的严密性、调查的选项以及得到的教训。

④制订变革管理战略：变革的实质是在战略采购过程中重复着一样的教训。

⑤有效使用顾问：利用经验丰富的外部专家将支持项目要素并且加快传递成果。

⑥总成本模型：总成本模型是一种结构性的方法，通过作业成本计算来了解与采购服务有关的供应链总成本。

⑦制订全面的沟通计划：在行动的早期阶段对全部沟通策略进行计划，确保正确的信息接收人在正确的时间收到正确的信息——这是有效沟通的本质。

⑧提供培训：有效的培训能够使员工充分参与到变革的过程中，教育员工重视战略和基本概念帮助员工克服对未知世界的本能恐惧，以变革所需的新技能来武装员工，使其接受变革，同时促进员工不断前进。

12. 答：全面沟通计划的内容包括：

（1）沟通计划

采购人员在行动的早期阶段对全部沟通策略进行计划，确保正确的信息接收人在正确的时间收到正确的信息——这是有效沟通的本质。

有效沟通可以真实地构造成功与失败之间的不同。要想改变公司的方向、方法或实践，需要许多人的理解和支持。设计有效的沟通用于树立每个人的行动目标，并且定期更新进度情况，将有助于维持项目实施的动力。

（2）系统沟通

在战略采购系统中，沟通的目标是影响和感化员工使其进行变革。当各利益相关方采取主动的态度，欣然地接受变革时，变革就可以最大限度地被认可。但是，沟通作为一种建立透明度和参与度的基本手段常常被忽略。

如果适当地加以利用，沟通计划方案不仅能帮助你选择传递信息最有效的途径，也能够在主要的参与者中间达成共识。一个周密的沟通计划方案可以确保利益相关方在恰当的时间获得准确的信息。

（六）论述题答案（本题共5小题）

1. 答：采购战略制订的框架如图2-2所示。

2. 答：采购战略的制订过程如下：

（1）确定业务单位的需求

制订采购战略的第一个步骤，即采购活动将根据公司目的和业务单位战略制订过程制订其战略方向。业务单位的部门战略作为驱动因素将促进它的制订，跨部门采购战略主要适用于业务单位所需购买的主要商品和服务。接着，这将转化为采购目标。采购部门一旦确定了必须实现的一组广泛的目标，将会在商品/服务/产品层次上出现另一组更加详细的战略。采购战略应该首先从商品/产品层面开始有效地展开。

（2）确定采购需求的战略重要性（投资组合分析）

制订采购战略的第二个步骤，就是要充分理解与业务单位目标相关的采购需求。这一般通过名为供应链定位模型的组合分析战略分析工具来完成。组合分析的前提是将每次采购或者每组采购首先归并到4个象限：获取型象限、多样型象限、杠杆型象限、

物流需考虑的因素

对供应市场需要考虑的因素：
　　供应市场规模
　　竞争水平(市场中现有的卖主)
　　法律因素
　　社会因素
　　行业关系因素
　　一般经济环境
　　来自其他买主的竞争水平
　　通货膨胀率
　　相对流通程度
　　潜在供货源的数量(开发后)
　　采购实力

对特定供应商需要考虑的因素：
　　关系的质量
　　信任度
　　绩效记录
　　生产技术
　　生产设施
　　灵活度
　　质量水平
　　IR记录
　　财政稳定水平
　　定价方法
　　信用政策
　　与购买者工厂的距离
　　库存设备
　　物流设施
　　采购所占销售比例

基本决策

自制还是购买

采购上游阶段

现有供货源

国内或国外

一个或多个

内部因素
　· 库存设备
　· 搬运设备
　· 物流设备

· 零部件设计
· 零部件排列
· 零部件的适应性

· 支付政策
· 现金流动需考虑的因素

原材料水平(如半成品)

· 价格信息
· 成本信息

· 生产技术
· 生产设备
· 计划的稳定性
· 产业联系的思考
· 供应需求的数量和频率
· 质量要求
· 技术水平

供应市场信息的准确性与时效性

管理信息的准确性和速度

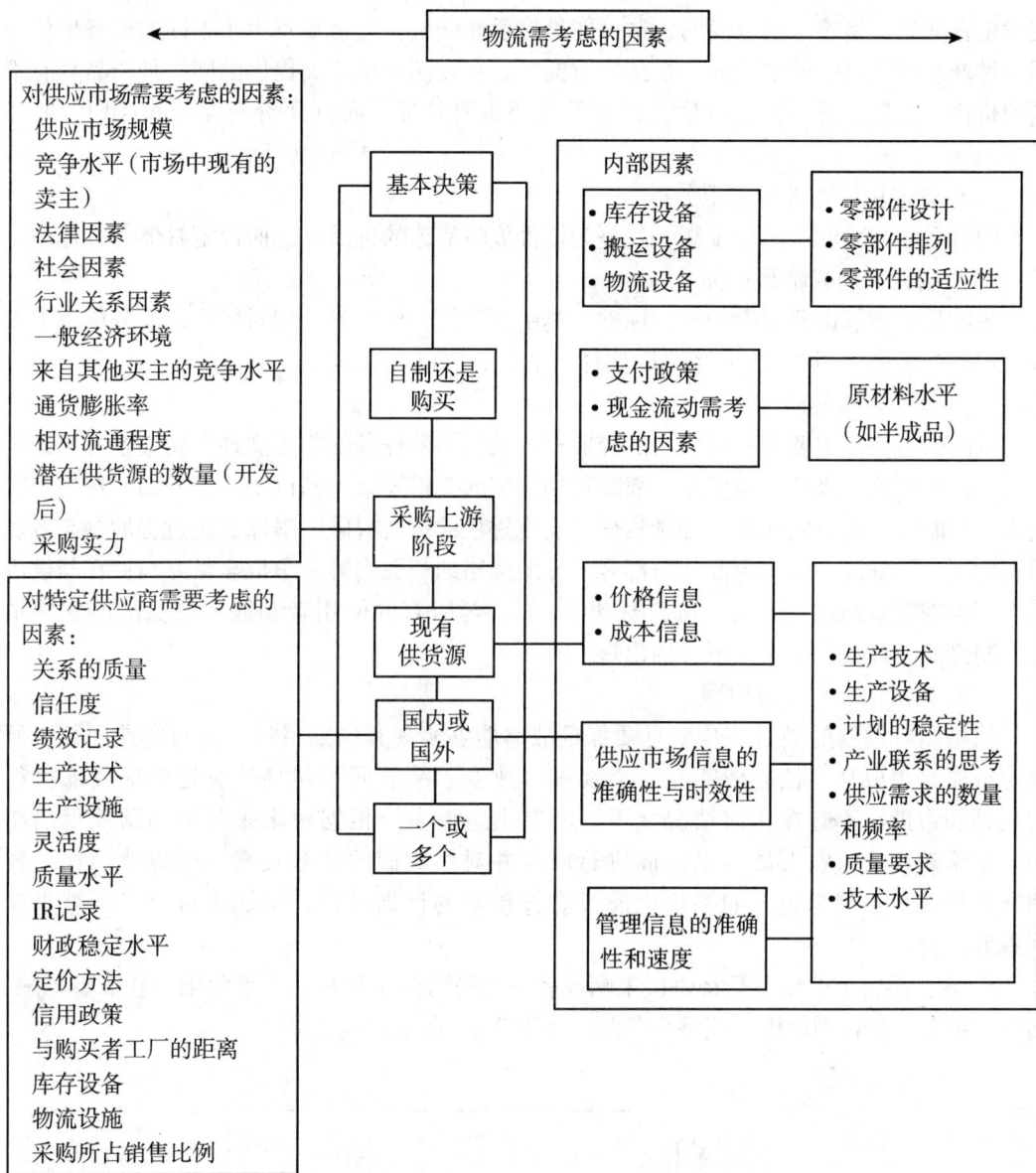

图 2－2　采购战略制订的框架

战略型象限。

（3）确定业务需求和供应市场的调研

制订采购战略的第三个步骤，就是要进行彻底的商品调查研究。这一步骤经常被忽略或者是很快完成，但是它对于理解供给与需求是至关重要的。业务单位必须对采购某种物品所要发生的花费准确地预测。虽然所花成本总额可能很清楚，但重要的是要知道此项花费发生在何处？是哪家供应商的？这可能是揭示性分析，它常常发生于不同的业务单位为同一种产品所支付的成本不同。在某些情况下，存在同一供应商提供的同一种产品具有不同的价格。此项分析不仅评价供应市场的某些重要特征，而且评价现存的和计划的业务需求。

（4）设定目标并进行差距分析

制订采购战略的第四个步骤，就是为评价战略实施的进展状况而设定具体的目标。

（5）制订采购战略和目标

采购战略应考虑研究中的相关标准，其中包括最佳供应商的相对标准、业务单位需求方案可能产生的"风险"、其他不同选择所带来的"机会成本"。

（6）贯彻实施战略

战略的贯彻实施要求有对公司的控股权以及时间和任务的相关文件。相关各方应该了解采购战略可能带来的任何变化。战略贯彻实施的关键要素包括以下几个方面：在规定时间限度内所需要完成的任务；分派责任和实施过程的所有权限，确保实施过程的参与者能够得到充足的资源；向供应商和内部客户介绍战略的相关内容并争取全员参与；在与供应商谈判前编制谈判计划以及一份"理想合同"；与所有的使用者和股东交流战略实施情况；制订应急计划以防突发事件的出现。

（7）控制结果和绩效回顾

战略制订过程的最后一步就是要保证战略能够实现其预期目标。进行定期回顾以便决定战略是否成功，核心战略是否需要加以改变。绩效回顾包括从关键供应商那里得到反馈和帮助。不管在任何情况之下，所有供应商应当根据对未来趋势的预期得出相应的结果。因为采购人员与供应商进行联络并对供应商的绩效负责，所以他们在绩效回顾中扮演着关键角色。如果供应商没有按预期的计划进行，早期决策就必须被重新回顾和评价。

3. 答：供应定位模型是将每次采购或者每组采购首先归并到4个象限：获取型象限、多样型象限、杠杆型象限、战略型象限，如图2-3所示。

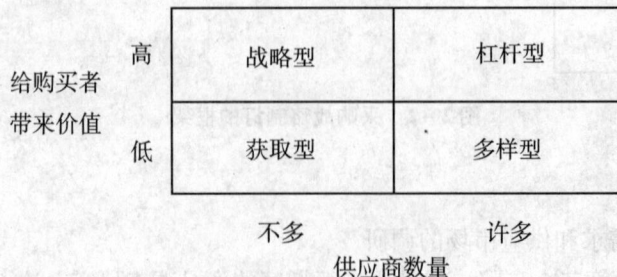

给购买者带来价值	高	战略型	杠杆型
	低	获取型	多样型
		不多	许多
		供应商数量	

图2-3 供应定位模型

（1）获取型象限

获取型物品通常在某一地区只有极少数的供应商，而且产品价值很低。虽然很多供应商有能力供应商品，但搜索和比较供应替代品的高昂成本通常将远远超过这些物品本身的价值。一般情况下，这些物品的成本相对比较低，但需要花费大量的时间才能够获得。许多获取型物品具有标准的质量和技术要求，因此从一家供应商转换到另外一家供应商的"转换成本"是很低的。获取这种物品时，主要应该考虑为获得这些商品所花费的力气和交易费用。落入这一象限的典型物品包括：办公用品的供应、维护、修理和操作（MRO）服务的供应以及人们偶然需要使用的物品。这一领域中采购的主要贡献就是"摆脱获取型业务"。换句话说，采购部门应试图建立诸如采购卡片、电子目录、网络直接订购系统（例如 Ariba）以及其他能够消除不必要麻烦的自动交易系统。这并不是采购专业人员愿意投入注意力的象限。采购在这一领域所作贡献的价值在于保证使用者能够及时得到这些低价值的产品或服务（价值=产品或服务的占有）。

（2）多样型象限

这一象限采购物品的价值仍处于中低档次，但有大量供应商具备提供这些商品或服务的能力。这些物品的技术特征是相对标准化和广泛可得性。转换成本仍然比较低，但由于存在许多有能力提供商品和服务的供应商，采购的重点在于价格分析，而且将价格分析作为降低成本的基本工具。有效的价格分析意味着：要求供应商提供投标书或报价单，并且接受最具有竞争力的投标书。从历史的观点看，几乎所有这些物品的采购都是实行低价格采购策略（尤其是政府采购合同）。当存在很多供应商的情况下，投标方式是一种很有效的战略。这类产品的实例包括个人电脑、办公设备、钢材锻造与切削和打印机。假设配送和质量能够满足要求，那么这一象限的物品的价值就可以依据最低的价格来进行定义（价值=1/价格）。

（3）杠杆型象限

这一象限的物品拥有大量的有能力的供应商，并且要求购买者支付中高档次的费用。企业的不同部门都具有购买这些商品或物品的需求。通过组合不同部门的需求，采购部门将与少数精选的供应商签订"更有利的合同"。在分析这一象限的采购时，采购人员经常惊奇地发现：他们向多家供应商进行采购，而不是集中向几家供应商进行采购。集中采购和减少供应商数目将产生立竿见影的、明显的成本节约。钢材与波纹包装材料就是非常好的实例。其余的供应商同样获得利益，原因在于随着其产量的上升单位固定成本下降。变动成本也会由于集中后生产效率得到极大改善而下降。重要的是，采购部门必须保证保留的供应商有能力满足这些额外的业务要求，而且不能损害产品或服务的质量（或者实际是不断改善提高）。这一象限商品的价值是质量与价格之间的关系方程式（价值=质量/价格）。

（4）战略型象限

这一象限所包括的产品对于企业的经营成功十分重要，而且只有少数几家供应商有能力供应这种商品或服务。这样的商品是独特的或者是用户化的，或者它们仅仅代表着高价值的产品或者这种产品采用了熟的技术。由于供应商的数目很少，在供应商之间转换可能非常困难。包括计算机微处理器、生物医药、新化学产品、催化式排气净化器、航行控制器。

通过将所需采购的产品或服务准确地划分到4个象限之中，战略的提出人员可以理解产品对企业的重要性。这首先需要界定最佳的采购战略，位于战略型和杠杆型象限中的商品或服务将可能提供最佳的绩效改善机会。既然这样，买方绝大部分资源都应投入到这些类型的商品或服务上。然而，企业为了维持运作仍然需要采购低价值、非关键性的服务。战略制订过程中必须采取步骤对获取型和多样型产品进行管理，从而保障资源能够满足增值商品或服务的需求。

4. 答：企业要根据每一种商品的差异性，针对每种商品的特点，有针对性地采用不同的采购战略，下面是采购战略应当关注的重点内容：

（1）供应库优化

是确定保留适当数量的供应商和对供应商进行重新组合的过程。虽然它是指确定供应商的适当规模，但通常是减少所使用供应商的数量。

（2）全面质量管理（TQM）

要求供应商进行统计过程控制（SPC）、设计试验、研究生产能力以及质量检查以消除程序变动，提高即时发现问题的能力，显示改正活动偏差的能力。

（3）全球采购

又称国际采购，是要求采购部门将全世界看做零部件、服务、产成品的潜在供应源的一种方法。它通常用于评价一个新市场或者对可能有助于公司更具竞争实力的同一家供应商进行沟通联络。

（4）长期供应商关系

是指在未来的一段时间内（例如3年或者更长）选择关键供应商并将与选定的关键供应商紧密合作。通常情况下，使用长期供应商的重要性程度不断上升，并且大多数情况下都是通过签订长期合同的形式来形成的。某些采购人员非常熟悉这项业务实践，但对其他人员则需要实现从传统的短期方法向着基于供应商管理的根本性转变。

（5）供应商及早参与产品设计

要求关键供应商参与新产品开发的概念和前期设计。虽然供应商已经拥有现有产品生产的采购合同，但供应商的参与是非正式的。通过参加跨部门产品开发团队，供应商及早参与新产品开发的次数不断增多。这种战略认识到称职的供应商不仅是负责供应能满足技术要求的基本产品。

（6）直接与供应商合作

买方发现在某些情况下现有供应商的能力并不能满足当前或未来的需求，但他们并不想将其从供应商队伍中删除掉（转换成本很高或者供应商尚有改善绩效的潜力）。这种情况下，解决方法就是要直接与供应商合作以便改善设计部门或活动领域的绩效水平。

（7）采购方的全部成本（TC）

采购方的全部成本就是考虑超越单位成本、运输和工具识别并考虑全部成本的方法，它要求业务单位界定并计算所有需要采购产品的各种成本构成。大多数情况下，其中包括延期配送造成的成本、质量低劣或由于供应商无效而形成的其他形式的成本。

5. 答：采购战略要取得成功，关键要素有以下几个方面：

（1）战略采购团队

战略采购的支持者要保持远见和长远战略。作为执行指导委员会的领导者，其担负着总项目实施和成果的责任。从管理的角度而言，执行指导委员会建立政策、设置权限、提供支持，并按团队的建议采取行动。成员们需保证进程的完整性，在决策时要从公司全局出发，避免片面思考和局部最优化。战略采购的支持者负责调控项目中的总体资源，其中包括顾问选择、角色和责任以及合同条款。

（2）共享权力

当公司里所有人都共享权力和领导力时，企业的主要文化已经发生了变化。一旦采购团队成员愿意承担风险去独具一格地思考和行动时，他们必须从他们的领导那里获得信心——允许存在一定的风险，创新的行为应该受到肯定而不是惩罚。团队成员必须要相信这是真实的，所付出的行动会有结果，他们的贡献很重要。简而言之，参与者必须相信他们的领导者。

（3）专家团队

随着专家团队完成他们的工作，将有助于其他团队和利益相关方听取汇报。专家团队不仅可以陈述他们的工作以及建议，也可以展示他们工作的严密性、调查的选项以及得到的教训。这些工作包括获得管理层支持的一个重要的评论：企业文化的构想是如何促进和影响了他们的工作以及他们最初采用什么样的不同办法。

（4）制订变革管理战略

变革的实质是在战略采购过程中重复着一样的教训。当团队的第一组完成他们的工作之后，战略采购有经验的员工们就有了他们的核心领导团队。当新的团队开始独立工作时，他们的成员可以有一部分是有经验的老成员，另一部分是这个过程中刚加入的新成员。当一个新成员参与到战略采购以及以后的运作过程中之后，事实证明，在没有原先基础的情况下中途插入进来工作是不可能的。

（5）有效使用顾问

利用经验丰富的外部专家将支持项目要素并且加快传递成果。应用恰当的外部资源的关键是引进专业知识以弥补其内部能力的缺陷。战略采购变革行动能够从不同领域顾问的专业知识中受益。战略采购项目中涉及的学科领域包括：战略采购方法论、市场评估和分析、作业成本计算、标杆管理、组织发展、变革管理以及团队建设。

（6）总成本模型

总成本模型是一种结构性的方法，它通过作业成本计算来了解与采购服务有关的供应链总成本。由于总成本模型揭示了每一个成本驱动因素，因此在评估供应商关于增加价值的建议以及挑选合适的供应商时很重要。通过总成本模型，采购组织可以在项目过程中寻求持续改进的机会。

（7）制订全面的沟通计划

在行动的早期阶段对全部沟通策略进行计划，确保正确的信息接收人在正确的时间收到正确的信息——这是有效沟通的本质。

有效沟通可以真实地构造成功与失败之间的不同。要想改变公司的方向、方法或实践，需要许多人的理解和支持。设计有效的沟通用于树立每个人的行动目标，并且定期更新进度情况，这点将有助于维持项目实施的动力。

（8）提供培训

有效培训能够使员工充分参与到变革的过程中，教育员工重视战略和基本概念，帮助员工克服对未知世界的本能恐惧，以变革所需的新技能来武装员工，使其接受变革，同时促进员工不断前进。

（七）案例分析题答案（本题共 2 小题）

案例一：

1. 答：一方面是努力降低供应成本从而降低企业的总成本；另一方面是促进创新以使企业的产品具备不同于他人的独特性。

2. 答：供应管理的业务活动、供应管理的支持性活动和供应管理的拓展性活动。属于拓展性活动。

3. 答：供应库优化是确定保留适当数量的供应商和对供应商进行重新组合的过程。虽然它是指确定供应商的适当规模，但通常是减少所使用供应商的数量。另外，那些没有能力在现在或者最近时期内达到世界级绩效水平的供应商，可能将会从供应商名单中删除。由于业务单位的需求总是处于不断发生的变化中，这个过程将持续进行下去。最优化要求分析某种所需采购的商品当前或将来所需要的供应商数量。

案例二：

1. 答：战略型象限。

2. 答：它们已经建立了长期供应商关系。长期供应商关系是指在未来的一段时间内（例如 3 年或者更长）选择关键供应商并将与选定的关键供应商紧密合作。强调要与绩效优越的或者具有特殊技术专长的供应商形成长期关系。有少数几家供应商负责供应关键的或者具有比较价值的商品或服务。案例中 Complex Parts 向约翰迪尔公司提供所有零部件，而且参与约翰迪尔公司的成本削减战略、设计革新和内部质量计划，这些都是长期供应商关系的特征。

3. 答：①组织定期回顾会议（每年至少一次），以决定战略是否能够为实现组织目的很好地服务。

②与高层管理交流战略实施的结果，以便为战略实施提供外部的推动力，确保战略而实现绩效改善。

③对内部客户与供应商的观念进行评价。它们是否对结果满意？如果不满意，为什么？另外战略是否能够加以改变以改善当前状况？

④确定关键目标是否实现。如果没有实现，有什么应急计划？如果已实现，那么存在什么样的经验教训？

⑤向相关人员反馈信息。

第三章　市场供需原理

一、知识概述

通过本章的学习，掌握采购市场的需求、供给和价格的决定。了解采购市场的特征。

二、基本概念

1. 概念1——市场

【说明】市场是由一群有交换潜质的买方和卖方组成的。经济学家把经济看做是一个市场的集合。在每个市场中，买卖双方是不同的，这取决于市场交易的标的是什么，如蔬菜市场、汽车市场、服装市场、金融市场等。市场是经济学中资源配置选择开始的地方，是供给与需求模型中重要的一部分。

2. 概念2——需求

【说明】一种商品的需求是指消费者在一定时期内，在其他条件不变的情况下，在各种可能的价格水平下愿意且能够购买的商品的数量。

3. 概念3——需求函数

【说明】所谓需求函数，是用来表示一种商品的需求数量和影响该需求数量的各种因素之间的相互关系。需求函数表示为：$Q_d = f(P)$，式中，P 为商品的价格，Q_d 为商品的需求量。

4. 概念4——需求曲线

【说明】需求曲线是以几何图形来表示商品的价格和需求量之间的函数关系。商品的需求曲线是根据需求表中商品不同的"价格—需求量"的组合在平面坐标图上所绘制的一条曲线。

5. 概念5——替代效应

【说明】替代效应是指用途可以互相替换的商品，一种商品价格的下降，会导致减少购买另一种商品的数量，而把这部分钱转用于多购买价格下降了的商品。如大米与小麦，是可以互相替换的商品，称为"互替商品"。

6. 概念6——收入效应

【说明】收入效应是指一种商品价格的下降引起了消费者实际收入的提高，从而导致需求量的增加。假设大米价格下降，其他商品的价格没有发生变化，这意味着同量的货币收入在不减少其他商品消费量的情况下，可以买进更多的大米，反之亦然。

7．概念 7——需求量的变动

【说明】需求量的变动是指在其他条件不变时，由某商品的价格变动所引起的该商品的需求数量的变动。在几何图形中，需求量的变动表现为商品的"价格—需求数量"组合沿着同一条既定的需求曲线的运动。

8．概念 8——需求的变动

【说明】需求的变动是指在某商品价格不变的条件下，由于其他因素的变动所引起的该商品的需求数量的变动。这里的其他因素的变动是指消费者的收入水平变动、相关商品的价格变动、消费者偏好的变化和消费者对商品的价格预期的变动等。

9．概念 9——供给

【说明】一种商品的供给是指生产者在一定时期内，在其他条件不变的情况下，在各种可能的价格水平下愿意并且能够提供出售的该种商品的数量。

10．概念 10——供给函数

【说明】所谓供给函数是用来表示一种商品的供给数量和影响该供给数量的各种因素之间的相互关系。供给函数可以表示为：$Q_s = g\ (P)$，式中，P 为商品的价格，Q_s 为商品的供给量。

11．概念 11——供给曲线

【说明】商品的供给曲线是以几何图形来表示商品的价格和供给量之间的函数关系，供给曲线是根据供给表中的商品的"价格—供给数量"组合在平面坐标图上所绘制的一条曲线。

12．概念 12——供给量的变动

【说明】供给量的变动是指在其他条件不变时，由某商品的价格变动所引起的该商品供给数量的变动。在几何图形中，这种变动表现为商品的"价格—供给数量"组合点沿着同一条既定的供给曲线的运动。

13．概念 13——供给的变动

【说明】供给的变动是指在商品价格不变的条件下，由于其他因素的变动所引起的该商品供给数量的变动。这里的其他因素的变动可以指生产成本的变动、生产技术水平的变动、相关商品价格的变动和生产者对未来的预期的变化等。

14．概念 14——均衡

【说明】均衡是指经济事物中有关的变量在一定条件的相互作用下所达到的一种相对静止的状态。均衡价格是一种商品的市场需求曲线与其市场供给曲线相交时的价格，均衡数量是指在均衡价格水平下供求相等时的数量。

15．概念 15——均衡价格

【说明】均衡价格由需求和供给决定。需求的变动和供给的变动会引起均衡价格和均衡数量发生变动。需求变动引起均衡价格与均衡数量同方向变动；供给变动引起均衡价格反方向变动，均衡数量同方向变动。这就是供求定理。

三、重点内容

1. 影响市场需求量的因素

（1）商品本身的价格。

（2）消费者的收入水平。

（3）其他相关商品的价格。

（4）消费者的偏好。

2. 影响供给量的因素

（1）商品自身的价格。

（2）生产的成本。

（3）生产的技术水平。

（4）相关商品的价格。

（5）生产者对未来的预期。

（6）政府税收政策。

（7）供给者的数量。

四、习题与案例

（一）单选题（本题共 20 小题）

在每小题列出的四个备选项中只有一个是符合题目要求的，请将其代码填写在题中的括号内。错选、多选或未选均不得分。

1. 下列关于市场的说法错误的是（　　）。

A. 市场是单个经济主体集合的场所

B. 市场是由一群有交换潜质的买方和卖方组成的

C. 市场是经济学中资源配置选择结束的地方

D. 经济可以看成是一个市场的集合

2. 一个投资商买了 5000 吨的石油期货，到期时石油涨了 10 元/吨，他拿回了保证金和 50000 元的收益。他的交易标的是（　　）。

A. 期货合约　　　　　　　　　　B. 石油

C. 不存在　　　　　　　　　　　D. 保证金

3. 买方应该具备的条件是（　　）。

A. 有某种需求　　　　　　　　　B. 具备满足这种需求的能力

C. 实际中会满足这种需求　　　　D. A、B

4. 不满足商品需求的定义条件的是（　　）。

A. 一定时期　　　　　　　　　　B. 其他条件不变

C. 某种价格水平下　　　　　　　D. 愿意且能够购买

5. 需求曲线的横轴表示____纵轴表示____。（　　　）

A. 商品价格，商品数量　　　　　　B. 商品数量，商品价格

C. 商品成本，商品数量　　　　　　D. 商品数量，商品成本

6. 需求曲线有一个明显的特征，即它是向（　　　）倾斜的。

A. 左上方　　　　　　　　　　　　B. 左下方

C. 右下方　　　　　　　　　　　　D. 右上方

7. 吉芬商品属于____商品，价格上涨时需求____。（　　　）

A. 高档、增加　　　　　　　　　　B. 高档、减少

C. 低档、增加　　　　　　　　　　D. 低档、减少

8. 价格下降时，炫耀性商品需求____，某些珍贵、稀罕性商品需求____。（　　　）

A. 增加、增加　　　　　　　　　　B. 减少、增加

C. 增加、减少　　　　　　　　　　D. 减少、减少

9. 当牛奶的价格下降时，很多豆浆的消费者都改喝牛奶，原本喝牛奶的消费者的消费量也增加了，这两种现象分别属于（　　　）。

A. 收入效应、收入效应　　　　　　B. 替代效应、收入效应

C. 收入效应、替代效应　　　　　　D. 替代效应、替代效应

10. 录音机和磁带属于____关系，羊肉和牛肉属于____关系。（　　　）

A. 替代、互补　　　　　　　　　　B. 替代、替代

C. 互补、互补　　　　　　　　　　D. 互补、替代

11. 当录音机价格上涨时，磁带的需求____，羊肉价格上涨时，牛肉的需求____。（　　　）

A. 增加、增加　　　　　　　　　　B. 减少、增加

C. 增加、减少　　　　　　　　　　D. 减少、减少

12. 假设某一商品的供给曲线为直线，当价格为5元时，供给量为50吨；当价格为6元时，供给量为70吨；当价格为4元时，供给量为（　　　）。

A.80吨　　　　　　　　　　　　　B.40吨

C.50吨　　　　　　　　　　　　　D.30吨

13. 当价格从 M 点下降到 N 点，市场的需求会变到（　　　）。

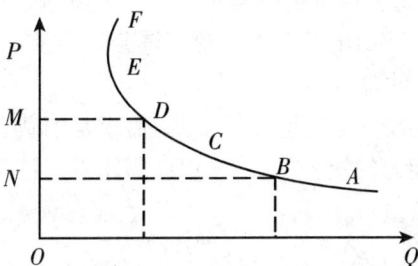

图 3-1　需求曲线图

A. 点 B   B. 点 D   C. 点 C   D. 点 F

14. 一般来说，商品价格越高，供给量____，生产成本越高，供给量____。（　　　）

A. 越大、越大   B. 越大、越小

C. 越小、越小   D. 越小、越大

15. 当一种商品的价格提高时，其互补品的供给量____，替代品的供给量____。（　　　）

A. 增加、增加   B. 减少、增加

C. 增加、减少   D. 减少、减少

16. 当政府对某一商品课税使卖价提高，该商品的需求____，供给____。（　　　）

A. 增加、增加   B. 减少、增加

C. 增加、减少   D. 减少、减少

17. 当生产者预期某一商品价格下降时，需求曲线____，供给曲线____。（　　　）

A. 左移、左移   B. 右移、不变

C. 左移、不变   D. 不变、右移

18. 发散型蛛网的供给曲线斜率（绝对值）____需求曲线斜率，封闭型蛛网的供给曲线斜率____需求曲线斜率。（　　　）

A. 大于、小于   B. 大于、等于

C. 大于、大于   D. 小于、等于

19. 需求变动引起均衡价格和均衡数量____变动，供给变动引起均衡价格和均衡数量____变动。（　　　）

A. 同方向、反方向   B. 同方向、同方向

C. 反方向、反方向   D. 反方向、同方向

20. 假定供给状况不变，人们对某一商品的喜好突然变强了，则需求量____，价格____。（　　　）

A. 增加、上涨   B. 减少、上涨

C. 增加、降低   D. 减少、降低

（二）多选题（本题共 10 小题）

请把正确答案的代码填写在题中的括号内，多选、漏选、错选不得分。如果全部答案的代码完全相同，例如全选 ABCDE，则本大题不得分。

1. 关于需求的概念正确的是（　　　）。

A. 需求是价格和数量的统一   B. 需求是消费者愿意购买的数量

C. 需求是欲望与支付能力的统一   D. 需求总是涉及价格和需求量

E. 需求是实际购买的数量

2. 需求的表示方法有（　　　）。

A. 文字   B. 公式

C. 几何图形
D. 表格

E. 图形法

3. 下述商品不满足需求定理的是（　　　）。

A. 炫耀性商品
B. 珍贵、稀罕性商品

C. 低档商品
D. 生活必需品

E. 普通商品

4. 一个想获取利润最大化的企业进入竞争性市场面临的限制性条件有（　　　）。

A. 市场价格
B. 生产技术

C. 规模效益
D. 预算

E. 贸易壁垒

5. 下列（　　　）会造成供给曲线向右移动。

A. 生产技术的改进
B. 互补品价格上涨

C. 生产者预期价格会上涨
D. 消费者预期价格会上涨

E. 生产成本降低

6. 蛛网模型的假设条件有（　　　）。

A. 本期的产量由上一期的价格决定
B. 本期的需求量决定本期价格

C. 生产规模不变
D. 上期的需求量决定本期价格

E. 本期的产量由本期价格决定

7. 在市场动态均衡的实现过程中，会出现（　　　）。

A. 发散型蛛网
B. 收敛型蛛网

C. 开放型蛛网
D. 回环型蛛网

E. 封闭型蛛网

8. 当需求状况不变时，（　　　）会使均衡价格上涨。

A. 生产成本增加
B. 互补品价格上涨

C. 政府对生产者课征从量税
D. 生产者预期价格会上涨

E. 生产成本降低

9. 影响需求量的主要因素有（　　　）。

A. 消费者的收入水平
B. 相关商品的价格

C. 商品本身价格
D. 消费者的偏好

E. 消费者的预期

10. 当价格下降时，需求会减少的商品有（　　　）。

A. 珠宝
B. 轿车

C. 古董
D. 冰箱

E. 笔记本

（三）名词解释题（本题共 10 小题）

1. 市场

2. 需求

3. 需求函数

4. 替代效应

5. 收入效应

6. 供给

7. 供给函数

8. 供给量的变动

9. 供给的变动

10. 均衡

（四）判断题（本题共 20 小题）

对的在括号内画"√"，错的画"×"。

1. 市场的地理区域指买卖双方交易所在的地理区域。（　　　）
2. 整个社会对某种商品的需求不能通过个人需求的简单相加得到。（　　　）
3. 需求的变动和需求量的变动是一致的。（　　　）
4. 需求定理阐述了需求量与价格呈反方向变动的理论。（　　　）
5. 消费者预期未来某一时期牛肉价格会下降，他们就会减少对牛肉的消费。（　　　）
6. 消费者预期未来收入会增加，他们会增加对商品的消费。（　　　）
7. 需求的变动表现在需求曲线上是曲线的平移。（　　　）
8. 把单个企业的供给加在一起就是整个社会对某种商品的供给，即社会供给。
（　　　）
9. 供给是指生产者愿意生产且实际已生产的商品数量。（　　　）
10. 当生产的技术水平提高时，生产者未必会提供更多的产量。（　　　）
11. 当金华火腿的生产者预期未来价格会下降，生产者就会增加火腿的供应。（　　　）
12. 当政府对某一商品课税使卖价提高，该商品的需求便下降。（　　　）
13. 需求定理是一般商品在一般情况下的规律。（　　　）
14. 对于低档商品，消费者的收入水平与商品的需求量呈同方向变化。（　　　）
15. 消费者的收入水平提高会导致均衡价格沿着需求曲线向上移动。（　　　）
16. 供给是价格和数量的统一，也是意愿与生产能力的统一。（　　　）
17. 劳动市场的供给也满足供给定理。（　　　）
18. 只有在商品本身价格上升时，供给才会增加。（　　　）
19. 供给者数量增加，总供给量也会相应地增大。（　　　）
20. 均衡是指经济事物中有关的变量在一定条件的相互作用下所达到的一种相对静止的状态。（　　　）

（五）简答题（本题共 10 小题）

将答案要点写出并作简要叙述，必要时可以画出流程图或示意图进行阐述。

1. 简述需求定理的适用条件。

2. 简述需求定理的例外。

3. 简述影响需求量的主要因素。

4. 简述需求量的变动与需求变动的不同。

5. 简述供给的含义。

6. 简述供给定理的适用条件。

7. 简述影响供给量的主要因素。

8. 简述均衡值的决定条件。

9. 简述市场动态均衡分析的实现。

10. 简述均衡价格的变动。

（六）论述题（本题共 4 小题）

要求阐述过程中理论联系实际、结构严谨、分析透彻，必要时可以画出流程图或示意图进行阐述。

1. 论述需求曲线的含义。

2. 论述影响需求量的主要因素。

3. 论述需求的变动与需求变动的区别。

4. 论述影响供给量的主要因素。

（七）案例分析题（本题共 2 小题）

案例一：钢铁企业采购

一国废钢进口需求量受到多方面因素影响，一是受到钢铁保有蓄积量影响。废钢是一种可再生资源，但其产出受到时间限制（如汽车、房屋报废需要一定年限），一国钢铁人均蓄积量较低时通常需要净进口废钢，钢铁蓄积量增长到一定程度后会变成废钢净出口大国，我国虽然已成为世界最大钢铁生产国，但是人均钢铁蓄积量仍然较低，因而需要大量进口废钢，进口来源国主要有美国、日本、俄罗斯等钢铁蓄积量较大的国家。

二是受到钢铁产量和炼钢方法影响。其他方法给定时，钢铁产量较大，对废钢需求（包括进口需求）越大。1996 年起我国粗钢产量位居世界首位，加上转炉改电炉（电炉炼钢比转炉炼钢废钢消耗量大），推广连铸生产工艺（连铸使工厂生产过程产出废钢减少）使得国内废钢产出量减少，废钢的需求量逐年增加，推动废钢进口量不断上升。

三是受到国际市场废钢价格影响。废钢价格从 1996 年的 165 美元/吨下降到 2001 年的 105 美元/吨，我国废钢进口量从不到 130 万吨上升到将近 1000 万吨。由于 2002 年钢产量预计为 1.7 亿吨，所以行业内曾预测 2002 年废钢进口量将超过 1300 万吨，然而据海关统计，2002 年上半年进口废钢仅约为 300 万吨，下半年还有下降趋势。导致废钢进口量下降的重要因素之一是进口价格从 2001 年的 105 美元/吨上升到 130 美元/吨。

四是受到替代品影响。虽然进口废钢是炼钢用优等原料，然而由于受到预算约束影响，炼钢工厂在进口废钢价格达到一定水平后，会加大国内废钢采购或加大比较便宜的生铁用量（生铁基本是国内采购），以满足生产需要。另外由于技术进步，出现了新的进口废钢替代产品如 HBI（热压块），HBI 由矿石加工而来，由于矿石相对废钢是丰富资源，一定程度上可以降低炼钢成本。

影响我国进口废钢价格的主要因素有：一是韩国和我国台湾等国家和地区的废钢进口量。韩国和我国台湾地区也是世界主要废钢进口大户，它们进口需求的上升会提升我国进口废钢价格。二是出口国本国生产对废钢需求的变化。例如，2002 年美国实施 201 贸易保护条款，国内钢产量上升导致废钢需求上升和出口供给下降，估计美国废钢出口量将从 2001 年的 1000 万吨下降到 2002 年的 500 万吨，对国际市场废钢价格上升产生了某种影响。三是日元对美元汇率变动影响。我国废钢进口通常用美元报价，日元升值使日本出口废钢的美元价格上涨，日元贬值则使其美元出口价格下降。四是油价变动对海运费成本的影响。五是我国国内钢材市场价格及其影响的国内工厂采购废钢的价格。六是废钢可替代品的供应量和价格。

结合案例，请回答以下问题：

1. 分析废钢是否符合需求定理？

2. 连铸生产工艺的推广为什么会增加我国废钢进口量？

3. 影响我国废钢需求的因素有哪些？

案例二：QC 公司的采购

QC 公司是世界上最大的食品生产厂商之一，主要产品包括速溶咖啡、巧克力、糖果、奶制品、儿童营养食品、冰激凌等。20 世纪 80 年代初，该公司进入中国市场投资兴建速溶咖啡厂，以其"滴滴香浓，意犹未尽"等脍炙人口的广告语打动中国消费者，产品迅速占领市场，成为外商在华投资成功的范例。此后 QC 公司又进入速溶茶等其他领域，获利颇丰。

1990 年，QC 公司瞄准发展中的中国饮用水行业，投资近 2 亿元人民币在天津兴建矿泉水厂，1998 年又耗资 4000 万元人民币收购上海某饮料厂，并增加投资 3 亿元建成年产 5 亿公升纯净水的现代化生产基地。

然而，QC 公司在中国饮用水市场上面临严峻挑战，第一，从市场需求角度看，中国由于收入水平，消费者对茶饮料偏好等方面因素，饮用水市场虽然 20 世纪 90 年代后期扩展较快，但是总体规模还比较小。以矿泉水为例，到 2000 年销售额仅有 30 亿元左右，有待进一步开发和培育。第二，从市场份额角度看，即便在 QC 公司饮用水产量最高的 2001 年，它在中国饮用水（包括矿泉水、蒸馏水和纯净水）市场占有份额仅有 8%，虽然超过了各占 4% ~5% 份额的可口可乐（Coca Cola）和屈臣（Watson's），但是远远比不上占市场份额达四成的达能（Danone）集团。第三，从市场竞争情况看，中国市场上有几千家质量低、效率低但成本也很低的地方瓶装水厂。由于饮用水缺乏明确的卫生和技术质量标准，进入门槛比较低。QC 公司基于在饮用水行业的经验和对自身品牌的严格质量要求，引进意大利、法国等现代化大型设备（过滤、净化、矿化及高速瓶装线、自动化吹瓶机、热封包装机等），严格控制生产流程，检测要求精益求精，使其产品质量优异但生产成本（特别是固定资产折旧成本）高昂。因而，QC 公司饮用水面临的困境是，相对于国内很多竞争对手缺少价格优势，如达能集团这样的国际竞争对手又缺少规模优势。

上述背景下，QC 公司在华饮用水项目连年巨额亏损。亏损额（净收益负值）从 1998 年 1000 多万元上升到 2001 年 5000 多万元，现金流亏损也从几百万元上升到 2001 年的 3800 多万元。

虽然 QC 公司凭借其成功的中国营销队伍，优质品牌效益可以吸引一部分高端客户群并占有一定市场，然而维持低价销售且无法达到规模产量，长期亏损则不可避免，退出似乎成为不得不考虑的选择，然而实际上，由于存在巨大的沉没成本，QC 公司想要退出也不容易。

依据经济理论，厂商在考虑退出一个行业时，需要比较平均成本与价格水平，并且考虑固定成本比例以及固定成本中沉没成本所占比例。在建立生产能力所进行的投资中，通常会有相当部分用于厂房、设备等不变投入，这里固定成本如果在厂商退出这一行业时无法变卖回收，便成沉没成本（sunk costs）。另外，投入生产后发生部分成本如广告支出等也具有沉没成本性质。沉没成本数量规模对于厂商选择是否退出某个行业时具有重要制约作用。大体来说，在完全没有沉没成本情况下，如果现实和未来预期价格低于平均成本，厂商就应退出这一行业以避免亏损。然而，如果成本结构中有不同比例沉没成本，即便价格低于平均成本，厂商可能仍然不应退出，因为退出可能意味着承受更大的财务损失，极端地说，如果所有固定成本都是沉没成本，那么只要价格没有低于可变成本，厂商仍然应当维持亏损经营以避免更大的财务损失。

正是沉没成本使 QC 公司难以顺利退出。QC 公司在华饮用水项目固定投资巨大，上海、天津两家工厂总投资迄今超过 5.4 亿元人民币，再加上每年大约 3000 万元广告费的投入，累计达 3 亿元人民币，如果退出，厂房、土地、通用机器设备虽有可能部分收回，但资产处置时间就很长，针对饮用水的广告成本完全付诸东流，沉没成本总计超过 8 亿元。

反过来看，如果维持经营，市场分析结果表明 QC 公司仍有机会在高端产品上保持优势，占有一定市场份额，特别在 5 加仑大桶水市场，其有丰富经验，是美国等地的市场领导者，具有明显优势。经过努力，饮用水产量可能达到 1.5 亿公升以上，虽然仅为设计生产能力的 1/3，但是公司可以至少保持每年 20% ~ 30% 的毛利，约为 2000 万元人民币。

经过全面的市场调研和缜密分析，该公司董事会决定继续饮用水工厂的生产经营，提出利用 QC 公司在中国的成功的营销网络和经验扩大市场和销售，同时公司还实施减少外籍人员，加快管理人员本地化，压缩广告开支等节流措施，努力降低亏损额。从 2002 年的情况看，QC 公司销售业绩与去年大体持平，但是管理费用和销售费用明显下降，净亏损大幅度下降,董事会维持亏损经营决策得到了较好贯彻。

结合案例,请回答以下问题:

1. 该材料中 QC 公司的矿泉水需求受到哪些方面的影响?

2. QC 公司应该在哪些方面进行改进?

3. 根据材料分析为什么企业没有获得利润还会继续经营下去?

五、参考答案

(一)单选题答案(本题共 20 小题)

1	2	3	4	5	6	7	8	9	10
C	A	D	C	B	C	C	B	B	D
11	12	13	14	15	16	17	18	19	20
B	D	C	B	B	D	C	B	A	A

(二)多选题答案(本题共 10 小题)

1	2	3	4	5	6	7	8	9	10
ABCD	ABCE	ABCD	ABD	ABCE	ABC	ABE	AC	ABCDE	ABC

（三）名词解释题（本题共 10 小题）

1. 答：市场是由一群有交换潜质的买方和卖方组成的。经济学家把经济看做是一个市场的集合。在每个市场中，买卖双方是不同的，这取决于市场交易的标的是什么，如蔬菜市场、汽车市场、服装市场、金融市场等。

2. 答：一种商品的需求是指消费者在一定时期内，在其他条件不变的情况下，在各种可能的价格水平下愿意且能够购买的商品的数量。

3. 答：所谓需求函数，是用来表示一种商品的需求数量和影响该需求数量的各种因素之间的相互关系。需求函数表示为：$Q_d = f(P)$，式中，P 为商品的价格，Q_d 为商品的需求量。

4. 答：替代效应是指用途可以互相替换的商品，一种商品价格的下降，会导致减少购买另一种商品的数量，而把这部分钱转用于多购买价格下降了的商品。

5. 答：收入效应是指一种商品价格的下降引起了消费者实际收入的提高，从而导致需求量的增加。

6. 答：一种商品的供给是指生产者在一定时期内，在其他条件不变的情况下，在各种可能的价格水平下愿意并且能够提供出售的该种商品的数量。

7. 答：所谓供给函数是用来表示一种商品的供给数量和影响该供给数量的各种因素之间的相互关系。供给函数可以表示为：$Q_s = g(P)$，式中，P 为商品的价格，Q_s 为商品的供给量。

8. 答：供给量的变动是指在其他条件不变时，由某商品的价格变动所引起的该商品供给数量的变动。在几何图形中，这种变动表现为商品的"价格—供给数量"组合点沿着同一条既定的供给曲线的运动。

9. 答：供给的变动是指在商品价格不变的条件下，由于其他因素变动所引起的该商品供给数量的变动。这里的其他因素的变动可以指生产成本的变动、生产技术水平的变动、相关商品价格的变动和生产者对未来的预期的变化等。

10. 答：均衡是指经济事物中有关的变量在一定条件的相互作用下所达到的一种相对静止的状态。均衡价格是一种商品的市场需求曲线与其市场供给曲线相交时的价格，均衡数量是指在均衡价格水平下供求相等时的数量。

（四）判断题答案（本题共 20 小题）

1	2	3	4	5	6	7	8	9	10
√	×	×	√	√	√	√	√	×	√
11	12	13	14	15	16	17	18	19	20
×	√	√	×	×	√	×	×	√	√

（五）简答题答案（本题共 10 小题）

1. 答：需求定理作为一种经济理论也是以一定的假设条件为前提的，这个假设条件就是"其他条件不变"。所谓"其他条件不变"，是指除了商品本身的价格之外，其他影响需求的因素都是不变的，离开了这一前提，需求定理就无法成立。

2. 答：需求定理是一般商品在一般情况下的规律，有的特殊商品则会有例外，比较重要的例外有：

（1）某些炫耀性商品

价格下降，需求减少。例如，珠宝、项链、豪华型轿车等，是用来显示人的社会身份的，如果价格下降，不能再代表这种社会地位和身份，对它们的需求量就会减少。

（2）某些珍贵、稀罕性商品

价格越高，需求越大。例如，古董、古画、珍邮之类珍品，往往是价格越高越显示出它们的珍贵性，从而对它们的需求量就越大。

（3）某些低档商品

在特定条件下，当价格下跌时需求会减少，而价格上涨时需求反而增加。

需求定理反映了一般商品的客观实际，但并不排除某些特殊商品的例外，这些商品只占极小的一部分，因此，需求定理并没有因此而遭到破坏。

3. 答：一种商品的需求量是由许多因素共同决定的，它们各自对商品的需求量的影响如下：

（1）商品本身的价格

一般来说，一种商品的价格越高，该商品的需求量就会越小，相反，价格越低，需求量就会越大。

（2）消费者的收入水平

消费者的收入水平与商品的需求量的变化分为两种情况：对于一般商品来说，当消费者的收入水平提高时，就会增加对商品的需求量，即消费者的收入水平与商品的需求量是同方向变化的；对于低档商品而言，消费者的收入水平与商品的需求量呈反方向变化。

（3）其他相关商品的价格

当一种商品本身的价格保持不变，而与其相关的其他商品的价格发生变化时，这种商品的需求量也会发生变化。

（4）消费者的偏好

当消费者对某种商品的偏好程度增强时，该商品的需求量就会增加；相反，偏好程度减弱，需求量就会减少。

（5）消费者的预期（包括收入和价格）

当消费者预期某种商品的价格在将来某一时期会下降时，就会减少对该商品的现期需求量，这也是一种心理因素，不过对消费者需求量影响的预期因素，不仅是价格预期，还有对未来收入和支出的预期、政府政策倾向的预期等。

4. 答：需求量的变动和需求的变动都是需求数量的变动，它们的区别在于引起这两种变动的因素是不相同的，而且，这两种变动在几何图形中的表示也是不相同的。

（1）需求量的变动

需求量的变动是指在其他条件不变时，由某商品的价格变动所引起的该商品的需求数量的变动。在几何图形中，需求量的变动表现为商品的"价格—需求数量"组合沿着同一条既定的需求曲线的运动。

（2）需求的变动

需求的变动是指在某商品价格不变的条件下，由于其他因素的变动所引起的该商品的需求数量的变动。这里的其他因素的变动是指消费者的收入水平变动、相关商品的价格变动、消费者偏好的变化和消费者对商品的价格预期的变动等。在几何图形中，需求的变动表现为需求曲线的位置发生移动。由需求变动所引起的这种需求曲线位置的移动，表示在每一个既定的价格水平需求数量都增加或减少了。

5. 答：一种商品的供给是指生产者在一定时期内，在其他条件不变的情况下，在各种可能的价格水平下愿意并且能够提供出售的该种商品的数量。理解这一概念，需注意以下四点：

①供给是在其他条件不变的情况下，价格和数量的统一。这里的其他条件，包括预算、预期、价格等因素。

②供给是生产者愿意生产的该商品或劳务的数量，而不是指它实际生产的数量。实际生产多少，还得取决于市场上确定的销售价格。

③它是有效的供应能力，是意愿与生产能力的统一。

④供给总是涉及两个变量：价格和供给量。没有相应的价格，就谈不上供给。

在微观经济学中，供给是生产者对某种商品的供给，某个生产者对某种商品的供给形成单个企业的供给。把单个企业的供给加在一起就是整个社会对某种商品的供给，我们称为社会供给。

6. 答：供给定理作为一种经济理论也是以一定的假设条件为前提的，这个假设条件就是"其他条件不变"。所谓"其他条件不变"是指除了商品本身的价格之外，其他影响供给的因素都是不变的。离开了这一前提，供给定理就无法成立。

7. 答：一种商品的供给数量取决于多种因素的影响，它们各自对商品的供给量的影响如下：

①商品自身的价格。

②生产的成本。

③生产的技术水平。

④相关商品的价格。

⑤生产者对未来的预期。

⑥政府税收政策。

⑦供给者的数量。

8. 答：一般而言，实现均衡价格和均衡产量只是一种理想状态，并且是市场竞争的结果。通常销售者总想提高价格，购买者总是降低价格。但在价格高于均衡点时，就会出现超额供给，生产者之间的竞争将迫使销售者降低要价，从而迫使价格下落；反之，在价格低于均衡点时，就会出现超额需求，这种情况导致一部分准备购买者提高其出价，从而使价格上升。买卖双方的竞争，将最终趋于均衡状态。

用经济模型来表示，均衡价格和均衡数量决定的条件为：

$$Q_d = f(P) \qquad\qquad ①$$
$$Q_s = g(P) \qquad\qquad ②$$
$$Q_d = Q_s = f(P) = g(P) \qquad\qquad ③$$

式①是需求函数；式②是供给函数；式③是供求相等，即均衡价格决定的公式，也就是当 $d = s$ 时，就可以得出均衡价格和均衡数量的值。

9. 答：一般运用蛛网模型来实现市场动态分析，其基本假定如下：

①从开始生产到生产出生产品需要一定的时间，这段时间内生产规模是无法改变的。

②本期的产量由上一期的价格决定。

③本期的需求量决定于本期的价格。

在市场的动态均衡实现过程中，会出现三种结果：收敛型蛛网、发散型蛛网和封闭型蛛网。收敛型蛛网的供给曲线斜率（绝对值）大于需求曲线斜率，发散型蛛网的需求曲线斜率大于供给曲线斜率，封闭型蛛网的二者斜率相等。

10. 答：均衡价格由需求和供给决定。需求的变动和供给的变动会引起均衡价格和均衡数量发生变动。需求变动引起均衡价格与均衡数量同方向变动；供给变动引起均衡价格反方向变动，均衡数量同方向变动。这就是供求定理。

（六）论述题答案（本题共 4 小题）

1. 答：需求曲线是以几何图形来表示商品的价格和需求量之间的函数关系。商品的需求曲线是根据需求表中商品不同的"价格—需求量"的组合在平面坐标图上所绘制的一条曲线。

在图 3-2 中，横轴 OQ 表示商品的数量，纵轴 OP 表示商品的价格。应该指出的是，与数学上的习惯相反，在微观经济学中分析需求曲线和供给曲线时，通常以纵轴表示自变量 P，以横轴表示因变量 Q。

图 3-2 中的需求曲线根据每一个商品的"价格—需求量"的组合，在平面坐标图中描绘相应的组合点 A、B、C、D、E、F，然后顺次连接这些点，便得到需求曲线 $Q = f(P)$，它表示在不同的价格水平下消费者愿意而且能够购买的商品数量。

微观经济学在论述需求函数时，一般都假定商品的价格和相应的需求量的变化具有无限分割性，正是由于这一假定，在图 3-2 中才可以将商品的各个"价格—需求量"的组

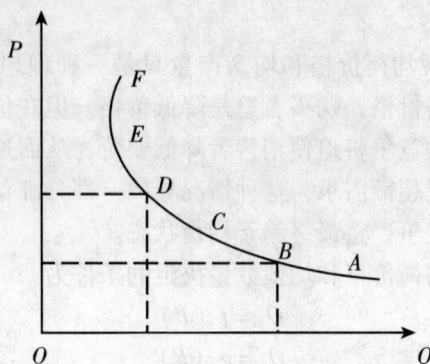

图 3-2　需求曲线

合点 *A*、*B*、*C*……连接起来，从而构成一条光滑的连接的需求曲线。

2. 答：一种商品的需求量是由许多因素共同决定的，它们各自对商品的需求量的影响如下：

（1）商品本身的价格

一般来说，一种商品的价格越高，该商品的需求量就会越小，相反，价格越低，需求量就会越大。

（2）消费者的收入水平

消费者的收入水平与商品的需求量的变化分为两种情况：对于一般商品来说，当消费者的收入水平提高时，会增加对商品的需求量，即消费者的收入水平与商品的需求量是同方向变化的；对于低档商品而言，消费者的收入水平与商品的需求量呈反方向变化。

（3）其他相关商品的价格

当一种商品本身的价格保持不变，而与其相关的其他商品的价格发生变化时，这种商品的需求量也会发生变化。商品之间的关系有两种：一种是互补关系，另一种是替代关系。互补关系是指两种商品共同满足一种欲望，它们之间是互相补充的，例如录音机与磁带，当一种商品（如录音机）价格上升时，对另一种商品（如磁带）的需求就会减少；反之，当一种商品的价格下降时，对另一种商品的需求就会增加。互补商品价格变化引起该商品需求量反方向变动。替代关系是指两种商品可以相互代替来满足同一种欲望，它们之间是可以相互替代的。例如，羊肉和牛肉就是这种替代关系。这种有替代关系的商品，当一种商品（如羊肉）价格上升时，对另一种商品（如牛肉）的需求就会增加，因为羊肉价格上升，人们少吃羊肉，必须多吃牛肉；反之，当一种商品价格下降时，另一种商品的需求就会减少。替代商品价格变化引起该商品需求量同方向变动。

（4）消费者的偏好

当消费者对某种商品的偏好程度增强时，该商品的需求量就会增加；相反，偏好程度减弱，需求量就会减少。消费者的偏好是心理因素，但更多地受人们生活于其中的社会环境特别是当时当地的社会风俗习惯的影响（如攀比心理等）。

（5）消费者的预期（包括收入和价格）

当消费者预期某种商品的价格在将来某一时期会下降时，就会减少对该商品的现期需求量，这也是一种心理因素，不过对消费者需求量影响的预期因素，不仅是价格预期，还有对未来收入和支出的预期、政府政策倾向的预期等。

3. 答：需求量的变动和需求的变动都是需求数量的变动，它们的区别在于引起这两种变动的因素是不相同的，而且，这两种变动在几何图形中的表示也是不相同的。

（1）需求量的变动

需求量的变动是指在其他条件不变时，由某商品的价格变动所引起的该商品的需求数量的变动。在几何图形中，需求量的变动表现为商品的"价格—需求数量"组合沿着同一条既定的需求曲线运动。例如，当商品的价格由 2 元逐步上升为 5 元时，它所引起的商品需求数量由 7 千克逐步地减少为 3 千克时，表现为商品的"价格—需求数量"组合沿着既定的需求曲线运动。

（2）需求的变动

需求的变动是指在某商品价格不变的条件下，由于其他因素的变动所引起的该商品的需求数量的变动。这里的其他因素的变动是指消费者的收入水平变动、相关商品的价格变动、消费者偏好的变化和消费者对商品的价格预期的变动等。在几何图形中，需求的变动表现为需求曲线的位置发生移动，现以图 3-3 加以说明，图中原有的曲线为 D_1。在商品价格不变的前提下，如果收入水平提高，需求曲线右移至 D_2，反之，如果收入水平下降，需求曲线左移至 D_3。由需求变动所引起的这种需求曲线位置的移动，表示在每一个既定的价格水平需求数量都增加或减少了。

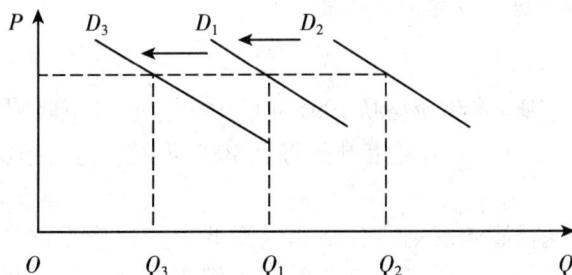

图 3-3　需求的变动

4. 答：一种商品的供给数量取决于多种因素的影响，它们各自对商品的供给量的影响如下：

（1）商品自身的价格

一般来说，一种商品的价格越高，生产者提供的产量就越大；反之，商品的价格越低，生产者提供的产量就越小。

（2）生产的成本

在商品自身价格不变的条件下，生产成本上升会减少利润，使得商品的供给量减少；反之，生产成本下降会增加利润，使得商品的供给量增加。

（3）生产的技术水平

在一般情况下，生产技术水平的提高可以提高劳动生产率，降低生产成本，增加生产者的利润，生产者会提供更多的产量。

（4）相关商品的价格

当一种商品的价格保持不变，而与其相关的其他商品的价格发生变化时，该商品的供给量会发生变动，当一种商品的价格提高，其互补品的供给量就会增加，相反，价格降低，其互补品的供给量就会减少。当一种商品的价格提高，其替代品的供给量就会减少；价格降低，其替代品的供给量就会增加。

（5）生产者对未来的预期

如果生产者对未来的预期是乐观的，预期商品的价格会上涨，生产者在制订生产计划时就会增加产量供给；如果生产者对未来的预期是悲观的，预期商品的价格会下降，生产者在制订生产计划时就会减少产量供给。

（6）政府税收政策

对一种商品的课税使卖价提高，在一定条件下会通过需求的减少而使供给减少。反之，降低商品租税负担或政府给予补贴，会通过降低卖价刺激需求，从而引起供给增加。

（7）供给者的数量

供给者数量增加，供给量相应也越大。

（七）案例分析题答案（本题共2小题）

案例一：

1. 答：符合需求定理。废钢价格从1996年的165美元/吨下降到2001年的105美元/吨，我国废钢进口量从不到130万吨上升到将近1000万吨，这一事实就可告诉我们废钢的需求与价格成反比。

2. 答：因为该工艺提高了炼钢的合格率，降低了国内废钢的产出，废钢不同于其他商品，它是一种附产品，不可能有企业看到废钢需求增加而从生产合格的钢转到生产废钢。所以在国内的需求增加的情况下，我国只有通过进口外国的废钢才能达到市场均衡。

3. 答：钢铁产量和炼钢方法、废钢本身价格、钢铁互补产品和相关产品价格、消费者的收入水平、消费者的预期等。

案例二：

1. 答：消费者的收入水平、消费者的偏好、矿泉水本身的价格、饮用水的生产成本、饮用水相关商品如桶装水的价格等。

2. 答：改进生产工艺从而降低生产成本，增加产量从而获得规模效益并且可以分摊固定成本，拓展销售渠道从而扩大市场和销售，改善管理从而降低管理费用，精减人员以降低公司运营成本等。

3. 答：企业投入的固定成本属于沉没成本，是无法收回的，我们知道决策时不应该考虑沉没成本。此时如果收益低于平均成本，但高于平均可变成本，生产可以减少一部分不变成本的损失，尽管亏损，如果不生产将会亏损更多，所以企业应当继续经营。

第四章 环境分析和战略定位

一、知识概述

通过本章的学习，掌握采购内外环境分析和商品战略分析工具的内容。了解企业生命周期的核心能力分析的内容。

二、基本概念

1. 概念1——供应环境分析

【说明】供应环境分析，即对供应环境进行全面系统的分析和预测，目的在于为供应战略决策提供客观依据。这里的供应环境，是指与企业的供应管理活动有关的宏观环境因素、供应商所处的行业环境因素以及企业内部微观环境因素的总和。

2. 概念2——PEST分析

【说明】PEST分析是指宏观环境的分析，宏观环境又称一般环境，是指影响一切行业和企业的各种宏观力量。对宏观环境因素作分析，不同行业和企业根据自身特点和经营需要，分析的具体内容会有差异，但一般都应对政治（Political）、经济（Economic）、技术（Technological）和社会（Social）四大类影响企业的主要外部环境因素进行分析。

3. 概念3——垄断

【说明】从最一般的意义上讲，垄断是指对市场的控制。它使控制者有可能获得高于正常赢利水平的垄断收益，垄断的存在会大大降低市场配置社会资源的效率，使整个经济偏离帕累托最优状态。垄断可分为垄断状态和垄断行为两个层面。具有垄断状态是产生垄断行为的条件，但具有垄断状态并不一定就会有垄断行为。

4. 概念4——外部效应

【说明】外部效应是指经济活动主体的行为对他本身以外的人产生了有效或有害的影响，但经济活动主体自己并不因此得到补偿或付出代价的现象。外部效应的最关键问题就是，具有外部效应的物品的价格，不能允许反映用于提供该物品的成本。

5. 概念5——公共产品

【说明】市场经济体制有着巨大的优点。但是在现实中，市场经济对某些产品供求的调节却无能为力，或调节作用甚微。这种产品就是公共产品。通常将不具备消费上的竞争性或/和排他性的产品叫做公共产品。

6. 概念6——道德风险

【说明】道德风险又称败德行为，是指交易双方在签订交易协议后，占据信息优势的一方在使自身利益最大化的同时，损害了处于信息劣势一方的利益，而且并不承担由此造成的全部后果的行为。道德风险是一个事后的信息不对称问题。

7. 概念7——经济波动

【说明】经济波动是指经济增长速度在不同的年份之间出现明显的差异，高速增长与低速增长（或负速增长）交替出现，经济繁荣与经济萧条轮换发生。如果这种波动按照一定的时间间隔、规律地重复发生，则叫做经济周期或商业循环。

8. 概念8——经济周期

【说明】经济波动无论一次上升和下降的全过程叫做一个经济周期。一个经济周期由繁荣、衰退、萧条、复苏四个阶段组成。

9. 概念9——通货膨胀

【说明】通货膨胀是经济繁荣时期可能出现的一种现象，其是一个国家或地区在市面上流通的货币量快速、过度地扩大或增长，使得一般物价水平比较大幅度持续上涨的现象。需要指出的是，并不是任何物价上涨都是通货膨胀，通货膨胀下的物价上涨通常要满足以下三个特征：①物价上涨呈现普遍性；②物价上涨呈现持续性；③物价上涨的幅度比较大。

10. 概念10——失业

【说明】失业是指凡在一定年龄范围内愿意工作而没有工作，并正寻找工作。失业有需求不足失业和自然失业两个基本类型。

11. 概念11——绝对成本论

【说明】绝对成本论又称绝对利益论，该理论认为国际贸易能够促进贸易国生产的发展和产量的增加，而两国愿意发展贸易的直接原因是生产同种产品成本上的差异。由于各国的自然条件不同，各国在不同产品上的生产能力也是不同的。

12. 概念12——比较成本论

【说明】比较成本论又称比较利益论，该理论认为尽管一国在数种商品的生产上都具有优势，而另一国在上述商品的生产上都处于劣势，但只要两国在上述每种商品生产上都处于劣势，但只要两国在上述每种商品生产的优劣比例不全相等，仍可实行国际分工，优势国专门生产并出口优势比较大的商品。

13. 概念13——法定存款准备金比率

【说明】法定存款准备金比率是指以法定的方式规定商业银行和其他金融机构对所拥有的各类存款必须保持的准备金的比率。

14. 概念14——公开市场业务

【说明】公开市场业务是指中央银行在公开市场上买进或卖出有价证券，主要是买卖政府证券，用以增加或减少货币供应量的一种政策手段。

15. 概念15——寡头垄断

【说明】寡头垄断是介于完全竞争和完全垄断之间的一种市场类型，在这类市场中，几家大企业的生产和销售在整个行业中具有举足轻重的地位。寡头垄断和垄断竞争相比，"垄断"的因素更多一些。

16. 概念16——纳什均衡

【说明】纳什均衡是指在给定竞争者的行为以后，各个企业采取自己能采取的最好的行为。寡头垄断市场达到的均衡就是纳什均衡。

17. 概念17——古诺模型

【说明】最早是由汉国经济学家古诺（Augustin Cumot）在1838年提出的简单的双头模型，该模型假设两个厂商都生产同样的商品，并且都知道市场的需求情况，那么两个厂商在考虑对手决策情况下，制订决策以实现各自的利润最大化。

18. 概念18——规模经济

【说明】规模经济指某一产品在某段期间内绝对数量增加时，单位成本下降的现象。潜在进入者初期进入市场无法拥有较高的市场占有率，因此产生较高的生产成本，无法在生产成本上与已具规模经济的现有厂商竞争。

19. 概念19——产品差异化

【说明】产品差异化指的是根基稳固的既有公司由过去的促销、服务、产品特色或因最早踏入产业，而建立品牌认同度、赢得顾客忠诚。潜在进入者没有品牌知名度，且由于初期进入市场，不了解顾客需求，无法创造产品特色及满足消费者的服务方式。

20. 概念20——转移成本

【说明】转移成本指从一家供货商更换到另一家供货商所产生的成本。包括重新训练员工的成本、增加辅助设备的成本、测试或修改新资源使之适用的成本与时间、重新设计产品成本等。客户因为有以上的成本发生，除非有更好的理由，否则不会轻易更换供货商，因此就构成潜在进入者的进入障碍。

21. 概念21——波士顿矩阵分析法

【说明】即BCG矩阵。波士顿矩阵又称市场增长率—相对市场份额矩阵、波士顿咨询集团法、四象限分析法、产品系列结构管理法等。制订公司层战略最流行的方法之一就是BCG矩阵。该方法是由波士顿咨询集团（Boston Consulting Group，BCG）在20世纪70年代初开发的。

22. 概念22——GE矩阵法

【说明】GE矩阵法又称通用电器公司法、麦肯锡矩阵、九盒矩阵法、行业吸引力矩阵。GE矩阵要结合BCG矩阵一起比较讨论，因为GE矩阵可以说是为了克服BCG矩阵缺点所开发出来的。

23. 概念23——产品—市场演变矩阵

【说明】"产品—市场"演变矩阵是由美国的查尔斯霍弗（C. W. Hofer）教授首先提出的。他扩展了波士顿矩阵和通用矩阵两种战略选择方法，将业务增长率和行业吸引力因素转换成产品—市场发展阶段，从而得出 15 个方格的矩阵。

24. 概念 24——SWOT 分析法

【说明】所谓 SWOT 分析法又称态势分析法，SWOT 四个字母分别代表：优势（Strength），弱势（Weakness），机会（Opportunity），威胁（Threat）。就是将与研究对象密切相关的各种主要内部优势、劣势、机会和威胁等列举出来，并依照矩阵形式排列，然后用系统分析的方法，把各种因素相互匹配起来加以分析，从中得出相应的结论，用于指导决策。

三、重点内容

1. 市场竞争力分析

市场竞争力分析主要是进行五力分析法，该模型如图 4－1 所示。

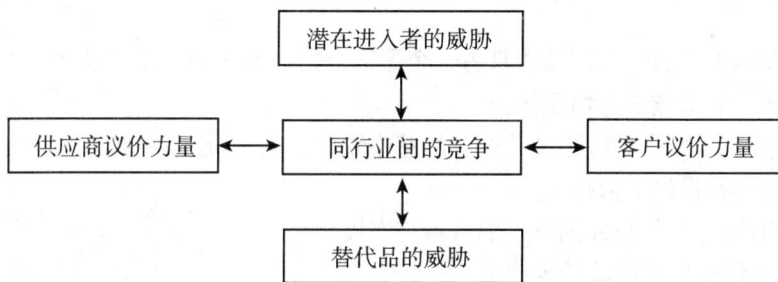

图 4－1　五力分析法模型

2. 供应内部环境分析

（1）核心竞争力。

（2）组织文化。

（3）组织氛围。

（4）领导素质。

（5）组织结构。

（6）资源条件。

3. 企业生命周期的核心能力分析

企业生命周期的核心能力分析如图 4－2 所示。

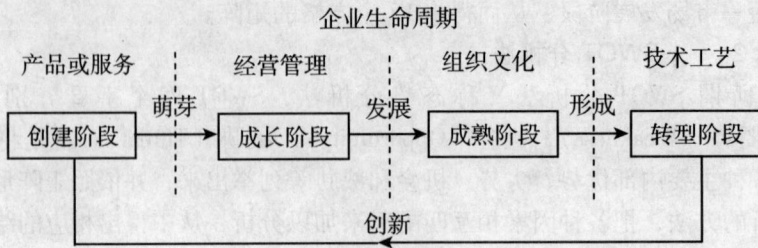

图 4 – 2 企业生命周期的核心能力分析

四、习题与案例

（一）单选题（本题共 20 小题）

在每小题列出的四个备选项中只有一个是符合题目要求的，请将其代码填写在题中的括号内。错选、多选或未选均不得分。

1. 了解（   ）是对跨国经营企业的基本要求，它简化了商业程序，也为国际营销者保护自己的利益提供了依据。

A. 政府对国际贸易和外国资本的政策与态度

B. 货币支付和汇率的波动程序

C. 国际条约和国际惯例　　　　　　　D. 行政效率以及有关法律

2. 强调自立、自由市场和法治是（   ）的政治意识形态。

A. 右翼　　　　　　　　　　　　　　B. 左翼

C. 保守派　　　　　　　　　　　　　D. 中间派

3. 卡特尔属于政府管制的（   ）。

A. 进入管制　　　　　　　　　　　　B. 市场行为管制

C. 数量管制　　　　　　　　　　　　D. 价格管制

4. 市场经济运行机制是以（   ）为杠杆的。

A. 供求关系　　　　　　　　　　　　B. 市场

C. 价格　　　　　　　　　　　　　　D. 资源

5. 下列不属于公共产品的是（   ）。

A. 国防　　　　　　　　　　　　　　B. 保健

C. 公共安全　　　　　　　　　　　　D. 电视广播

6. 失业率提高，总体购买力下降是（   ）的特征。

A. 繁荣阶段　　　　　　　　　　　　B. 萧条阶段

C. 衰退阶段　　　　　　　　　　　　D. 复苏阶段

7. 下列现象不属于经济波动的是（   ）。

A. 金属供应过多导致金属价格下跌　　　B. 春节期间爆竹销量剧增

C. 伊拉克战争引起石油价格上涨　　　　D. 经济危机使房价大跌

8. 通货膨胀率达到两位数或三位数是（　　　）的特征。

A. 温和的通货膨胀　　　　　　　　　　B. 良性的通货膨胀

C. 恶性的通货膨胀　　　　　　　　　　D. 急剧的通货膨胀

9. 假设在同一单位劳动时间内，英国可生产毛呢 10 码或麻布 15 码，德国可生产毛呢 10 码或麻布 20 码，当英国用 10 码毛呢与德国交换（　　　）码麻布时，贸易对两国都有利。

A. 5 ~ 10　　　　　　　　　　　　　　B. 10 ~ 15

C. 5 ~ 15　　　　　　　　　　　　　　D. 15 ~ 20

10. 如果一国货币贬值或汇率下降，对该国的外汇收入和支出产生的影响是（　　　）。

A. 收入减少，支出增加　　　　　　　　B. 收入增加，支出增加

C. 收入增加，支出减少　　　　　　　　D. 收入减少，支出减少

11. 下列属于一般性货币政策工具的是（　　　）。

A. 消费信贷控制　　　　　　　　　　　B. 不动产控制

C. 直接信用控制　　　　　　　　　　　D. 再贴现机制

12. 下列商品属于垄断竞争市场的是（　　　）。

A. 农副产品　　　　　　　　　　　　　B. 石油

C. 家用电器　　　　　　　　　　　　　D. 电信

13. （　　　）的产品需求弹性是无限大的。

A. 完全竞争市场　　　　　　　　　　　B. 完全垄断市场

C. 垄断竞争市场　　　　　　　　　　　D. 寡头垄断市场

14. （　　　）的厂商的需求曲线、平均收益曲线、边际收益曲线都是一样的。

A. 完全竞争市场　　　　　　　　　　　B. 完全垄断市场

C. 垄断竞争市场　　　　　　　　　　　D. 寡头垄断市场

15. 处于完全竞争市场的企业要实现利润最大化，应在（　　　）处生产。

A. 边际成本等于价格　　　　　　　　　B. 平均成本等于边际成本

C. 平均成本等于边际收益　　　　　　　D. 平均成本等于平均收益

16. 假设某完全竞争行业的市场需求和供给函数分别为 $Q_d = 70000 - 5000P$，$Q_s = 40000 + 25000P$，当有新的企业加入后，市场供给函数变为 $Q_s = 55000 + 2500P$。该企业属于（　　　）。

A. 成本不变型　　　　　　　　　　　　B. 成本递增型

C. 成本递减型　　　　　　　　　　　　D. 无法判断

17. 平常我们所遇到的多买优惠属于（　　　）。

A. 一级价格歧视　　　　　　　　　　　B. 二级价格歧视

C. 三级价格歧视　　　　　　　　　　　D. 不属于价格歧视

18.

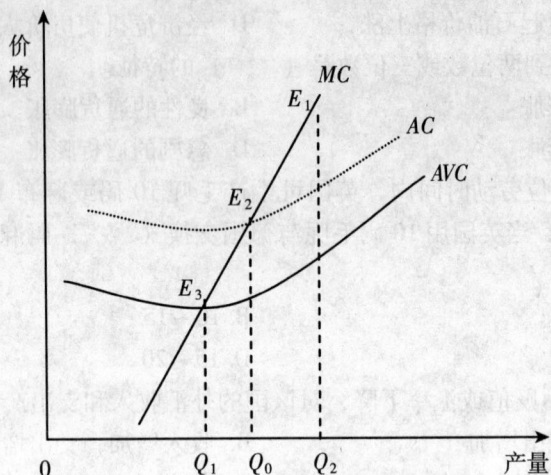

图 4 - 3　不同价格水平下企业的决策

当市场均衡点位于（　　），企业都不会停止生产。

A. E_1 与 E_2 之间　　　　　　　　　B. E_1 与 E_3 之间

C. E_2 之上　　　　　　　　　　　　　D. E_3 之上

19.

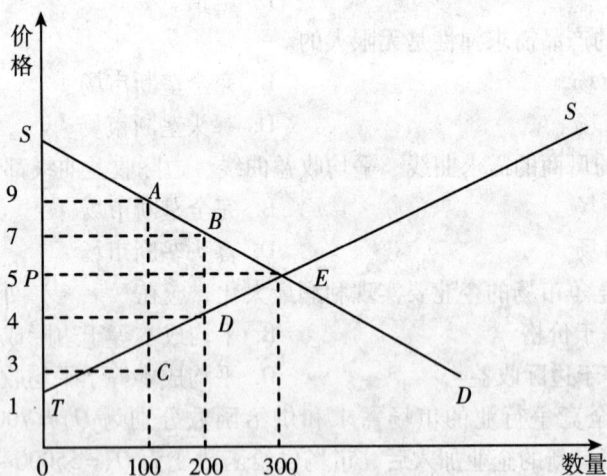

图 4 - 4　供需均衡

如果均衡价格为 P，消费者得到的消费者剩余是（　　）的面积。

A. SPE　　　　　　　　　　　　　　　B. STE

C. PTE　　　　　　　　　　　　　　　D. ACE

20. 在对 GE 矩阵进行分析时，对处于（　　）区域的战略事业单位应采取停止、转移、撤退战略。

  A. 黄色   B. 绿色

  C. 黑色   D. 红色

（二）多选题（本题共 10 小题）

请把正确答案的代码填写在题中的括号内，多选、漏选、错选不得分。如果全部答案的代码完全相同，例如全选 ABCDE，则本大题不得分。

1. PEST 分析一般是对（　　）方面影响企业的主要外部因素进行分析。

  A. 政治   B. 经济

  C. 文化   D. 技术

  E. 社会

2. 导致市场失灵的原因有（　　）。

  A. 垄断   B. 盲目性和滞后性

  C. 外部效应   D. 公共产品

  E. 经济波动

3. 一个经济周期包括（　　）阶段。

  A. 繁荣   B. 复苏

  C. 发展   D. 萧条

  E. 衰退

4. 通货膨胀下的物价上涨具有（　　）特点。

  A. 普遍性   B. 持续性

  C. 可预见   D. 幅度较大

  E. 影响大

5. 通货膨胀下（　　）人群受益。

  A. 国债持有者   B. 借出资金的个人

  C. 未付上月工资的雇主   D. 房地产投资者

  E. 未付货款的企业

6. 摩擦性失业具有（　　）特征。

  A. 局部的   B. 暂时的

  C. 结构的   D. 选择的

  E. 短期的

7. 政府对经济进行干预的目标有（　　）。

  A. 充分就业   B. 稳定物价

  C. 效率资源配置   D. 经济稳定增长

  E. 国际收支平衡

8. SWOT 分析法分析的是企业的（　　）方面。

A. 优势   B. 价值

C. 弱势   D. 机会

E. 威胁

9. 完全竞争市场需满足的三个基本条件是（　　　）。

A. 市场上有众多买者和卖者   B. 信息完全公开

C. 产品同质   D. 企业可以自由地进出市场

E. 企业是价格接受者

10. 垄断竞争市场具有（　　　）特点。

A. 产品具有差别   B. 存在许多卖者

C. 自由进出   D. 不能自由进出

E. 存在许多买者

（三）名词解释题（本题共 18 小题）

1. PEST 分析

2. 垄断

3. 道德风险

4. 经济波动

5. 通货膨胀

6. 绝对成本论

7. 国际收支平衡状况

8. 经常项目

9. 外部均衡

10. 价格歧视

11. 寡头垄断

12. 纳什均衡

13. 古诺模型

14. 规模经济

15. 产品差异化

16. 波士顿矩阵分析法

17. GE 矩阵法

18. SWOT 分析法

（四）判断题（本题共 20 小题）

对的在括号内画"√"，错的画"×"。

1. 根据经济性管制的要求，政府应该限制自然性垄断。（   ）
2. 信息不对称会导致逆向选择和道德风险问题。（   ）
3. 通货膨胀一旦达到急剧的程度，人们不持有货币而囤积商品，金融市场基本崩溃。
（   ）
4. 在高通货膨胀下工资水平很难预测，供应商劳动成本难以计量。（   ）
5. 相互需求论假定不同国家生产的商品数量相等，生产相同商品花费的劳动成本不
等。（   ）
6. 当一国在所有种类商品的生产上都占有优势，两国之间就不再有贸易的可
能。（   ）
7. 如果一国对另一国商品的需求弹性为 1，汇率下降会使外汇支出和进口同时减少。
（   ）
8. 只有当进口商品需求弹性和出口商品需求弹性的绝对值之和大于 1 时才能通过货
币贬值或汇率下跌来改善贸易收支。（   ）
9. 财政政策的三大政策工具是支出、公开市场和税收。（   ）
10. 政府发放消费券为消费者埋单属于政府的购买支出。（   ）
11. 推行高额累进税和高比例财产税是收入再分配最直接的方法。（   ）
12. 选择性货币政策工具是指中央银行调控经济的常规手段，目的是调节货币供应
量、信用量和一般利率水平。（   ）
13. 在长期，整个市场的供给曲线就是各个企业供给曲线的横向加总。（   ）
14. 成本递增型行业的供给曲线是一条向上倾斜的直线。（   ）
15. 微软独家生产操作系统属于受法律保护的垄断。（   ）

16. 寡头垄断市场达到的均衡不属于纳什均衡。（　　　）

17. 古诺模型的均衡产量高于完全垄断，低于完全竞争；均衡价格低于完全垄断，高于完全竞争。（　　　）

18. 根据企业的市场占有率，其生命周期可分为创建阶段、成长阶段、成熟阶段和衰退阶段。（　　　）

19. SWOT 和 BCG 都是制订公司层战略最流行的方法之一。（　　　）

20. GE 矩阵可以解决波士顿矩阵所存在的许多问题，它又称麦肯锡矩阵、九盒矩阵法。（　　　）

（五）简答题（本题共 18 小题）

将答案要点写出并作简要叙述，必要时可以画出流程图或示意图进行阐述。

1. 简述宏观环境中政治因素的影响范围。

2. 简述宏观环境中的经济因素。

3. 简述经济增长的不同阶段对企业经营的影响。

4. 简述通货膨胀的类型。

5. 简述引起通货膨胀的原因。

6. 简述通货膨胀对经济的影响。

7. 简述自然失业的类型。

8. 简述外汇和汇率的区别。

9. 简述影响汇率的因素。

10. 简述实施政府干预的目标。

11. 简述货币政策工具的种类。

12. 简述考察技术创新和变革的五个主要领域。

13. 简述完全竞争市场至少要满足的三个基本条件。

14. 简述完全垄断的特征。

15. 简述垄断竞争市场的特点。

16. 简述波特的"五力分析"法。

17. 简述核心技术在企业转型阶段的作用。

18. 简述 BCG 矩阵区分出的四种业务组合。

（六）论述题（本题共 9 小题）

要求阐述过程中理论联系实际、结构严谨、分析透彻，必要时可以画出流程图或示意图进行阐述。

1. 论述市场经济的优缺点。

2. 论述导致市场失灵的主要原因。

3. 论述汇率变动对外汇收支和经济的影响。

4. 论述财政政策的实施工具。

5. 论述市场结构体系。

6. 论述完全垄断的类型。

7. 论述价格歧视的三种类型。

8. 论述供应内部环境的影响因素。

9. 论述不同阶段核心竞争力的战略重点及对供应活动的影响。

（七）案例分析题（本题共 2 小题）

案例一：啤酒公司的战略分析和规划

B 牌啤酒为了与 C 牌啤酒争夺市场领导地位，进一步扩大在 A 市的市场份额，公司于 2005 年年底对负责 A 市的营销经理和业务人员进行了大规模的调整，力量进一步加强，决定采用新的营销战略和战术在 2006 年使 B 牌啤酒在 A 市的市场份额有一个大的飞跃，争取在两年之内取得在 A 市的领导地位。

1. 市场调查与分析

经过我们对 A 市市场进行为期一个月的调查与分析，我们掌握了准确的市场资料，对市场做出了客观的评价：A 市市场除高档啤酒市场竞争对手（以百威、喜力、嘉士伯为主）较多外，中低档啤酒市场基本被 B 牌和 C 牌所占领，竞争对手较少，但 C 牌啤酒占绝对的优势，覆盖率达 95% 以上；啤酒消费者的消费水平和层次较高，终端啤酒最低零售价在 2.5 元/瓶以上占主导地位，拥有 60% 以上的消费群体，而且消费者对价格的敏感性不强，3~5 元/瓶的啤酒消费群体占 28% 左右，并正在快速增长，消费者对品牌的认识度和忠诚度较强，品牌成为决定消费者选择的最重要因素，在中低档啤酒市场上消费者对 C 牌啤酒有较强的忠诚度；A 市的啤酒市场增长迅速，市场前景看好，A 市又是省会城市，做好 A 市市场对于拉动 B 牌啤酒在全省的销售具有非常深远的战略意义。

2. B 牌啤酒自身分析

知己知彼，百战不殆。B 牌啤酒之所以在 A 市多年来业绩平平，除了市场的一些客观原因之外，主要问题还是出在自身，通过分析我们发现 B 牌啤酒在 A 市的运作中存在以下失误和不足：

（1）品牌忠诚度较差

虽然 B 牌啤酒品牌知名度很高，但缺乏与终端消费者的有效沟通，加上是一个外地品牌，亲和力不强，C 牌啤酒又占有绝对的控制地位，使 A 市啤酒消费者对 B 牌啤酒品牌的忠诚度较差。

（2）网络渠道运行低效

B 牌啤酒多年来一直坚持单一的代理制渠道模式，由多家一级代理商把产品销到二批，甚至三批，才到终端。一级商实力有限，直接供货的终端较少，对终端控制力差，造成与 C 牌啤酒的直销模式相比，B 牌啤酒物流效率较低。

（3）终端控制力差

单一的代理制使得 B 牌啤酒与终端之间的距离较长，缺少有效沟通，一级代理商直接供商的终端非常少，终端对 B 牌啤酒的忠诚度较差，B 牌啤酒对终端的控制力也就不强。

但 B 牌啤酒又有许多优势资源，只因没有得到充分有效的发挥和利用，只要全面整合企业的优势资源，弥补存在的不足，战略正确，战术得当，必定会在 A 市打一场翻身仗。通过分析和总结，认为 B 牌啤酒的优势在于：

①品牌较高的知名度

B 牌啤酒是全省单产量最大的品牌，在全省的市场覆盖率达 100%，占有率超过40%，具有较高的知名度。只要品牌运作科学，品牌忠诚度会很快提高。

②产品质量优势和品种优势

B 牌啤酒公司技术力量雄厚，装备精良，产品质量过硬，是省政府宴会专用啤酒和省名牌产品，质量优势非常明显；B 牌啤酒多达 20 多个品种，而且每年都有 2~3 个新品种上市，能够更好地满足消费需求。

③营销队伍素质优势

新组建的 B 牌啤酒公司营销领导班子平均年龄为 32 岁，均有 5 年以上啤酒营销经验，业务人员大专以上学历水平的占 85%，是一支年轻的知识型的营销队伍。经验丰富、理念先进、学习能力强、市场反应迅速。

④B 牌啤酒的实力优势

B 牌啤酒是全省最大的啤酒企业，年销售收入超过 15 亿元，实力强大、资金雄厚，能够大规模对市场进行前期投入，有实力和能力与 C 牌啤酒展开一场市场争夺战。

结合案例，请回答以下问题：

1. 用 SWOT 分析法对 B 牌啤酒进行分析。

2. 根据 SWOT 矩阵制订计划的基本思路是什么?

3. 结合材料提出几点可以实现公司目标的战略或战术。

案例二: 小小神童洗衣机开发记

青岛红星电器公司以洗衣机生产为主营业务，产销量曾位居全国三甲，然而到 1995 年上半年，该企业经营业绩大幅度下滑，已连续数月出现巨额亏损，市场份额跌至 5%。1995 年 7 月，青岛市政府决定，将青岛红星电器公司整体划归海尔集团。海尔集团派出一个三人小组，历经三个月努力，使红星电器公司扭亏为盈。到 1995 年年底，公司赢利 1200 万元，市场份额升至 10%。1996 年上半年，赢利突破 5000 万元，市场份额达到 16%。这个亏损企业不到一年走出困境的故事，后被整理为"吃休克鱼——以企业文化盘活兼并企业"案例，1998 年 3 月由海尔负责人在哈佛大学演讲，并被收入哈佛商学院案例库。

当时虽然第一步取得成功，但是与当时洗衣机行业第一名企业 25% 的市场占有率相比，仍有较大差距。海尔的目标是在洗衣机行业排名第一位，市场占有率 30% 以上。如何实现这一目标"小小神童"洗衣机产品在这一背景下应运而生。

市场调研

从 1995 年 10 月开始，海尔公司决策层就着手组织展开一次为期近半年的市场调研。有以下几点发现，为确定进一步发展方向和突破点提供了重要的信息支撑。

第一，在当时市场份额分配方面，海尔洗衣机占 16%，位居第三位。第一二位厂商分别占市场份额 25%、19%。海尔洗衣机市场占有率比第二名低 3%，差距不大，但比第一名低近 10%，有相当大的差距。针对第一名竞争对手情况制定对策，是实现海尔在洗衣机行业发展目标的关键。该对手以生产全自动洗衣机为主，销售地区主要在各大中城市。

第二，当时国内洗衣机市场主要分半自动（双缸）、全自动（波轮）、滚筒（全自动）洗衣机及少量超大容量洗衣机，洗衣机市场销售比率按品种分布情况是：全自动洗衣机（波轮）占 52%，半自动洗衣机（双缸）占 31%，滚筒式洗衣机（全自动）占 15%。过去海尔既生产半自动、全自动洗衣机（原红星电器公司生产琴岛——夏普牌），同时也生产滚筒洗衣机（海尔牌），其中半自动洗衣机占总产量的60%以上，销售地区以中小城市为主。市场信息表明，全自动洗衣机已成为市场消费的主流产品，海尔今后应当以此为主攻方向。

第三，就市场销售的全自动洗衣机大小规格看，从2.0~5.0公斤以上分6个档次，4.0~5.0公斤洗衣机占最大份额为27%，3.5~4.0公斤洗衣机占21%，3.0~3.5公斤洗衣机和5.0公斤以上洗衣机各占15%左右，2.5~3.0公斤洗衣机和2.0~2.5公斤洗衣机分别占12%和8%左右。可见3.0~5.0公斤以上三个档次共占63%。这表明，尽管价格偏贵，消费者仍偏爱大容量洗衣机，3.0公斤以下产品仅占20%市场，2.0公斤以下全自动洗衣机在市场上尚未出现。

第四，从全自动洗衣机销售比率按区域分布情况看，北京、上海、广州三大城市占全国24%份额，其他省会城市和计划单列市占42%份额，另外小城市占26%，其他占8%。大中城市是全自动洗衣机消费的主力，占总销售量的66%。北京、上海、广州三地，占总销售量近25%。有一种说法，一个北京顶十个中等城市的销售。

第五，销售洗衣机具有明显的淡旺季形态，其中6月、7月、8月三个月淡季，仅占全年销售的8%；9月、10月、11月三个月为旺季，占总销售的41%；12月、1月、2月三个月为次旺季，占31%；3月、4月、5月三个月为次淡季，占20%。因为这一季节公布因素，业内有一个不成文的规矩，平日打得再凶，夏季三个月都偃旗息鼓，很多洗衣机厂家干脆给销售人员放了长假。

结合案例，请回答以下问题：

1. 材料中的洗衣机市场属于哪一类型的市场？

2. 海尔遇到的机遇和困难主要有哪些？

3. 根据材料分析海尔会采取哪些措施来实现目标？

五、参考答案

（一）单选题答案（本题共 20 小题）

1	2	3	4	5	6	7	8	9	10
C	A	B	C	B	C	B	D	D	C
11	12	13	14	15	16	17	18	19	20
D	C	A	A	A	B	B	D	A	D

（二）多选题答案（本题共 10 小题）

1	2	3	4	5	6	7	8	9	10
ABDE	ACD	ABDE	ABD	CDE	ABE	ABDE	ACDE	ACD	ABC

（三）名词解释题答案（本题共 18 小题）

1. 答：PEST 分析是指宏观环境的分析，宏观环境又称一般环境，是指影响一切行业和企业的各种宏观力量。对宏观环境因素作分析，不同行业和企业根据自身特点和经营需要，分析的具体内容会有差异，但一般都应对政治（Political）、经济（Economic）、技术（Technological）和社会（Social）四大类影响企业的主要外部环境因素进行分析。

2. 答：从最一般的意义上讲，垄断是指对市场的控制。它使控制者有可能获得高于正常赢利水平的垄断收益，垄断的存在会大大降低市场配置社会资源的效率，使整个经济偏离帕累托最优状态。垄断可分为垄断状态和垄断行为两个层面。

3. 答：道德风险又称败德行为，是指交易双方在签订交易协议后，占据信息优势的一方在使自身利益最大化的同时，损害了处于信息劣势一方的利益，而且并不承担由此造成的全部后果的行为。道德风险是一个事后的信息不对称问题。

4. 答：经济波动是指经济增长速度在不同的年份之间出现明显的差异，高速增长与低速增长（或负速增长）交替出现，经济繁荣与经济萧条轮换发生。如果这种波动按照一定的时间间隔、规律地重复发生，则叫做经济周期或商业循环。

5. 答：通货膨胀是经济繁荣时期可能出现的一种现象，其是一个国家或地区在市面上流通的货币量快速、过度地扩大或增长，使得一般物价水平比较大幅度持续上涨的现象。

6. 答：绝对成本论又称绝对利益论，该理论认为国际贸易能够促进贸易国生产的发展和产量的增加，而两国愿意发展贸易的直接原因是生产同种产品成本上的差异。由于各国的自然条件不同，各国在不同产品上的生产能力也是不同的。

7. 答：国际收支平衡状况是指一国在一定时期内（通常是一年内）从国外收进的全部货币资金和向国外支付的全部货币资金的关系，收大于支就称为国际收支顺差，支大于收就称为国际收支逆差。

8. 答：经常项目是指本国与外国进行商品和劳务交易以及单方面转移而经常发生的项目，它是国际收支中最重要的项目。经常项目中的最大、最重要的项目是有形贸易或称为有形商品的进出口。其次是无形贸易或称为劳务项目，包括商品运费、保险费等。最后是私人和政府的各种转移支付。

9. 答：一国国际收支平衡也被称为外部均衡，是指一国国际收支有效差额为零；如果国际收支差额为正，则称国际收支出现顺差，也称国际收支盈余；如果国际收支差额为负，则称国际收支逆差，也称国际收支赤字。

10. 答：生活中我们经常遇到这样一种现象，企业对购买同一种商品的不同顾客收取不同的价格，我们称做价格歧视，价格歧视的根本原因在于垄断企业面对的是一条向下的需求曲线，不同的人对于这种商品所愿意付出的价格不同。如果企业能够把不同类型的消费者区分开，那么它便可以实行价格歧视。

11. 答：寡头垄断是介于完全竞争和完全垄断之间的一种市场类型，在这类市场中，几家大企业的生产和销售在整个行业中具有举足轻重的地位。寡头垄断和垄断竞争相比，"垄断"的因素更多一些。

12. 答：纳什均衡是指在给定竞争者的行为以后，各个企业采取自己能采取的最好的行为。寡头垄断市场达到的均衡就是纳什均衡。

13. 答：最早是由汉国经济学家古诺（Augustin Cumot）在1838年提出的简单的双头模型，该模型假设两个厂商都生产同样的商品，并且都知道市场的需求情况，那么两个厂商在考虑对手决策情况下，制订决策以实现各自的利润最大化。

14. 答：规模经济指某一产品在某段期间内绝对数量增加时，单位成本下降的现象。潜在进入者初期进入市场无法拥有较高的市场占有率，因此产生较高的生产成本，无法在生产成本上与已具规模经济的现有厂商竞争。

15. 答：产品差异化指的是根基稳固的既有公司由过去的促销、服务、产品特色或因最早踏入产业，而建立品牌认同度、赢得顾客忠诚。潜在进入者没有品牌知名度，且由于初期进入市场，不了解顾客需求，无法创造产品特色及满足消费者的服务方式。

16. 答：即BCG矩阵。波士顿矩阵又称市场增长率—相对市场份额矩阵、波士顿咨询集团法、四象限分析法、产品系列结构管理法等。制订公司层战略最流行的方法之一就是BCG矩阵。该方法是由波士顿咨询集团（Boston Consulting Group，BCG）在20世纪70年代初开发的。

17. 答：GE矩阵法又称通用电器公司法、麦肯锡矩阵、九盒矩阵法、行业吸引力矩阵。GE矩阵要结合BCG矩阵一起比较讨论，因为GE矩阵可以说是为了克服BCG矩阵缺点所开发出来的。

18. 答：所谓 SWOT 分析法又称态势分析法，SWOT 四个字母分别代表：优势（Strength），弱势（Weakness），机会（Opportunity），威胁（Threat）。就是将与研究对象密切相关的各种主要内部优势、劣势、机会和威胁等列举出来，并依照矩阵形式排列，然后用系统分析的方法，把各种因素相互匹配起来加以分析，从中得出相应的结论，用于指导决策。

（四）判断题答案（本题共 20 小题）

1	2	3	4	5	6	7	8	9	10
×	√	×	√	×	√	×	×	×	×
11	12	13	14	15	16	17	18	19	20
√	√	×	×	√	×	√	×	√	√

（五）简答题答案（本题共 18 小题）

1. 答：政治因素是指企业经营所涉及的国家或地区的政治体制、政治局势、政府的方针政策、法律法规、社会治安等方面的影响因素，这些影响因素范围广泛，比如政治体制、政党、选举制度、各种政策措施、国际关系、政府换届、国家战略、政策管制、战争与骚乱、其他等。

2. 答：经济因素是指企业在制定战略过程中须考虑的国内外经济条件、经济特征、经济联系等方面的因素。

下面列举了企业应重视的若干经济因素：经济体制、可支配收入水平、利率、消费模式、政府预算赤字、劳动生产率、股票市场、地区之间的收入和消费习惯差别、劳动力及资本输出、就业状况、贷款的难易程度、通货膨胀率、国内生产总值变化趋势、税率、汇率。

3. 答：经济增长的不同阶段对企业经营影响程度是不同的。

（1）繁荣阶段

在此阶段失业率低（或就业率高），总收入高，这会引起购买力提高，消费者购买意愿增强。企业可以通过扩大其经营规模，强化促销，提高市场占有率。

（2）衰退阶段

此阶段失业率高，总体购买力降低，抑制了消费者及企业的购买。而且由于购买力下降，消费者对价格很关注，要求价廉、具有基本功能的产品。因此，企业要调整经营策略，准确地把握消费者需要什么样的产品，促销要强调价格及效用。

（3）萧条阶段

此阶段失业率高，工资低，人们的可支配收入少。通常在这一阶段，政府可能采取刺激经济增长的财政和货币政策，这必然会影响与企业的支出、储蓄及投资，所以对此应该极为关注。

（4）复苏阶段

此阶段呈现出失业率下降，可支配总收入提高的状态，这会刺激消费者增加购买，企业应适时调整经营策略，经济周期对不同企业生产、经营的冲击有很大差异。经济紧缩时期，奢侈品的生产者和经营者受到的打击可能较大，而生活必需品的销量可能增长。

4.答：通货膨胀一般是用物价指数来衡量。物价指数是表明某些商品的价格从一个时期到下一个时期变动程度的指数，反映物价变化的指数，常用的消费物价指数、批发物价指数和国民生产总值折算价格指数三种，一般把通货膨胀按其严重程度分为以下几种：

（1）温和的通货膨胀

在温和的通货膨胀下，价格以一个稳定的、较低的比率上涨。在这种情况下，相对价格还不到失调的地步。货币购买力损失不多，人们并不急于抛出货币购买的商品。

（2）急剧的通货膨胀

在急剧的通货膨胀情况下，通货膨胀率达到两位数或三位数。

（3）恶性的通货膨胀

指物价以递增的速度迅速上涨，货币极度贬值。

5.答：引起通货膨胀的原因可能有：

①需求拉动型通货膨胀。

②成本推进型通货膨胀。

③供求混合推进型通货膨胀。

④由于社会经济结构方面的因素而引起的通货膨胀。

6.答：通过膨胀对经济的影响主要表现在以下两个方面：

第一，导致债务人与债权人之间、雇主与雇员之间、政府与公众之间收入与分配的变化。

第二，导致价格体系的紊乱，使价格信号失真。

对企业来说，高通货膨胀率还会带来以下一些问题：①工资水平很难预测，供应商劳动成本难以计量。②外购零部件和原材料成本增加更加难以预测。③商务谈判需要花费更多的管理时间。为了应对通货膨胀，企业需要花费很多宝贵的时间，并且通货膨胀给企业的成本和价格控制带来困难。

7.答：自然失业在任何市场经济中都是存在的，可分为如下类型：

（1）摩擦性失业

指在生产过程中由于局部的、暂时的失调而引起的短期的、暂时的失业。在现实中，一方面存在职位空缺，另一方面存在与此数量相对应的寻找工作的失业者。通常由劳动力供求信息不灵、行业与企业发生调整或转移等方面的原因所致。

（2）结构性失业

因经济结构的变化而引起的失业称做结构性失业。

（3）寻找性失业

人们本来可以找到工作，但为了得到更好的工作而暂时不就业所发生的失业即所谓寻找性失业。

（4）技术性失业

由于技术进步所引起的失业称做技术性失业。

（5）季节性失业

由于某些行业生产的季节性变动所引起来的失业。

8. 答：外汇有动态和静态之分。从动态意义上看，外汇是不同国家的货币进行交易的行为，借以清偿国际间的债权债务关系。从静态意义上看，外汇是指外国货币和以外国货币表示的用于国际结算的支付手段，主要包括外国货币、外币有价证券和以外币表示的信用工具等。

不同货币之间的兑换比率就是汇率，因此汇率实际上就是一种价格，按这个价格，一国货币可以兑换成另一国货币。汇率有两种标价法：一种标价法是用一单位的外国货币作为标准，折算为一定数额的本国货币来表示其汇率。用这种标价法，一单位外币折算的本国货币量减少，表示外汇汇率上升，即外国货币贬值或本国货币升值，而一单位外币折算的本国货币量增加，表示外汇汇率下跌，即外国货币升值或本国货币贬值。

另一种标价法是用一单位的本国货币作为标准，折算为一定数额的外国货币来表示其汇率。用这一标价法，一单位本国货币折算的外国货币量增加，表示汇率上升，即本国货币升值或外国货币贬值；而一单位本国货币折算的外国货币量减少，表示外汇汇率下跌，即本国货币贬值或外国货币升值。

9. 答：在外汇市场上，汇率是经常变动的，而影响汇率的因素是十分复杂的，既有经济因素，又有非经济因素，这些因素通过作用于外汇供给和需求，进而影响汇率的形成，影响汇率的因素主要有：

（1）货币的数量

由于外汇市场上交易的是各国货币，而各国货币本身又代表一定的价值，那么各国货币供给量的变化显然会对其货币价值产生影响。

（2）对货币的交易需求

在其他条件不变的情况下，货币交易需求的改变也会对汇率产生影响。

（3）生产率因素

各国不同的生产率水平是汇率形成的重要因素。

（4）利率差别

一个国家如果提高本国货币利率，对投资者来说，就会使购买和持有该国货币更有吸引力，这就增加了对该国货币的需求，在外汇市场上该国货币就会相对其他货币升值，反之，如果外国货币利率提高，本国货币相对外国货币将贬值。

（5）国际收支平衡情况

由于国际收支尤其是贸易收支直接影响国际支付的数量和结构，所以，外汇市场对各国公布的各种贸易差额和国际收支状况十分敏感。

10. 答：政府制订相应经济政策，实施政府干预的目标主要有四个：促进充分就业、稳定物价、实现经济稳定增长和国际收支平衡。

（1）促进充分就业

充分就业并不意味着失业率等于零，究竟失业率为多少才是充分就业，应根据不同的经济发展状况来判断。经济体系是否实现了充分就业还可以被用来衡量一个经济体系的资源是否得到充分有效的利用。

（2）稳定物价

所谓稳定物价就是指在某一时期，设法使一般物价水平保持大体稳定，防止通货膨胀或通货紧缩。

（3）实现经济稳定增长

经济稳定增长就是不存在经济增长的大起大落，经济可以持续不断增长。经济增长的目的是提高人民的生活水平。靠破坏生态平衡，污染环境带来的经济增长，不能实现经济持续稳定增长。

（4）国际收支平衡

大多数政府都瞄准这些目标，被认为是通过经济政策使经济成功的指标，为实现相应的政策目标，政府制订的经济政策主要有两种：财政政策和货币政策。政府还可以实施其他的管理手段如政府监督对经济活动进行管理。

11. 答：在长期的发展过程中，各国中央银行掌握了一套系统的货币政策工具，可将其划分为：一般性货币政策工具、选择性货币政策工具和其他货币政策工具。

（1）一般性货币政策工具

一般性货币政府工具是指中央银行调控经济的常规手段，目的主要是调节货币供应总量、信用量和一般利率水平。这些政策工具包括法定存款准备金、再贴现机制和公开市场业务三个工具。

（2）选择性货币政策工具

选择性货币政策工具是指能影响银行系统资金运作方向的各种措施。主要包括证券信用交易的法定保证比率、消费信贷控制、不动产信用控制、直接信用控制和间接信用控制等。

（3）其他货币政策工具

除以上常规性、选择性货币政策工具外，中央银行有时还运用一些补充性货币政策工具，对信用进行直接和间接控制。

12. 答：我们来考察技术创新和变革的五个主要领域：

①通信。

②管理。

③地点。

④信息技术。

⑤新材料。

13. 答：通常来说，完全竞争市场至少要满足以下三个基本条件：

①市场上有众多的买者和卖者。

②产品是同质的。

③企业可以自由地进入和退出市场。

14. 答：完全垄断具有以下的特征：

①整个市场只有完全垄断的企业这一个卖者，无人与之竞争。

②完全垄断企业生产的产品没有替代品，也就是说需求的交叉弹性 Exy = 0。

③完全垄断行业由于各种各样的原因使其他企业难以进入。

④由于市场上仅有一个卖者，所有垄断企业可以成为价格制定者。

15. 答：一般来讲，垄断竞争市场有以下几个特点：

（1）存在许多卖者

由于卖者众多，虽然单个企业的行动可以影响市场价格，但这种影响非常有限，因此每个企业在改变自己的行动时，不会考虑其他企业的对策。

（2）产品具有差别

垄断竞争与完全竞争的主要区别就在于垄断竞争的产品具有差别，每个产品都有自己的个性，都有一部分品牌的忠实者。因此，即使它的价格略高于其他产品，也不会失去全部的顾客。

（3）自由进出

企业可以没有限制进出一个市场，因此，企业的数量必然是调整到经济利润为零时才停止。

16. 答：市场竞争力分析主要是进行五力分析法，该方法是波特根据其多年产业的观察，将产业结构分成五种作用力，分别为潜在进入者的威胁、替代品的威胁、客户议价力量、供货商议价力量和同业间的竞争，对产业内所有公司而言，客户、供货商、替代品和潜在加入者都是竞争者。因此，若要了解产业结构，即可分析这五种作用力，我们称为"五力分析"法。

17. 答：企业在这个转型过程中能否取得成功，技术起了至关重要的作用，核心技术的培育是现阶段构建企业核心竞争力的重点。

首先，技术影响价值链。技术包含于价值链的每一价值活动中，而技术变革实际上对任何活动，包括基本活动和辅助活动都产生影响，从而影响竞争。

其次，技术影响竞争优势。由于技术体现在每一价值活动中，并包含与在各种活动间建立的联系中，因此可以对成本以及差异化产生巨大影响，同时技术还可以通过改变其他影响成本或差异化的驱动因素来影响竞争优势。

最后，技术除其本身的意义外还通过影响产业中的五种竞争力量的对比来影响产业结构，这是其在战略上的意义。

18. 答：制订公司层战略最流行的方法之一就是 BCG 矩阵。该方法是由波士顿咨询集团（Boston Consulting Group，BCG）在 20 世纪 70 年代初开发的。BCG 矩阵将组织的每一个战略事业单位（SBUs）标在一种二维的矩阵图上，从而显示出哪个 SBUs 提供高额的潜在收益以及哪个 SBUs 是组织资源的漏斗。波士顿矩阵又称市场增长率—相对市场份额矩阵、波士顿咨询集团法、四象限分析法、产品系列结构管理法等。BCG 矩阵区分出四种业务组合：

①问题型业务（Question Marks，指高增长、低市场份额），处在这个领域中的是一些投机性产品，带有较大的风险。

②明星型业务（Stars，指高增长、高市场份额），这个领域中的产品处于快速增长的市场中并且占有支配地位的市场份额，但也许会或也许不会产生正现金流量，这取决于新工厂、设备和产品开发对投资的需要量。

③现金牛型业务（Cash Cows，指低增长、高市场份额），处在这个领域中的产品产生大量的现金，但未来的增长前景是有限的。

④瘦狗型业务（Dogs，指低增长、低市场份额），这个剩下的领域中的产品既不能产生大量的现金，也不需要投入大量现金，这些产品没有希望改进其绩效。

（六）论述题答案（本题共 9 小题）

1. 答：概括而言，市场经济具有以下六个方面的优点：

（1）市场经济遵循的是平等自愿、自由选择的原则

商品交换是一种自愿的行为，任何人都不能强迫他人进行交换，交换双方都不应拥有任何特权。

（2）市场经济运行机制是以价格为杠杆的供求机制

在信息不可能绝对充分、确定的情况下，价格是具有最有效的决策指示器。价格犹如一盏信号灯，引导市场主体的经济活动。这套机制也是对消费者和生产者最为有效的激励工具。生产者为获取自身生存和发展所需的资源，必须为市场需求而生产。

（3）市场经济必须是竞争经济，竞争是市场经济的必然产物

适者生存、优胜劣汰是不以人们意志为转移的市场竞争规律。生产的商品必须满足社会的需求，同时，还必须进行技术革新，提高劳动生产率，从而获得更多利润，在竞争中得到发展，相反，如果生产效率低下，就会在竞争中处于劣势，甚至亏损或破产，遭受市场的惩罚。

（4）市场经济是增进公共利益的有效渠道

市场经济是一只"看不见的手"。在市场经济下，每人都在力图应用他的资本，来使其产品得到最大的价值。

（5）市场经济是为经济活动主体提供最大激励的有效模式

一分耕耘，一分收获。市场能够提供有效的激励，使企业和居民等市场主体采取合理

的决策行为。

（6）促进技术进行和创新

市场对技术进步的促进作用主要是通过市场竞争而实现的。市场竞争分为价格竞争和非价格竞争两种形式。在价格竞争下，各个生产者为了降低价格以增强自身的竞争力，就必须降低成本，企业竞相降低成本就会推动技术进步。

在市场经济中，经济运行通过市场价格机制来达到人类经济活动的目的，实现社会资源的优化配置。实践证明，作为资源配置的基础性机制，市场的价格机制在资源配置效率方面显示出了巨大的优越性。但在现实中，市场机制也存在一定的缺陷。

一般认为，市场缺陷主要表现在三个方面：一是市场经济在某些领域是无效的，也就是说存在着市场失灵现象；二是市场经济可能引起不均等或不公平的收入分配，产生严重的贫富差距；三是经济周期波动或经济不稳定。

（1）市场失灵

导致市场失灵的原因主要有三个，即垄断、外部效应和公共产品。

①垄断。从最一般的意义上讲，垄断是指对市场的控制。它使控制者有可能获得高于正常赢利水平的垄断收益，垄断的存在会大大降低市场配置社会资源的效率，使整个经济偏离帕累托最优状态。垄断可分为垄断状态和垄断行为两个层面。

②外部效应。所有的经济活动都会给社会上其他成员带来影响，但我们所说的外部效应或称为外部影响是不能或不能完全在经济活动所依据的价格中得到反映的经济现象。简单地说，外部效应是指经济活动主体的行为对他本身以外的人产生了有效或有害的影响，但经济活动主体自己并不因此得到补偿或支付代价的现象。

③公共产品。市场经济体制有着巨大的优点。但是在现实中，市场经济对某些产品供求的调节却无能为力，或调节作用甚微。这种产品就是公共产品。

（2）收入分配与社会公平

在市场经济下，人们有选择自由，比如选择更高质量、高价值的产品与人们的财富和收入水平相关。因此选择自由受到财富与收入的影响。

总的来说，通过市场的竞争优胜劣汰，市场机制有利于提高经济效率，并实现资源的有效配置，但它不是十全十美的，可能会带来收入分配不均，甚至严重的贫富悬殊。社会公平是指社会实行公正的分配，使分配格局达到社会满意的状态，是一种价值判断，是历史的、社会的、道德的等各种因素形成的一种意识形态。既然是一种意识形态，它是随着时间、环境、条件的变化而变化的，要对社会公平下个十分精确的定义是不可能的。

（3）经济波动

理论上对经济波动是不是市场经济所独有的缺陷存在着不同看法。有观点认为经济波动是市场经济的一大缺陷，有观点认为计划经济体制下也存在经济波动问题。

2. 答：导致市场失灵的原因主要有三个，即垄断、外部效应和公共产品。

（1）垄断

从最一般的意义上讲，垄断是指对市场的控制。它使控制者有可能获得高于正常赢利水平的垄断收益，垄断的存在会大大降低市场配置社会资源的效率，使整个经济偏离帕累托最优状态。垄断可分为垄断状态和垄断行为两个层面。具有垄断状态是产生垄断行为的条件，但具有垄断状态并不一定就会有垄断行为。

垄断的出现，或者说竞争的减弱，从长期来看，必须引起价格上涨和产量减少，处于垄断地位的企业没有外部竞争压力，企业内部管理水平和效率会下降。同时，垄断者为了维持较高的垄断价格，常常限制产量。这使消费者处于受损的地位。另外，垄断价格是一种扭曲的市场价格，它给稀缺资源的流动以错误的信号，导致资源配置的不合理。垄断会降低经济效率、妨碍创新、产生压迫与剥削、损害社会大众的利益。效率下降、创新迟缓将阻碍经济增长，造成压迫与剥削，使大众利益受损，将导致社会不公平。

（2）外部效应

所有的经济活动都会给社会上其他成员带来影响，但我们所说的外部效应或称为外部影响是不能或不能完全在经济活动所依据的价格中得到反映的经济现象。简单地说，外部效应是指经济活动主体的行为对他本身以外的人产生了有效或有害的影响，但经济活动主体自己并不因此得到补偿或支付代价的现象。外部效应的最关键问题就是，具有外部效应的物品的价格，不能允许反映用于提供该物品的成本。

外部效应可以说是无处不在、无时不在。尽管就每一个单个生产者或消费者来说，它造成的正外部效应与负外部效应对整个社会也许微不足道，但加总起来可能是巨大的。例如，由于生产扩大而引起的污染问题现在已经到了严重危及人类自身生存环境的地步。

例如，企业获取竞争优势的一种主要方法是差异化产品，重点是开发并将新成果尽快引入市场。这通常会引起快速进步，但一些产品创新对人体健康或生态可能是有害的。一家化学公司发现一种新的增加农业产量的化学物质，如果它能在竞争对手有机会模仿之前就将产品推入市场，就能尽早获益。尽管需要做一些检验以确保不会直接、立即危害人体健康，但可能没有办法来检验其长期影响，或当它在田间与所有其他东西混合时，无法检验将会发生什么现象。这样一来，公司获得了收益，但社会却承担了很大的成本。

（3）公共产品

市场经济体制有着巨大的优点。但是在现实中，市场经济对某些产品供求的调节却无能为力，或调节作用甚微。这种产品就是公共产品。

通常将不具备消费上的竞争性或/和排他性的产品叫做公共产品。例如，国防、公共安全、道路和电视广播等。在一定程度上说，当对这类产品进行消费或使用时，增加一个消费者并不减少任何其他消费者对这种产品的消费。就拿无线广播来说，某广播电台播送的节目有1万人收听还是2万人收听，并不存在收听上的竞争性和排他性，各收听者都不能排除其他收听者收听节目。而且，各收听者不会减少其他收听者听节目的数量，或者说，不会减少其他收听者收听节目的效果。

3. 答：汇率的变化反映了经济的变化，同时汇率的变化又对经济产生重要影响。

（1）一国货币的汇率发生变化后，该国商品与其他国家商品的比价也就发生了变化

如果一国货币价值或汇率上升，该国商品在国外以外国货币表示的价格就会更高，这将抑制外国居民对该国商品的需求，减少对该国商品的购买，这样该国从商品出口中所获得的外汇收入就会减少。而同时，外国商品在该国以该国货币表示的价格会下降，这就会刺激该国居民对外国廉价商品的需求，增加对外国产品的购买，该国用于进口外国产品的外汇支出将会增加。

相反，如果一国货币贬值或汇率下降，该国商品在国外以外国货币表示的价格会下降，外国居民将增加对该国商品的购买，该国从商品出口获得的外汇收入会增加。同时，外国商品在该国以该国货币表示的价格将上升，该国居民会减少对外国商品的购买，这样，该国用于进口外国商品的外汇支出将下降。

需要说明的是，上述分析没有区分该国商品和外国商品的供给弹性和需求弹性的不同情况，这显然是不够的，为了进一步分析汇率变动对外汇收支的影响，就必须考虑供给弹性和需求弹性的情况。

以汇率下降或货币贬值为例，来看一看汇率变化对一国外汇收入和支出的影响。一国货币贬值或汇率下降后，该国商品在国外就会变得更加便宜，如果外国对该国商品的需求弹性等于1，那么该国的出口会增加，但外汇收入将不会增加也不会减少；如果需求弹性大于1，则该国的出口会增加，外汇收入也会增加，因为需求增加所导致的出口总值的增加大于价格下降导致的出口总值的减少；如果需求弹性小于1，则该国的出口只会有少量的增加，而出口总值却因为价格下降的更多而减少。

在外汇支出变化方面，一国货币贬值或汇率下降，使外国商品在该国变得更加昂贵。如果该国对外国商品的需求弹性等于1，该国的进口将减少，但整个外汇支出仍维持不变；如果需求弹性大于1，则该国将大幅度减少对外国商品的需求，外汇支出下降；如果需求弹性小于1，则该国的进口只会有少量的减少，整个外汇支出额反而上升。

利用同样的原理，也可以推出在货币升值或汇率上升情况下，一国外汇收入和外汇支出可能发生的变化。由于汇率变化的上述作用机制，汇率下跌或货币贬值常常和贸易收支的调整联系在一起。

（2）汇率的变动对经济的影响是十分重要的，也是多方面的

汇率贬值还会影响国际收支中的资本项目。一般而言，贬值对长期资本流动的影响较小，因为这种资本流动主要取决于利润和风险的状况。但对短期资本流动的影响较大。汇率贬值会使金融资产的相对价值下跌，从而引起资金外流。

由于汇率变化会影响国际贸易商品和劳务的价格，进而影响一国的进出口，因此各国中央银行非常重视外汇市场上汇率的变化，往往通过在外汇市场上买进或卖出外汇等方式来干预汇率水平。比如，一国货币升值，会使其出口商品的外币价格比升值前昂贵，就可能减少其他国家从该口的进口。为了促进出口，该国中央银行可能通过卖出本国货币的方式来阻止本国货币的升值，当市场上该货币供应因此而增加时，该国货币的汇率就会下

降，从而起到阻止其出口产品的外币价格的上涨，促进出口的作用，当本国货币贬值时，中央银行在认为必要的情况下，也可以通过卖出外汇、买进本国货币来阻止本国货币的贬值，除了各国中央银行考虑到汇率变动对本国经济产生的不利影响而单独采取行动外，发达国家的中央银行也有可能为了共同利益而联合干预外汇市场。

对任何从事进出口业务的企业来说，汇率是一个非常重要的因素。汇率变动将对进口成本产生重要的影响，汇率对不直接从事进出口业务的企业来说并不是微不足道，因为它们购买的物资也可能在某些方面受到汇率的影响。

4. 答：财政政策是指一国政府为实现一定的目标而调整财政收支规模和收支平衡的指导原则及其相应的措施。财政政策是由税收政策、支出政策、预算平衡政策、国债政策等构成的政策体系，主要通过三大政策工具，即支出、税收和公债来实施。

（1）支出

政府支出是影响总需求的重要因素之一，因而，其成为重要的财政政策工具，政府支出可概括为如下几个方面：

购买支出。政府购买支出直接关系到社会总需求的增减，根据公共支出理论，政府购买支出的增加，将直接增加个人的收入，个人收入的一部分将用于消费，使社会消费总量增加。此外，政府购买性支出的增减，还会对社会的收入分配产生相关的影响。

转移支出。政府把以税收等形式筹集的一部分财政资金转移到社会福利和财政补贴等费用上的支出。转移支出的作用在于给企业和家庭提供购买力，使其有能力在市场上购买商品和劳务。按用途不同，转移支出可分为两类，一类是社会保障支出，另一类是财政补贴支出。财政补贴政策是转移支出政策的另一种形式。财政补贴中一种是对生产企业的补贴，可直接增加生产者的收入，从而提高生产者的投资和供给能力；另一种是对消费者的补贴，其作用在于直接增加消费者的可支配收入。在有效需求不足时，增加对消费者的补贴；在总供给不足时，增加对生产企业的补贴，可以在一定程度上缓和供求矛盾。

（2）税收

税收作为财政政策的一个有力工具，主要用来实现经济稳定目标、资源合理配置目标和收入公平分配目标。

稳定经济是税收作为宏观调节工具的重要目标之一，税收在政府收入中占有相当的份额，而对政府消费产生重要影响，进而影响总需求，此外，在税收制度中增加某些刺激性条款，会影响私人部门的经济行为，特别行为，从而对总需求间接产生影响。

税收对总供求关系的调节，一方面是税收制度存在的自动稳定机制起作用，另一方面是人为的稳定过程，在既定的税收制度下，税收不仅在经济增长的影响下自动调节总供求关系，而且政府可以根据经济形势的发展变化，有目的地调整税收政策，如扩大或缩小税基、提高或降低税率、减少或增加税收优惠等。

税收作为收入手段，把私人部门的一部分资源转移到政府部门，从而实现资源的重新配置。税收对资源配置要尽可能不干扰私人部门的决策，但在市场存在缺陷的领域，政府需要利用税收手段改变资源配置。

（3）公债

公债政策是有效的财政政策工具。在经济萧条时，政府可通过买进公债，增加货币供给，从而刺激需求。在经济繁荣时，政府可通过卖出公债，回笼货币，减少货币供给，从而减轻通货膨胀压力。公债政策不仅是财政政策工具，同时也涉及货币政策。在运用公债政策实现宏观经济目标时，要与货币政策协调搭配。

在运用财政政策工具进行国民经济调节时，政府针对不同的情况采取"松"或"紧"的政策搭配。"松"主要就是减税，扩大财政支出；"紧"就是增税，缩减财政支出。

5. 答：根据产业组织理论，供应商所处行业的市场结构可划分为完全竞争市场、垄断竞争市场、寡头垄断市场和完全垄断市场。

（1）完全竞争市场

供应商处于完全竞争市场时，市场信息完备，透明度高，产品结构、质量、性能和价格在不同的供应商之间几乎没有差别，如农副产品。

当供应商处于这样的行业中时，企业最佳的战略选择是市场交易战略，因为企业只须采用公开竞价的方式就可以得到质量良好的供应产品。这时合作和联盟的意义不大，但如果企业为了某种战略目的也是可行的，例如企业为了培育特定的供应商而取得规模效益，技术创新，乃至尝试形成垄断。

（2）垄断竞争市场

供应商处于垄断竞争市场的比例最高，这样的市场上有大量供应商存在，各供应商提供的物品品质不同，企业进入和退出的门槛很低，供应商讨价还价的能力不强，如大多数日用消费品、家用电器和工业产品等。

当供应商处于这样的行业中时，市场交易战略仍然可行，但应更加重视各种合作和联盟战略，因为供应产品的差异化存在可能影响企业最终产品的质量和性能，企业应通过和供应商建立稳定的关系来予以保证。同时，这样的行业中供应商之间的竞争较为激烈，供应商也多数具有和下游企业合作的意愿。至于采用短期项目合作战略、功能联盟战略和创新联盟战略中的哪一种则应根据企业的具体情况而定。

（3）寡头垄断市场

供应商处于寡头垄断市场时，即少数大的供应商占据绝大多数市场份额，企业进入门槛高，供应商的讨价还价能力强，如石油、电信等。

这时，企业采用市场交易的战略将很难降低供应成本，因为供应商的垄断地位使之具备很强的提价优势。同时，供应商因为具有优势地位和为保持这种优势，并不倾向于采取一些临时性的举措和追求创新，因而采用短期项目合作战略和创新联盟战略也有较大的难度。以上三种战略也都可以实施但有难度且并非最佳，企业最佳的选择是采用功能联盟战略，通过较大和稳定的购买量和一定数额的共同投资来驱动供应商给以较低的差别价格。

（4）完全垄断市场

完全垄断可分为自然资源垄断（如一些国家造币所需专有木材的市场），政府垄断（如铁路、邮政）以及控制垄断（如拥有专利权的微软）三种。在这种市场上，供应者只有一家，所以在交易中占有绝对优势，完全控制了价格。这种市场供应商在价格上占有完全的控制权，企业必须采取两端的战略，即要么接受供应产品的价格，仅与供应商保持市场交易的关系，要么就在有一定新的市场机会或技术创新可能时与之进行或短期、或投资有限的合作和联盟。

6. 答：完全垄断的企业可以分为以下几种不同的类型：

（1）垄断资源

最早的完全垄断是由垄断资源产生的。例如，小镇上不多的几口水井被霸占了，他们向前来打水的收取费用，这样的场景在武侠小说中经常见到，但在如今生活中不会出现，因为那些资源通常掌握在国家手中，并且现在交通运输十分发达，即便可以垄断某一地区资源，却不可能垄断所有资源。

（2）政府造成的垄断

由于政府的特殊地位，很多垄断通常是政府造成并且是有意造成的，比如前面提到的自来水公司、供电公司，因为在同一地区铺设两套或更多的供水、供电系统显然会造成资源的巨大浪费。不过政府对这些行业的定价通常是严格控制的，虽然控制了价格，可是由于缺乏竞争，这些企业提供的服务却不尽如人意，这也是我国以前的垄断行业遭到拆分的原因。

（3）自然垄断

有一些行业，只有一个企业会比有更多企业时的平均成本低，存在着规模经济，于是便产生了自然垄断，自然垄断的行业通常会有很高的不变成本且边际成本很小，平均总成本在一个相当大的范围内是下降的。

（4）受法律保护的垄断

最明显的例子莫过于专利权和版权，由于受到法律的保护，其他的竞争企业在一段时期内无法进入，这就在客观上促成了该企业的垄断。

不过这种垄断对社会的进步是有积极意义的，假如没有法律的保护，任何人都可以翻印微软的视窗操作系统拿来出售，这个市场变成了一个完全竞争的市场，微软无法收回巨大的研发成本，自然也就不会去开发这样一个产品，这必然阻碍了新技术的进步和新产品的开发，所以这种垄断是应该得到保护的。

7. 答：企业对购买同一种商品的不同顾客收取不同的价格，我们把这种法称做价格歧视，价格歧视的根本原因在于垄断企业面对的是一条向下的需求曲线，不同的人对于这种商品所愿意付出的价格不同，如果企业能够把不同类型的消费者区分开，那么它便可以实行价格歧视。根据价格歧视程度不同，我们可以把价格歧视分为以下三种类型：

（1）一级价格歧视

这种价格歧视也称做完全价格歧视，它是指完全垄断企业按照不同消费者购买不同数量的商品所愿意支付的最高价格分别定价，也就是按需求价格定价。但是由于企业很难对每一单位数量的产品都收取不同的价格，所以实际生活中一级价格歧视很少见。

（2）二级价格歧视

二级价格歧视是指完全垄断企业按不同价格出售不同数量等级的产品，但购买相同数量等级的产品的消费者以同样价格支付。二级价格歧视的利润要小于一级价格歧视，但大于同一垄断价格。

（3）三级价格歧视

三级价格歧视是指完全垄断企业对不同类型的消费者制定不同的价格。要实行三级价格歧视，必须满足两个基本条件：①厂商能够区分不同类型的消费者，并且能够保证商品不在不同类型的消费者之间流通；②不同类型消费者的需求弹性不同。实行三级价格歧视，仍然要根据 $MR=MC$ 的原则，使每个市场的边际收益均等于企业的边际成本，而不同市场上的售价，则根据各自的需求曲线而定。

在我们的生活中经常会见到这种价格歧视，比如前些年许多旅游景点对外宾收取较高的票价，因为外国人和中国人很容易区分，并且外国人到中国旅游，他对旅游景点的需求弹性会比较小。

还有一些价格歧视比较隐蔽，可能以其他形式出现，比如折扣券，名为折扣，实际上是对没有折扣券的人的价格歧视，这部分人的需求价格弹性较小，即使没有折扣也购买该商品，而需求价格弹性较大的那部分人会花一些精力去寻找折扣券，没有折扣券时他们可能就不会购买该商品。

8. 答：微观环境中主要的影响因素有：核心竞争力、组织文化、组织氛围、领导素质、组织结构和资源条件，还有领导对环境工作的重视程度、各部门对供应工作的支持力度、信息技术在供应工作中的应用程度等。

（1）核心竞争力

对于一个组织来说，成功与否的关键因素之一便是该组织能否认识到并有效地利用核心竞争力。核心竞争力与其他一些无形的因素构成了组织的智力资源。智力资源包括丰富的经验、智慧、知识储备和专业技能。智力资源深含在组织的人事技能以及组织成员的实践中，包括一个组织现实存在的价值与未来的发展前景，只有充分有效地意识到组织的核心竞争力并整合组织资源对其加以利用，才能在竞争中彰显出自身的特色。

（2）组织文化

组织都是由相似的价值观、共同的信念、相似的经验以及同样的处世原则构成的动态系统。这些要素的结合使一个组织具有特色，这就是组织文化。组织的高层管理者为组织文化搭建基本的框架，管理人员便确立与规定了这个组织的价值取向和行为准则。组织文化的具体部分会由其他员工去填充，他们将按照自己的标准确定接受管理者定义的文化的程度并将把自己的价值观和行为准则等一并带入组织。在众多元素汇入原有的组织文化后，其中为大家所普遍接受认可的便得以保留与继承。

（3）组织氛围

组织文化的衍生品之一便是组织氛围。成功的组织常拥有开放的组织氛围，能够有效地激发个体的斗志和创新意识并吸引员工广泛的参与到组织经营中。在这种组织中员工被充分的授权，即使员工大胆尝试自己想法的结果是失败，组织也会宽容的接受并继续予以支持和鼓励。员工会很自然的产生主人翁意识，将自己作为组织系统中不可缺少的组成部分，为组织而奋斗。

（4）领导素质

领导是对他人目标的制订及达成所产生的影响。每个领导者都应鼓励并使下属拥有足够的权力去实现最完美的自我，然而，领导实践会被众多内外因素所影响。每个领导者都有特有的信念、态度和价值观，也有自己的个性、处世哲学等，而同时，这些元素又会被组织的任务、价值观、组织文化和组织氛围等所影响。领导更加包含在言语和举止上的身体力行、以身作则，领导者必须言行一致。

（5）组织结构

一个组织的正式结构是内部环境的组成部分，它决定着组织决策是如何被执行的。组织的三个不同层次的管理层——高层管理者、中层管理者、一线管理者，分别组成不同的团队来完成诸如设计、生产、市场营销、财务、人力资源管理等不同的工作。组织结构还决定了权力和沟通的流动方向。

（6）资源条件

一个组织最基本也是最重要的资源便是组织当中的人，但是为完成目标达到特定的效果，还必须依赖于其他一些资源。这些资源是对组织系统的投入，它们的获得、传递以及应用影响着组织内部环境，包括信息、工具、基础设施、设备、原料供给和财务等。

9. 答：企业由于内部条件和外部环境的不断变化，会形成自身的生命周期。依据其市场占有率的不同，可分为：创建阶段、成长阶段、成熟阶段和转型阶段（包括衰退阶段）。伴随着企业的发展，核心竞争力的构建也要经历四个阶段：萌芽、发展、形成和创新，企业在不同的发展阶段，核心竞争力的构建的重点也有所不同。下面将论述不同阶段核心竞争力的战略重点及对供应活动的影响。

（1）企业的创建阶段

企业进入一个新的产业，从总的战略角度来讲，面临的主要问题是极高的进入壁垒，主要包括竞争中很大的资本需求，如产品的研制和开发费用、固定成本投入、宣传费用等；规模经济的存在迫使企业在进入新行业的初始，就应扩大生产规模，以尽快弥补其在成本方面的劣势。新企业必须通过价格、协同分担广告费用等方法来打开营销渠道，促使分销商接受其产品，而导致利润降低；企业创业初期在管理、组织运作、营销等各个环节都没有经验，由此导致其运营成本较高等。

（2）企业的成长阶段

企业的运作开始步入正轨，市场占有率和销售额迅速上升，但企业创建初期靠单一产品发展的模式的瓶颈也逐渐暴露，而这种瓶颈主要表现在管理方面。随着企业规模的不断扩大，企业内部的人、财、物和信息等资源也不断膨胀，如何将这些资源进行合理有效的配置，以使它们比较理想地配合，成为当前阶段企业所面临的主要问题。

（3）企业的成熟阶段

企业的市场占有率和销售额达到了一个较高的水平，并保持相对稳定的态势。在这个战略转变过程中，企业文化起了至关重要的作用，企业内部新旧文化的更替和协调是战略实施获得成功的保证。适合企业自身特点的组织文化不仅可以增强企业凝聚力，调动员工的积极性和创造性，加速战略转变的实现，同时能够树立企业的良好形象，以增强企业在竞争中的地位，实现企业价值最大化。反之，与企业发展不相符的文化则会阻碍企业整体战略的实施。因此，现阶段企业核心竞争力培养的重点是既具有本企业特色又适应当前环境特点的组织文化的构建。

（4）企业的转型阶段

随着替代产品的涌现，顾客需求的变化以及竞争对手的多样化，企业所面临的竞争环境不断恶化，企业的市场占有率和销售额也逐渐降低，企业进入转型阶段。企业的发展前景会出现两种可能性：一是最终走向衰亡；二是获得新生。企业在这个转型过程中能否取得成功，技术起了至关重要的作用，核心技术的培育是现阶段构建企业核心竞争力的重点。首先，技术影响价值链。其次，技术影响竞争优势。最后，技术除其本身的意义外还通过影响产业中的五种竞争力量的对比来影响产业结构，这是它在战略上的意义。

至此，企业在生命周期即将终结时，完成了整体意义上的核心竞争力的培育和整合。企业下一步发展战略将是以整体核心竞争力为中心，通过对产业结构和顾客需求进行充分的分析，运用现已形成的核心技术开发新的产品或改造原有产品，使企业能够迅速有效的进入一个新的行业。在此基础上，通过不断扩大其核心产品的市场份额，成为该行业的领先者，同时揭开企业新一轮生命周期的序幕。

（七）案例分析题答案（本题共 2 小题）

案例一：

1. 答：Strength：中低档啤酒市场竞争对手少、品牌知名度较高、产品质量优势和品种优势、营销队伍素质优势、B 牌啤酒的实力优势。

Weakness：品牌忠诚度较差、网络渠道运行低效、终端控制力差。

Opportunity：3～5 元/瓶的啤酒消费群体占 28％左右，并正在快速增长；A 市啤酒市场增长迅速，市场前景看好。

Threat：C 牌啤酒占绝对的优势，覆盖率达 95％以上。

2. 答：发挥优势因素，克服弱点因素，利用机会因素，化解威胁因素；考虑过去，立足当前，着眼未来。

3. 答：强化 B 牌啤酒品牌忠诚度、实施产品差异化营销、导入逆向营销理念，建立高效的网络体系、加强市场管理、加大终端市场促销投入（可以围绕上述几点进行具体分析，言之有理即可给分）。

案例二：

1. 答：寡头垄断市场。

2. 答：机遇：超大容量洗衣机的需求正待开发，2.0公斤以下全自动洗衣机在市场上尚未出现。

困难：有两个强大的竞争对手，全自动洗衣机尚未成熟，淡旺季问题严重。

3. 答：迅速加大全自动洗衣机产量并投放市场，以提升市场份额；借助海尔品牌优势，迅速出击大、中城市，尤其是北京、上海、广州三个地区，有力拓展一级市场的销售渠道；开发小容量洗衣机等。

第五章 供应商战略

一、知识概述

通过本章的学习，掌握自制外包战略、供应商关系发展战略，了解供应商关系和合同战略的关系。

二、基本概念

1. 概念1——产业发展水平

【说明】产业发展水平是社会分工的基础，它反映了生产专业化的水平。产业越发展，分工越细，专业化程度越高，这样企业自制的范围越小。同时，产业发展水平越高，说明这一行业的产品需求越大，使得社会分工形成的零部件加工生产和技术解决方案提供有规模效益，这样，企业既有必要又有可能通过社会分工更多地采用外购战略。因此，产业发展水平是决定自制或外购的因素之一。

2. 概念2——供应商感知模型

【说明】供应商感知模型又称供应商感知定位模型，它是采购与供应管理中与供应定位模型相对的一个重要模型。

3. 概念3——合资企业

【说明】合资企业是由两个或多个母公司设立并拥有一个单独的实体。它比合作伙伴关系产生更多直接的影响，但却比建立与管理合作伙伴关系的成本更高。由合资公司提供的产品或服务对竞争优势有重大的意义。

4. 概念4——战略联盟

【说明】战略联盟是指两个或两个以上的企业为一定的战略目的，通过一定的方式组成的网络式的联合体。通过战略联盟，企业可以实现两种效应，即协同效应和互补效应。

5. 概念5——纵向联盟

【说明】纵向联盟是指上下游环节不同企业的联盟。制造商与代理商（或经销商）的联盟、广告主与广告公司的联盟、企业与供应商或客户的联盟均在此列。这类联盟的特征是联盟主体处在价值链的不同环节上，代表垂直一体化的一种形式。在这一形式中可以实行品牌的共享，例如特许经营，也可以进行新产品和新技术的联合开发。

6. 概念6——平衡投资

【说明】平衡投资是指少数股权参与，通常与某项技术研究合同相联系，特别是指一家大公司同一家具有高科技开发能力的中小公司型联盟，以换取技术成果的所有权、使用权。

7. 概念7——合资

【说明】合资是指由合作伙伴作为股东创立新公司，为对合资公司所要达到的目标取得一致意见，服务于合作双方的利益。

8. 概念8——技术互换

【说明】技术互换是指通过技术资料共享、互换资料许可证和互换交流其他二手资料而进行的合作。一般会在协议中明确规定互换的技术内容和合作期限，结成技术授权性联盟。

9. 概念9——许可证转让

【说明】许可证转让是指一家公司向另一家公司单方面转让无形资产，从而获取费用收入或提成。这样转让方不用冒太大的风险就能进入新市场，受让方不必从零开始，就能获得成熟的生产技术或品牌效应。

10. 概念10——战略联盟风险

【说明】战略联盟风险是指由于战略联盟系统内、外部环境的不确定性、复杂性而导致合作联盟不能达到预期目标的可能性。

三、重点内容

1. 自制或外购战略影响因素

（1）企业内部因素

①现有资源的条件和利用程度。

②企业技术力量。

③企业生产组织力量。

④企业的竞争力量。

⑤价值增值量。

（2）企业外部因素

①宏观经济形势。

②产业发展不平。

③市场竞争状况。

2. 供应商的战略选择

（1）供应商数量的选择策略

①多渠道少批量战略。

②集中于少数供应商的策略。

（2）供应商种类的选择影响因素

①价格。

②质量。

③服务。

④信誉。

⑤互惠关系。

⑥促销手段。

四、习题与案例

（一）单选题（本题共20小题）

在每小题列出的四个备选项中只有一个是符合题目要求的，请将其代码填写在题中的括号内。错选、多选或未选均不得分。

1. 下列（　　）情况下，企业必须采取自制的策略。

A. 部件生产涉及企业的专有技术　　　　　B. 生产组织有闲余

C. 部件价值增值量高　　　　　　　　　　D. 总价值高

2. 分析宏观经济形势，在经济萧条时，企业往往以（　　）为主。

A. 自制　　　　　　　　　　　　　　　　B. 外购加自制

C. 外购　　　　　　　　　　　　　　　　D. 无法判断

3. 过多的自制会造成（　　）。

A. 经营战线过长　　　　　　　　　　　　B. 企业精力分散

C. 经营日趋凝重　　　　　　　　　　　　D. A、B、C 都正确

4. 企业某零部件或某项服务（　　），企业应该采取自制。

A. 需求量小　　　　　　　　　　　　　　B. 规格繁多

C. 质量要求高　　　　　　　　　　　　　D. 对供应商容易控制

5. 低采购价值和高吸引力的采购方属于（　　）。

A. 边缘类　　　　　　　　　　　　　　　B. 盘剥类

C. 发展类　　　　　　　　　　　　　　　D. 核心类

6. 不属于发展策略的特征是（　　）。

A. 公司谈判地位弱　　　　　　　　　　　B. 业务量可能很小

C. 供应商愿建立关系　　　　　　　　　　D. 适合建立长期合作关系

7. 如果供应商给了处于四个不同象限的采购商四个报价（6、8、15、20），你觉得四个采购商分别属于（　　）象限。

A. 发展、核心、边缘、盘剥　　　　　　　B. 发展、核心、盘剥、边缘

C. 盘剥、发展、核心、边缘　　　　　　　D. 边缘、核心、发展、盘剥

8. 很难提前做出需求预测且各次需求有不同的参数和规格的采购应当采取（　　）。

A. 现货采购　　　　　　　　　　　　　　B. 定期采购

C. 无定额合同　　　　　　　　　　　　　D. 定额合同

9. 合作伙伴关系适合于（　　）项目。

A. 战略型和瓶颈型　　　　　　　　　B. 杠杆型和日常型

C. 战略型和日常型　　　　　　　　　D. 杠杆型和战略型

10. 下列属于合作伙伴关系区别于市场型关系的特点的是（　　）。

A. 机会主义的　　　　　　　　　　　B. 通过合同解决争端

C. 没有个人交情　　　　　　　　　　D. 关注长远利益

11. 下列关于供应商数量选择策略的说法中错误的是（　　）。

A. 多渠道少批量策略适合于原材料供应商紧张的企业

B. 集中于少数供应商的策略有利于享受价格上的优惠

C. 多渠道少批量策略在供应商有困难时供应商也会优先保证该企业的货源

D. 集中于少数供应商的策略可能会由于供应商发生意外而导致企业的供应危机

12. 不属于短期目标型的特征的是（　　）。

A. 双方只关注各自的利益　　　　　　B. 买卖完成关系即终止

C. 只有业务人员与采购人员有联系　　D. 各部门之间都有联系

13. （　　）的管理思想是把对方公司看成为自己公司的延伸，是自己的一部分。

A. 短期目标型　　　　　　　　　　　B. 长期目标型

C. 渗透型　　　　　　　　　　　　　D. 联盟型

14. 正常交易模式主张（　　）。

A. 把对供应商的依赖程度降到最低　　B. 适当降低对供应商的依赖程度

C. 增加对供应商的依赖程度　　　　　D. 与供应商建立合作关系

15. 相比而言，制造商对（　　）的重视程度最低。

A. 联营供应商　　　　　　　　　　　B. 独立供应商

C. 二级供应商　　　　　　　　　　　D. 伙伴供应商

16. 制造商与代理商的联盟属于（　　）。

A. 纵向联盟　　　　　　　　　　　　B. 同互补品提供者联盟

C. 同替代品提供者联盟　　　　　　　D. 同竞争者联盟

17. （　　）的产业领域不适合加入战略联盟。

A. 市场信息多变　　　　　　　　　　B. 竞争激烈

C. 外界环境压力小　　　　　　　　　D. 外界环境压力大

18. （　　）是指联盟后在业务或组织上能否精简，能否结合为协同竞争的整体。

A. 互补性　　　　　　　　　　　　　B. 相容性

C. 整合性　　　　　　　　　　　　　D. 一致性

19. 企业如果要加入战略联盟，做好谈判和订约的第一步是（　　）。

A. 明确各方的权利义务划分　　　　　B. 确定联盟目标和宗旨

C. 制订适当的利益分配原则　　　　　D. 明确联盟终止条款

20. （　　）需要双方中层经理人及技术专家发展特定活动或制订特定活动计划，找出组织或制度的变革机会以及交换知识与实务操作的经验。

A. 战略整合　　　　　　　　　　B. 战术整合

C. 作业整合　　　　　　　　　　D. 人际整合

（二）多选题（本题共 10 小题）

请把正确答案的代码填写在题中的括号内，多选、漏选、错选不得分。如果全部答案的代码完全相同，例如全选 ABCDE，则本大题不得分。

1. 企业在选择自制或外购策略时应考虑的企业内部因素有（　　）。

A. 现有资源的条件和利用程度　　B. 企业技术力量

C. 生产组织力量　　　　　　　　D. 竞争力量

E. 价值增值量

2. 自制或外购决策决定了（　　）。

A. 原料、半成品等采购渠道　　　B. 采购管理

C. 技术力量　　　　　　　　　　D. 采购质量

E. 采购数量

3. 供应商感知模型的吸引力包括（　　）。

A. 战略一致性　　　　　　　　　B. 往来方便性

C. 财务稳定性　　　　　　　　　D. 间接利益获得性

E. 未来业务发展可能性

4. 供应商根据感知模型把采购商分成（　　）。

A. 边缘类　　　　　　　　　　　B. 盘剥类

C. 发展类　　　　　　　　　　　D. 核心类

E. 战略类

5. 根据供应商感知的不同类型，供应商采取（　　）策略。

A. 盘剥　　　　　　　　　　　　B. 边缘

C. 发展　　　　　　　　　　　　D. 核心

E. 维持

6. 企业与供应商的关系有（　　）。

A. 短期目标型　　　　　　　　　B. 长期目标型

C. 渗透型　　　　　　　　　　　D. 联盟型

E. 纵向集成型

7. 属于纵向集成型关系特点的有（　　）。

A. 供应链上的成员整合成一体　　B. 各成员完全独立

C. 各成员不再完全独立　　　　　D. 各企业有自己的决策权

E. 要求各企业充分了解供应商的目标

8. 企业采取战略联盟的驱动力有（　　）。

A. 全球化　　　　　　　　　　　B. 取长补短

C. 技术创新   D. 降低风险

E. 改变竞争格局

9. 战略联盟从合作对象分，可分为（   ）。

A. 同原材料供应商联盟   B. 纵向联盟

C. 同互补品提供者联盟   D. 同替代品提供者联盟

E. 同竞争者联盟

10. 同竞争者的联盟有（   ）形式。

A. 共同价格联盟   B. 分享分销渠道

C. 分享专利技术   D. 共同开发新技术和新市场

E. 共同市场联盟

（三）名词解释题（本题共 8 小题）

1. 产业发展水平

2. 供应商感知模型

3. 战略联盟

4. 合资企业

5. 平衡投资

6. 技术互换

7. 许可证转让

8. 战略联盟风险

（四）判断题（本题共 20 小题）

对的在括号内画"√"，错的画"×"。

1. 自制或外购决策决定了企业的规模和经营方向，并对生产经营产生长期影响。
（　　）

2. 自制或外购决策是一项重要的战略决策，应该由最高决策人员作出。（　　）

3. 产业的发展程度与分工和专业化程度不呈正相关关系。（　　）

4. 供应商感知模型和供应定位模型一样，都是采购方对业务的判定。（　　）

5. 定额采购也被称做"框架协议"、"总括合同"、"持续性合同"。（　　）

6. 合资企业是由两个或多个母公司设立并拥有多个实体。（　　）

7. 联盟型供应链的特点是从更长的横向业务链上管理成员之间的关系。（　　）

8. 正常交易模式主张把企业与供应商的讨价还价能力最大化地提高。（　　）

9. 由于供应商管理只有两种模式，企业在选择时面对非此即彼的处境。（　　）

10. 日本的汽车制造商采取的是正常交易模式，美国采取伙伴模式。（　　）

11. 二级供应商供应的产品通常不具备排他性和垄断性。（　　）

12. 战略联盟最根本的目的是借用他人的力量改变现有的力量和竞争格局，使企业获得长期竞争优势。（　　）

13. 共同价格联盟有利于共同开发新市场，共同开发新产品、新技术。（　　）

14. 平衡投资是指由合作伙伴作为股东创立新公司，为对合资公司所要达到的目标取得一致意见，服务于合作双方的利益。（　　）

15. 适合搞联盟战略的领域内的所有企业都适合加入战略联盟。（　　）

16. 战术整合需要双方高层主管和中层经理人共同讨论和负责。（　　）

17. 如果联盟一方过分依赖于另一方，联盟的稳定性会受到威胁。（　　）

18. 当合作伙伴不愿意通过建立独立的合资公司对相互关系进行规范时，合作关系即将结束。（　　）

19. 共同价格联盟可省却博弈的烦恼，又可提高行业进入壁垒，是寡头垄断行业采取的典型方式。（　　）

20. 联盟战略是未来企业发展的趋势，发展到一定程度时会取代竞争战略。（　　）

（五）简答题（本题共 12 小题）

将答案要点写出并作简要叙述，必要时可以画出流程图或示意图进行阐述。

1. 简述自制或外购的战略地位。

2. 简述企业选择自制或外购的前提条件。

3. 简述盘剥的特征。

4. 简述成功的合作伙伴关系应具备的特点。

5. 简述市场型关系与合作伙伴关系的异同。

6. 简述企业发展合作伙伴关系的步骤。

7. 简述战略联盟的四种方式。

8. 简述联盟运作方式的分类。

9. 简述评估潜在的合作伙伴的因素。

10. 简述联盟失败的原因。

11. 简述整合的五个层次。

12. 简述联盟进化的重要条件。

（六）论述题（本题共 8 小题）

要求阐述过程中理论联系实际、结构严谨、分析透彻，必要时可以画出流程图或示意图进行阐述。

1. 分析自制或外购战略的影响因素。

2. 根据供应商感知的不同类型，论述供应商应该采取的策略。

3. 根据供应商之间的相互关系，论述企业采取的合同战略类型。

4. 论述供应商种类的选择策略。

5. 论述供应商关系的类型。

6. 论述战略联盟的驱动力。

7. 论述战略联盟的风险。

8. 论述战略联盟的管理程序。

（七）案例分析题（本题共 2 小题）

案例一：克莱斯勒采购策略

很难想象 1979 年的某一天，克莱斯勒（现在的戴姆勒—克莱斯勒）会没有足够的现金支付给它的雇员、供应商和金融债权人，而且几乎要宣告破产。使克莱斯勒能够继续营业需要汽车工会的让步，同时银行债务的重组则包括数以百家的社会机构和超过 10 亿美元的政府援助贷款。尽管 20 世纪 70 年代末的经济萧条是造成这一现象的原因之一，但克莱斯勒最大的问题在于它的运营管理。该公司组织内部有功能强大的信息库进行经营，但在跨部门或与供应链的其他成员相联系的功能方面却很差。资方与工会为敌，采购部门与供应商为敌，而产品开发以工程师为主，生产出客户并不想要的产品。这个信息系统甚至不能帮助公司有效地提高产品质量。

现在克莱斯勒公司与 20 年前相比已经大为不同。这该如何解释呢？为了更好地满足汽车购买者，公司采取了"大企业"策略，该策略将整个公司的采购供应链的活动进行了更好的整合——从原材料到零部件到各零部件供应商，从生产商到分销商，最后，将成品递送至客户。通过这种更为紧密的整合，克莱斯勒变得对市场需求的反应更迅速。它在产品设计与开发的革新上赢得了良好的声誉。

采购在克莱斯勒公司的变革中发挥了与众不同的重大作用。该公司被认为是北美与供应商关系最好的企业之一。较散乱的联系已经让位于更为紧密的供应商管理方式。供应商能够更早更积极地参与新产品的开发。实际上，主要供应商已经为克莱斯勒实际开发的每辆汽车和卡车提供设计与制造系统。采购部门已建立了一项极为成功的称为 SCORE 的供应商建议项目，该项目每年能产生数以千条的供应商建议，从这些建议中节约的资金每年可达到数亿美元。

如果没有了解采购流程以及知道如何利用这些流程创造价值的人们，这些变化是不可能发生的。克莱斯勒意识到采购并不是仅供低素质的采购人员随意进行传统操作的地方，而应接近于供应链管理。公司招募高学历人士进入采购梯队，当这些人的职业道路从策略采购转变为战略资源时，他们必须对采购的基本原理有彻底的了解。为了帮助他们的发展，克莱斯勒使用了一种强调采购的训练项目。训练者通过在不同领域循环工作，取得丰富的经验知识。简而言之，管理层已经明白，采购部门未来的领导者必须在他们承担开发战略的重任前拥有足够的采购运作经验。

结合案例，请回答以下问题：

1. 根据材料分析，你认为克莱斯勒在前期的采购方面出了哪些问题？

2. 根据材料分析，克莱斯勒后来采取了哪些正确的措施才得以良好发展？

3. 克莱斯勒正是了解了采购流程才能得以改变，根据所学知识，阐述采购战略的流程。

案例二：通用公司的采购体系

与我国大型国有企业相比，通用公司的采购体系可以说是含着银匙出世，它没有必要经历体制、机构改革后的阵痛，全球集团采购策略和市场竞标体系自公司诞生之日起，就自然而然地融入了世界上最大的汽车集团——通用汽车的全球采购联盟系统中。相对于尚在理论层次彷徨的众多国有企业和民营企业而言，通用公司的采购已经完全上升到企业经营策略的高度，并与企业的供应链管理密切结合在一起。

据统计，在美国的采购量每年为 580 亿美元，全球采购金额总共达到 1400 亿～1500 亿美元。1993 年，通用汽车提出了全球化采购的思想，并逐步将各分部的采购权集中到总部统一管理。目前，通用公司下设四个地区的采购部门：北美采购委员会、亚太采购委员会、非洲采购委员会、欧洲采购委员会，四个区域的采购部门定时召开电视会议，把采购信息放到全球化的平台上来共享，在采购行为中充分利用联合采购组织的优势，协同杀价，并及时通报各地供应商的情况，把某些供应商的不良行为在全球采购系统中备案。

在资源得到合理配置的基础上，通用公司开发了一整套供应商关系管理程序，对供应商进行评估。对好的供应商，采取持续发展的合作策略，并针对采购中出现的技术问题与供应商一起协商，寻找解决问题的最佳方案；而在评估中表现糟糕的供应商，则请其离开通用的业务体系。同时，通过对全球物流路线的整合，通用公司将各个公司原来自行拟订的繁杂的海运线路集成为简单的洲际物流线路。采购和海运路线经过整合后，不仅使总体采购成本大大降低，而且使各个公司与供应商的谈判能力也得到了质的提升。

　　结合案例，请回答以下问题：

　　1. 你认为上面的案例中涉及了哪些采购的新趋势？

　　2. 根据所学知识，阐述全球采购的主要目标是什么？

　　3. 最后一段讲述的是供应商的关系处理，结合所学知识，阐述供应商关系有哪些类型？

五、参考答案

（一）单选题答案（本题共 20 小题）

1	2	3	4	5	6	7	8	9	10
A	C	D	C	C	A	B	B	A	D
11	12	13	14	15	16	17	18	19	20
C	D	C	A	C	A	B	C	B	B

（二）多选题答案（本题共 10 小题）

1	2	3	4	5	6	7	8	9	10
ABCDE	ABC	ABCDE	ABCD	ACDE	ABCDE	ABDE	ABDE	BCDE	ABD

（三）名词解释题答案（本题共 8 小题）

1. 答：产业发展水平是社会分工的基础，它反映了生产专业化的水平。产业越发展，分工越细，专业化程度越高，这样企业自制的范围越小。同时，产业发展水平越高，说明这一行业的产品需求越大，使得社会分工形成的零部件加工生产和技术解决方案提供有规模效益，这样，企业既有必要又有可能通过社会分工更多地采用外购战略。因此，产业发展水平是决定自制或外购的因素之一。

2. 答：供应商感知模型又称供应商感知定位模型，它是采购与供应管理中与供应定位模型相对的一个重要模型。

3. 答：战略联盟是指两个或两个以上的企业为一定的战略目的，通过一定的方式组成的网络式的联合体。通过战略联盟，企业可以实现两种效应，即协同效应和互补效应。

4. 答：合资企业是由两个或多个母公司设立并拥有一个单独的实体。它比合作伙伴关系产生更多直接的影响，但却比建立与管理合作伙伴关系的成本更高。由合资公司提供的产品或服务对竞争优势有重大的意义。

5. 答：平衡投资是指少数股权参与，通常与某项技术研究合同相联系，特别是指一家大公司同一家具有高科技开发能力的中小型公司联盟，以换取技术成果的所有权、使用权。

6. 答：技术互换是指通过技术资料共享、互换资料许可证和互换交流其他二手资料而进行的合作。一般会在协议中明确规定互换的技术内容和合作期限，结成技术授权性联盟。

7. 答：许可证转让是指一家公司向另一家公司单方面转让无形资产，从而获取费用收入或提成。这样转让方不用冒太大的风险就能进入新市场，受让方不必从零开始，就能获得成熟的生产技术或品牌效应。

8. 答：战略联盟风险是指由于战略联盟系统内、外部环境的不确定性、复杂性而导致合作联盟不能达到预期目标的可能性。

（四）判断题答案（本题共 20 小题）

1	2	3	4	5	6	7	8	9	10
√	√	×	×	×	×	×	√	×	×

11	12	13	14	15	16	17	18	19	20
√	√	×	×	×	×	√	×	√	×

（五）简答题答案（本题共 12 小题）

1. 答：自制或外购决策不是一项简单的经济效益分析，而是对企业产生长期影响的一项重要决策。

首先，企业生产经营活动中，哪些原料自制、哪些原料外购决定了企业的规模和经营的方向，并对以后的生产经营产生影响。因为自制项目决定了投资多少、采用什么样的技术、经营的期限等。投资形成的固定资产将长期在企业发挥作用，从而影响了企业经营的灵活性，增加了经营的风险性。

其次，自制或外购决策决定了自制品所需原料、半成品、技术与服务的采购渠道、采购管理，自制品不同，所需原料不同，采购渠道和采购管理模式也不一样，企业要根据不同的采购条件决定采购方式、采购数量、采购时机、质量的控制等。

最后，自制或外购决策还决定了企业所需的技术力量、需要调配新的工种、新的技术人员需要调整生产工艺流程，甚至采用新的生产管理模式等。

总之，自制或外购决策对企业的影响时期长、影响面广、影响力度可能会很大，因此是一项重要的战略决策，企业应用整体和长远的观点来看，由企业最高决策人员作出。

2. 答：一般来说，企业在下列情况长期发生的条件下，可以选择自制或外购策略。

①企业某零部件或某项服务的需求批量大，规格比较单一，且自制的成本比外购成本还低，可以采用自制。相反，企业某种资源的需求量小，品种规格又多，自制往往没有规模效益，自制成本则会较高，那么就采用外购策略。

②企业技术力量强，生产的零部件或服务质量水平高，而企业又必须使用高质量的产品，则企业往往自制，相反，企业技术力量一般，外界提供的资源质量又比较好，能满足企业的需要，则企业就可以采用外购策略。

③企业对品种规格要求独特，交货期紧急，质量要求很特别，或因运输条件、食品保质等原因，外界企业无法满足企业的，可以采用自制策略。相反，可以通过外购来满足企业的需要。

④对供应商的控制或协作关系也会影响自制或外购，对供应商容易控制，双方协作关系比较好，可以外购零部件；相反，经常受人控制，看别人的脸色，则尽可能自制。

⑤保密因素。如果企业零部件或服务有某种特殊技术要求，如将其交由其他企业提供，则很容易为竞争对手所熟悉，这样对企业不利，这时，企业可选择自制策略。许多企业往往将一项最关键技术留在企业内部自行生产，而把其他无关紧要的零部件统统由外界企业生产。

3. 答：盘剥策略的特征是：

①公司的采购或许很重要，但供应商没有理由发展长期关系。

②供应商不会付出特别的精力，也不会给公司优先权。

③如果供应商确保获得业务会抬高价格获得好处。

4. 答：成功的合作伙伴关系具有如下特点：

①互相依存，双方都能从对方的成功中获益。

②高度信任感。

③双方组织不同级别之间的高度互动与高度信息共享。

④关注成本，而非价格。

⑤组建联合团队。

⑥投资于关系。

5. 答：市场型关系与合作伙伴关系的比较对照表如下：

市场型关系与合作伙伴关系的比较对照

市场型关系	合作伙伴关系
没有合作	合作是主要原因
关注短期利益	关注长远利益
关注焦点是压价	关注焦点是理解与降低成本
机会主义的	共同最优化
低信任度	高度的信任
为隐瞒有利条件而使信息共享最小化	为促进决策最优化而更多地共享信息
不投资于关系	投资于改善关系以提高交易效率
通过合同解决争端	通过讨论解决争端
没有个人交情	强烈的个人交情
在供应商关系管理上不需要多少努力	在关系管理上需要付出巨大的努力

6. 答：企业可以通过以下步骤来发展合作伙伴：

①开始意识到需要合作伙伴关系。

②深刻理解合作伙伴关系。

③寻求合作伙伴关系。

④确认合作伙伴关系。

⑤实施和管理合作伙伴关系。

⑥评估合作伙伴关系。

⑦终止合作伙伴关系。

7. 答：从联盟的合作对象角度看，可分为纵向联盟、同互补品提供者联盟、同替代品提供者联盟和同竞争者联盟四种。

（1）纵向联盟

纵向联盟是指上下游环节不同企业的联盟。制造商与代理商（或经销商）的联盟、广告主与广告公司的联盟、企业与供应商或客户的联盟均在此列。这类联盟的特征是联盟主体处在价值链的不同环节上，代表垂直一体化的一种形式。

（2）同互补品提供者联盟

如果同互补品提供者的目标客户有很高的重叠性，就可以进行联盟。企业还可以同互补品捆绑销售。

（3）同替代品提供者联盟

同替代品提供者进行联盟可以使企业拓宽产品提供范围，为顾客提供更多的选择、更完善的服务。例如，海陆空的运输联盟，就可以为顾客提供全程的运输服务。

（4）同竞争者联盟

同竞争者之间的合作是最难实现的，大多数竞争者只看到相互之间的利益冲突，相对立的心态难以调和。要实现竞争者之间的合作必须先找到共同利益所在。

8. 答：从联盟的运作方式看，可以分成股权联盟和非股权联盟。具体包括：

（1）相互持股

这是企业间为了巩固现有良好的合作关系，通过购买对方少量的股份而结成联盟，这在日本非常常见。

（2）合资

是指由合作伙伴作为股东创立新公司，为对合资公司所要达到的目标取得一致意见，服务于合作双方的利益。

（3）平衡投资

是指少数股权参与，通常与某项技术研究合同相联系，特别是指一家大公司同一家具有高科技开发能力的中小型公司联盟，以换取技术成果的所有权、使用权。

（4）协作

当合作伙伴不愿意通过建立独立的合资公司对相互关系进行规范时，就出现了协作式联盟。

（5）技术互换

是指通过技术资料共享、互换资料许可证和互换交流其他二手资料而进行的合作。一般会在协议中明确规定互换的技术内容和合作期限，结成技术授权性联盟。

（6）许可证转让

是指一家公司向另一家公司单方面转让无形资产，从而获取费用收入或提成。

（7）长期供应合同

这是最简单的一种联盟方式。企业选择战略性的销售、供应伙伴，并要求合作方的行为要符合双方共同发展的利益。

9. 答：在评估潜在的合作伙伴时，应考虑以下几种因素：

①互补性，即和潜在合作伙伴联盟是否能与自己达到优势互补的目的。

②相容性，指企业间的领导人之间是否合得来，若企业彼此之间文化差异较大或企业间的领导人之间不能相处、不能彼此信任则不易联盟成功。

③双赢性，是指联盟结果能使各得所需。

④整合性，是指联盟后在业务或组织上能否精简，能否结合为协同竞争的整体。

⑤一致性，指联盟双方在经营任务、经营理念、企业文化、管理规范等方面的一致性，表现为当遇到问题时，双方能够很快达成共识。

⑥潜在伙伴的综合实力对等性，一般为了避免被收购的风险，大多选择综合实力相当的潜在合作伙伴。

⑦成长性，是指联盟的组成是否有利于合作双方的成长，联盟要着眼于发展而不是救急。

10. 答：联盟失败的原因众多，其中有许多失败原因是由于中期工作没做好，概括起来有：

①缺乏全心投入的精神，彼此间并未尽心尽力维持长期合作关系。

②文化差异使联盟终止。

③中期管理不当，导致联盟内部协调性差。

④沟通工作未做好。

11. 答：为了使联盟能更有效的运作，实现合作双方的战略目标，就需要对联盟进行全面整合。整合具有以下五个层次：

（1）战略整合

双方高层主管应经常讨论合作双方的重要目标及必要的改革，对对方的策略了解得越多，越有助于合作。合作双方应逐渐相辅相成，而不是相互牵制。

（2）战术整合

双方中层经理人及技术专家应发展特定活动或制订活动计划，找出组织或制度的变革机会以及交换知识与实务操作的经验。有时还可以规定合作事务的领导者，负责同各个方面的沟通与协调。

（3）作业整合

通过作业整合，合作事务将会得到所需的人、财、物、信息，联盟有时还需要对人员做特殊的培训，帮助他们了解对方，促进合作。

（4）人际整合

经过人际整合为将来创造新价值打好基础。建立新的人际关系及沟通网络，促进双方人员沟通，相互适应，建立管理架构。

（5）文化整合

建立起不同企业文化之间的联络桥梁，培养合作双方人员的沟通技巧和文化仪式。

12. 答：联盟进化的重要条件是：

①合作伙伴在联盟中获得均衡的利益。

②开发能够紧密结合在一起的因素。

③合作伙伴经常联手并开发新的项目。

④坚持持续不断地向对方学习的哲学。

（六）论述题答案（本题共 8 小题）

1. 答：影响自制或外购战略的因素很多、很复杂，分析时我们要区分短期影响因素和长期影响因素。作为战略问题的自制或外购决策，着重把握长期影响因素，因为自制或外购是一项长期问题的决策。

（1）企业内部因素

①现有资源的条件和利用程度。企业如果决定停止外购，改由自己研发、生产加工或服务，需要增加研发投入、添置设备、扩大厂房、增加人员，如果这些都要全新地投入，势必扩大企业规模，增加很多新的投资，制成品成本的优势不大。同时，自制往往需要一整套资源的配合，缺乏一两项目关键资源能力，往往是迫使企业外购的基本原因。

②企业技术力量。企业自制需要有相应的技术力量，如果技术力量强，质量有保证，而且可以和下一步产品的性能、质量、特点配套，则有利于进行产品系列的革新。如果自制部件的技术和产品的技术可以互补，则不会造成资源浪费，能形成技术一体化的生产。

③企业生产组织力量。企业原来的生产组织如果有季节性或产品结构上的闲余，可以适当利用，不妨进行部件的自制。相反，如果生产组织力量不足，生产规模扩大会加大管理的复杂性，生产流程、工序安排不妥，会影响整个企业的经营。

④企业的竞争力量。如果部件生产涉及专有技术，该技术对整个企业的发展起着重要作用，企业又拥有该技术，企业必须自制。或者部件对企业产品影响重大，而部件的供应又经常受竞争对手控制和干涉，企业也必须自制。

⑤价值增值量。如果该部件的价值增值量较高，就应该考虑将其放在企业内部生产；如果价值增值量较小，即使总价值很高，也应该选择外购。

（2）企业外部因素

①宏观经济形势。宏观经济形势和行业状况，对企业经营会产生影响，自制或外购决策同样受其影响。当整个经济处于萧条时期，所有企业都在紧缩，企业生产减少，员工裁减。但是，企业为尽量避免矛盾，充分利用设备，避免解雇员工，可以将外购的材料、部件转为自己生产，以保证自己有更多的活干。所以，经济萧条时，往往以自制为主。

②产业发展水平。产业发展水平是社会分工的基础，它反映了生产专业化的水平。产业越发展，分工越细，专业化程度越高，这样企业自制的范围越小。

③市场竞争状况。有关自制或外购的零部件的市场竞争状况，对自制或外购决策有很

大影响。如果该零部件或服务供应的资源能力具有稀缺性，外界不易掌握，供应商便可处于垄断的地位，享受垄断的利益，供应商可以把其生产的低效率通过比较高的价格移给采购商。

2. 答：根据不同供应商的感知四种类型，供应商可以采取以下四类策略：

（1）维持

维持策略的特征是：

低的优先权与供应商积极性；

没有发展潜力；

公司谈判地位很弱。

（2）盘剥

盘剥策略的特征是：

公司的采购或许很重要，但供应商没有理由发展长期关系；

供应商不会付出特别的精力，也不会给公司优先权；

如果供应商确保获得业务会抬高价格获得好处。

（3）发展

发展策略的特征是：

公司业务量可能很小，但供应商认为具有长期发展潜力或者因为其他原因而与公司合作；

供应商愿意投入时间和精力来建立关系；

这个象限适合建立长期、合作的关系。

（4）核心

核心策略的特征是：

供应商认为你公司是他们的核心业务部分（根据当前的业务与发展潜力）；

供应商会投入明显的时间精力来销售并保持与企业的业务合作；

这个象限适合建立合伙的关系。

3. 答：根据供应商之间的关系，企业可以采取不同的合同战略，诸如现货采购、定期采购、无定额合同、定额合同、合作伙伴关系、合资企业以及内部供应。

（1）现货采购

它是指与任何一个能在公司购买时提供最好的整笔买卖条件的供应商成交。当采购人员关注价格、没有个人的关系、无法期望来自于供应商的高优选级别与高效动机、使用多个不同的供应商会涉及较高的成本、有利于一次性的要求、当年度支出很高时，采用现货采购有利于那些少变换成本的标准成本。

（2）定期采购

定期采购适于重复现货采购。当企业需要确保那些供应商保持其竞争力与持续维持的可接受的服务水平，通过与供应商频繁的交往，互相理解对方的交易方式。

（3）无定额合同

无定额合同也被称为"框架协议"、"总括合同"或"持续性合同"。供应商同意在约定时间段内以约定价格提供一定范围内的产品或服务，这种提供以采购者的需求为基础。无定额合同适合于：对某一产品或服务的需求较频繁但很难对该产品的需求量提前做出预测；该产品或服务的价格是极合理的选择。

（4）定额合同

定额合同承诺采购确切的数量或价值。由于此种合同比无定额合同更具吸引力，因此供应商可能会给出更优惠的条件。它适合于该产品在某一时期内的需求量能提前、合理、准确地做出预测。

（5）合作伙伴关系

成功的合作伙伴关系具有以下几个特征：互相依存，双方都能从对方的成功中获益；高度信任感；双方组织不同级别之间的高度互动与高度信息共享；关注成本，而非价格；组建联合团队；投资于关系。

（6）合资企业

合资企业是由两个或多个母公司设立并拥有一个单独的实体。它比合作伙伴关系产生更多直接的影响，但却比建立与管理合作伙伴关系的成本更高。

（7）内部供应

这种方式是指由企业自身提供某些产品或服务，而不是采购。内部供应能带给你对于某一产品或服务的最大的控制力。但是，为了内部供应而发展或获得的能力，其代价高昂。企业的定额成本将会增加，甚至企业有可能达不到一种有效的生产规模效益。

4. 答：对供应商种类的选择，是由购买企业对价格、质量、服务、信誉、互惠关系、促销手段等因素所决定的。

（1）价格

价格因素是一种最直接、最敏感的因素，有些企业的采购员主要是根据价格来决定自己的购买行为，或者在其他因素（如质量、服务等）差不多的情况下，优先比较价格，也有些买方企业是因为产品因素决定他首先看重价格，以此来决定供应商。

（2）质量

有些买方企业更加看重原材料或零件的质量，这一般是由买方企业的产品品质所决定的，例如，一流的汽车制造厂，其购买的需求一定是一流的轮胎、一流的发动机、一流的造型设计等，谁的质量好，就向谁购货。

（3）服务

如果说价格和质量是两个直观的因素，是硬指标，那么，服务则是一项软指标。并且在顾客购买决策中扮演越来越重要的角色。例如，现在许多复印机、计算机的购买企业往往更看重企业的服务，特别是在产品竞争到一定程度以后，价格、质量均相差无几，服务便成了决定性的因素。

（4）信誉

供应商的信誉是影响购买企业购买产品的重要因素，原因很简单，例如，一家出版社要出版一些标准很高的书，这些书对纸张质量的要求很高，印刷厂不愿去一般的纸厂购买高质量的纸，宁愿向那些知名度很高的纸厂购买高质量的纸，原因何在？知名企业的产品信誉高、质量好、管理严，不会有假货，买了让人放心。

（5）互惠关系

这是一个较为特殊的因素，购买企业以互惠关系决定供应商。例如，甲、乙两企业。其产品互为对方所需，便可利用互惠关系，建立供需渠道。这种互惠关系还有三角关系，即 A 向 B 提供产品、B 向 C 提供产品、C 再向 A 提供产品。

（6）促销手段

促销手段是供应商主动出击，拉拢采购企业，从而建立供货关系。促销手段包括礼品、抽奖、赠送、回扣等多种形式。尽管花样繁多，实际上可以认为是一种变相的优惠措施。

5. 答：企业与供应商之间的关系大致可以分为五种类型，即短期目标型、长期目标型、渗透型、联盟型、纵向集成型。

（1）短期目标型

短期目标型的最主要特征是双方之间的关系是交易关系，它们希望彼此能保持比较长期的买卖关系，获得稳定的供应，但是双方所做的努力只停留在短期的交易合同上，各自关注的是如何谈判，如何提高自己的谈判技巧，不使自己吃亏，而不是如何改善自己的工作，使双方都获利，供应一方能够提供标准化的产品或服务，保证每笔交易的信誉。当买卖完成时，双方关系也终止了。

（2）长期目标型

与供应商保持长期的关系是有好处的，双方有可能为了共同利益对改进各自的工作感兴趣，并在此基础上建立起超越买卖关系的合作。长期目标型的特征是建立一种合作伙伴关系，双方的工作重点是从长远利益出发，相互配合，不断改进产品质量与服务质量，共同降低成本，提高供应链的竞争力。同时，合作的范围遍及各公司内的多个部门。

（3）渗透型

这种关系形式是在长期目标型基础上发展起来的，其管理思想是把对方公司看成为自己公司的延伸，是自己公司的一部分，因此，对对方的关心程度又大大提高了。为了能够参与对方的业务活动，有时会在产权关系上采取适当的措施，如互相投资、参股等，以保证双方利益的一致性，在组织上也采取相应措施，保证双方派员加入对方的有关业务活动。

（4）联盟型

联盟型是从供应链角度提出的，它的特点是从更长的纵向链条上管理成员之间的关系。在难度提高的前提下，要求也相应提高。另外，由于成员增加，往往需要一个处于供应链上核心地位的企业出面协调成员之间的关系，它常常被称为"盟主"。

（5）纵向集成型

纵向集成型被认为是最复杂的关系类型，即把供应链上的成员整合起来，像一个企业一样，但各成员是完全独立的企业，决策权属于自己，在这种关系中，要求每个企业充分了解供应商的目标、要求，以便在充分掌握信息的条件下，自觉作出有利于供应商整体利益的决策。

6. 答：战略联盟的驱动力主要表现在以下四个方面：

（1）全球化

全球化及因特网的出现，使企业能够也必须在更大的舞台上进行经营，与此同时，竞争日趋激烈。同时全球的消费者主权意识也日益增强，要求低价格和完善的服务。由此，企业必须在全球范围组织生产经营。如果我们现在购买一辆福特轿车，可能它的发动机来自美国，轴承来自中国台湾地区，车座来自韩国，底盘来自法国，因为只有这样才符合成本效益最优的要求。全球化使企业无法仅靠自己的力量取得市场，只有联盟才能在更高的起点上获得更长久的竞争优势。

（2）取长补短

很多企业联盟的初衷都是为了向其他企业学习。曾经福特和丰田合资在美国建立生产企业，福特要向丰田学习生产方式，丰田则要借助福特的力量拓宽美国市场。虽然在汽车零售市场上他们是针锋相对的竞争对手，但在生产组装过程中却为相同的目的共同学习。为学习而建立的联盟中，竞争仍然很重要，竞争的目的就是谁能更快地学到对方的技能。同时，随着公司将资源集中到最具竞争优势的领域，更加需要其他企业能在不具竞争优势的领域给予支持，共同发展，融合各自的核心能力发挥整合效应。

（3）降低风险

随着顾客要求的不断变化以及竞争的加剧，企业需不断创新、更多创新。然而，技术创新开发的投入越来越高，风险也越来越大，有时这样的高风险是单个企业无法承担的。组建联盟共担风险、共享利益，为企业提供了一个发展途径。

（4）改变竞争格局

联盟的组建可以改变行业中的各种力量对比，比如纵向整合，可以深刻地改变行业中上下游之间的关系，可以为顾客提供更多差异化的产品，同时使行业朝有利于自己的方向发展。

7. 答：战略联盟风险是指由于战略联盟系统内、外部环境的不确定性、复杂性而导致合作联盟不能达到预期目标的可能性。

（1）强化未来竞争者、丧失核心竞争优势

合作，特别是和竞争对手合作过程中，很难避免自身核心技术或市场知识外泄，这些优势可能正是战略联盟形成必要前提和企业能与其他组织平起平坐的保证。如果合作方学得比自己快，企业的相对地位就会下降，联盟也将可能会解体，以前的合作伙伴可能就会成为最直接、最有威胁的竞争对手。

（2）被收购与兼并

如果某些企业急于加盟，在联盟前并没有认真审视自身是否具有核心优势、是否具备加盟的条件，而盲目地加入战略联盟组织。如果这些企业自身确实并不具备核心优势，担心加盟后由于核心技术或市场知识外泄，是有可能成为其他企业兼并或收购的对象。

（3）盟友间无法协同

如果希望联盟能长期生存发展下去，而不仅是为了一些短期的目标，如占领市场、扩大销售、学习对方的长处，那么联盟各方"同床异梦"。在联盟过程中按有利于自身的方向行事，致使联盟的成果同企业加盟所预期的目标相差甚远，造成部分成员蒙受损失，导致联盟破裂。

（4）管理差异导致联盟失败

战略联盟通常是希望能产生"1+1＞2"的协同效应。但是，如果两个企业都具有强势的管理模式，且两种模式在文化、思维模式、业务流程等方面有很大差异，就会产生摩擦、误解以及冲突，而且当这些冲突无法调解时，一些企业很有可能退出联盟，使联盟分裂。

（5）依赖合作对方

合伙人没有全心致力于双方的合伙事业，或建立联盟并不是为了共同发展，而是仅为了利用对方的能力，解决自己的困难，这样的联盟是难以长久的。特别是当联盟双方都抱有这样的想法时，就可能使联盟后的情况比联盟前更糟。

8. 答：（1）在联盟之前，明确联盟的目的和自身的条件

并不是所有企业都具备加入联盟的条件，只有那些具有某项核心技术优势或市场知识的企业才具备加入条件。而且，也不是所有领域的企业都适合联盟，只有那些市场信息多变、竞争激烈、外界环境压力大的产业领域，才适合搞战略联盟，首先要认真审视自身是否具有核心竞争优势及自身领域是否适合联盟。

（2）选择合适联盟伙伴

选择合适联盟伙伴是战略联盟成功的最关键一步。因此，企业管理者理性地认识和评估潜在合作是完全必要的。在评估潜在的合作伙伴时，我们认为应考虑以下几种因素：

①互补性，即和潜在合作伙伴联盟是否能与自己达到优势互补的目的。

②相容性，指企业间的领导人之间是否合得来，若企业彼此之间文化差异较大或企业间的领导人之间不能相处、不能彼此信任则不易联盟成功。

③双赢性，是指联盟结果能使各得所需。

④整合性，是指联盟后在业务或组织上能否精简，能否结合为协同竞争的整体。

⑤一致性，指联盟双方在经营任务、经营理念、企业文化、管理规范等方面的一致性，表现为当遇到问题时，双方能够很快达成共识。

⑥潜在伙伴的综合实力对等性，一般为了避免被收购的风险，大多选择综合实力相当的潜在合作伙伴。

⑦成长性，是指联盟的组成是否有利于合作双方的成长，联盟要着眼于发展而不是救急。

（3）做好谈判和订约工作

首先应确定联盟的目标和宗旨，即明确双方共同参与某项特定活动，如联合投资或共同进行技术创新方案。其次应明确联盟各方的权利义务划分，同时为防范合作一方的机会主义行为而制定限制性、排他性条款，如设立惩罚机制，让背叛者得到应有惩罚。再次应制订适当的利益分配原则，许多联盟失败大都源于利益分配不均。最后应明确联盟终止的条款，以便当战略联盟行为有损某一企业利益时，企业退出该联盟可以免遭灭顶之灾。

（4）做好联盟管理工作

联盟失败的原因众多，其中有许多失败原因是由于中期工作没做好，可考虑以下对策：① 为了维持长期合作关系，联盟成员应抱着全心投入的态度，避免"一劳永逸"的思想；② 联盟成员之间应相互信任、相互尊重，碰到问题时应以诚相待；③ 任何一方都应设法去了解另一方的文化，只有这样做才能减少彼此之间的误解，增强联盟的一致性；④ 营造良好的合作环境，加强沟通。

（5）全面整合

为了使联盟能更有效地运作，实现合作双方的战略目标，就需要对联盟进行全面整合。整合具有以下五个层次：①战略整合。双方高层主管应经常讨论合作双方的重要目标及必要的改革，对对方的策略了解得越多，越有助于合作。②战术整合。双方中层经理人及技术专家应发展特定活动或制订活动计划，找出组织或制度的变革机会以及交换知识与实务操作的经验。③作业整合。通过作业整合，合作事务将会得到所需的人、财、物、信息，联盟有时还需要对人员做特殊的培训，帮助他们了解对方，促进合作。④人际整合。经过人际整合为将来创造新价值打好基础。建立新的人际关系及沟通网络，促进双方人员沟通，相互适应，建立管理架构。⑤文化整合。建立起不同企业文化之间的联络桥梁，培养合作双方人员的沟通技巧和文化仪式。

（七）案例分析题答案（本题共 2 小题）

案例一：

1. 答：没有处理好跨部门采购的问题，企业应该采取跨部门集中采购，所以部门间需要良好的沟通与合作。

没有处理好与供应商的关系，采购方与供应商处于敌对状态，这是不正确的。

没有及时地了解外部环境变化，没有做好信息的采集，导致产品不受市场欢迎。

2. 答：对采购供应链采取了整合，提高了应对市场需求的反应速度，与供应商形成了合作伙伴关系，采取紧密的供应商管理方式，让供应商参与产品的设计开发，重视采购人才的选拔与培养。（根据所答到的点数酌情给分）

3. 答：确定业务单位的需求—确定采购需求的战略重要性—确定业务需求和进行市

场调研—设定目标并进行差距分析—制订采购战略和目标—贯彻实施战略—控制结果和绩效分析。

案例二：

1. 答：联合采购、全球化采购、采购与海运路线整合等趋势。

2. 答：全球采购的主要目标是实现成本与质量的快速和大范围的改善。

3. 答：短期目标型、长期目标型、渗透型、联盟型、纵向集成型。

第六章　商品战略

一、知识概述

通过本章的学习，掌握四种类型的商品供应战略和模型指标体系。了解供应定位模型。

二、基本概念

1. 概念 1——Kraljic 矩阵

【说明】Kraljic 矩阵是采购供应管理中最重要的分析工具。利用 Kraljic 矩阵可以对采购物资进行分类，有利于提高采购管理的针对性。

2. 概念 2——一般类型商品

【说明】代表的是低风险、低采购金额的物资。这些大多是常规、标准化的商品或部件，不直接增加最终产品的附加价值，或者说其增值能力非常低。产品和服务一般是标准化产品，供应充分，可选择的供应商数量很多。

3. 概念 3——杠杆类型商品

【说明】代表的是低风险、高采购金额的产品和服务。该类物资属于一些基本采购，需要支出较多的资金，但给公司带来的风险并不高。生产原材料、标准化零部件等都属于此类。

4. 概念 4——瓶颈类型商品

【说明】代表的是高风险、低采购金额的项目和服务。该类物资的采购金额较低，占企业采购资金量较少，但进入潜在市场有困难，只有为数不多的供应商可以选择，因而导致风险较高。

5. 概念 5——战略类型商品

【说明】代表的是高风险、高采购金额的产品和服务。该类物资能保证公司产品在市场中的竞争力和竞争优势。这类物资既会给公司带来风险，又需花费高额成本，如为客户定制的昂贵的专用设备等。

三、重点内容

1. 供应定位模型

供应定位模型如下页图所示。

杠杆物资	战略物资
一般物资	瓶颈物资

高
利润潜力
低

低　　供应市场风险　　高

供应定位模型

2. 商品供应战略

（1）供应商数量。

（2）供应商关系的类型。

（3）使用的合同类型。

（4）通用的实施战略。

（5）特定的实施战略。

（6）理想供应商的特征。

（7）所需采购人员的类型。

四、习题与案例

（一）单选题（本题共20小题）

在每小题列出的四个备选项中只有一个是符合题目要求的，请将其代码填写在题中的括号内。错选、多选或未选均不得分。

1.（　　）是影响采购绩效的外部因素，它决定了采购物品是否能充分供应以及不同物资之间的转换成本高低。

A. 利润潜力　　　　　　　　　　B. 供应风险

C. 供应环境　　　　　　　　　　D. 战略风险

2. 对企业利润影响巨大的独家采购物资属于（　　）。

A. 一般类型　　　　　　　　　　B. 杠杆类型

C. 瓶颈类型　　　　　　　　　　D. 战略类型

3. 采购额少，利润潜力小，但缺货将会制约企业的正常运作的物资属于（　　）。

A. 一般类型　　　　　　　　　　B. 杠杆类型

C. 瓶颈类型　　　　　　　　　　D. 战略类型

4.（　　）大多是常规、标准化的商品或部件，不直接增加最终产品的附加价值。

A. 一般类型 　　　　　　　　　　B. 杠杆类型

C. 瓶颈类型 　　　　　　　　　　D. 战略类型

5. 下列属于杠杆型物资的是（　　）。

A. MRO 项目采购 　　　　　　　　B. 标准化零部件

C. 专用件 　　　　　　　　　　　D. 客户定制设备

6. 下列不属于瓶颈型物资的特点的是（　　）。

A. 低风险 　　　　　　　　　　　B. 低采购金额

C. 供应商少 　　　　　　　　　　D. 多为非标准件

7. 业务缺乏吸引力的物资是（　　）的物资。

A. 战略型和瓶颈型 　　　　　　　B. 战略型和杠杆型

C. 瓶颈型和一般型 　　　　　　　D. 杠杆型和一般型

8.（　　）物资应该把管理重点放在降低风险、维持供应商关系和保持自己的优势地位上。

A. 一般类型 　　　　　　　　　　B. 杠杆类型

C. 瓶颈类型 　　　　　　　　　　D. 战略类型

9. 下列关于瓶颈型物资采购策略说法正确的是（　　）。

A. 应该尽可能从一个供应商处采购

B. 与供应商形成战略合作关系并签订长期的"合作伙伴关系合同"

C. 减少对供应商的干涉，将实际的购买授权给最终用户

D. 通过有竞争力的采购活动来降低成本

10. 对于杠杆型物资，应采取（　　）的供应商管理策略。

A. 双赢的战略合作伙伴关系 　　　B. 稳定长期的合作关系

C. 一般合作伙伴关系 　　　　　　D. 一般交易关系

11.（　　）的采购项目全为标准件。

A. 战略型和瓶颈型 　　　　　　　B. 战略型和杠杆型

C. 瓶颈型和一般型 　　　　　　　D. 杠杆型和一般型

12. 企业订单占供应商生意的价值较高的是（　　）的物资。

A. 战略型和瓶颈型 　　　　　　　B. 战略型和杠杆型

C. 瓶颈型和一般型 　　　　　　　D. 杠杆型和一般型

13. 当面对紧急需求或需要某种形式的供应商支持时，应采取（　　）这种日常项目的特定实施战略。

A. 保持库存 　　　　　　　　　　B. 合并账单

C. 客户账户经理 　　　　　　　　D. 电子商务

14. 杠杆型产品购买方的谈判地位在（　　）阶段最高。

A. 合同谈判 　　　　　　　　　　B. 合同有效期早期

C. 合同有效期中期　　　　　　　　　D. 合同到期更新

15. 下列（　　）实施战略适合于各种象限的采购物资。

A. 合并账单　　　　　　　　　　　B. 客户账户经理

C. 供应商开发　　　　　　　　　　D. 企业间学习和沟通

16. 杠杆型产品在低价格变化性、转换成本较高的情况下最好应该保持（　　）供应商。

A. 一个　　　　　　　　　　　　　B. 许多

C. 两个　　　　　　　　　　　　　D. 三个

17. （　　）象限的产品需要供应商应该在公司面临最高风险的领域具有特别强的生产能力，且不会利用它相对于公司的强势谈判地位。

A. 一般类型　　　　　　　　　　　B. 杠杆类型

C. 瓶颈类型　　　　　　　　　　　D. 战略类型

18. 对于一次性采购或零星采购，（　　）的产品需要采取建立早期沟通和定期汇报的机制。

A. 一般类型　　　　　　　　　　　B. 杠杆类型

C. 瓶颈类型　　　　　　　　　　　D. 战略类型

19. 杠杆型产品在高价格变化性、转换成本较高的情况下应采取（　　）类型。

A. 长期阶段性合同　　　　　　　　B. 中期阶段性合同

C. 现货采购　　　　　　　　　　　D. 阶段性合同

20. 关于瓶颈型产品下列说法错误的是（　　）。

A. 对于瓶颈型产品，采购方应使自己成为一个好的顾客

B. 对于瓶颈型产品，采购方应尽量运用自己的谈判优势去获取低价

C. 瓶颈型产品关注的重点应该是如何降低风险

D. 瓶颈型产品的采购方应与供应商形成长期的紧密合作关系

（二）多选题（本题共 10 小题）

请把正确答案的代码填写在题中的括号内，多选、漏选、错选不得分。如果全部答案的代码完全相同，例如全选 ABCDE，则本大题不得分。

1. 杠杆类型的物资有（　　）的特点。

A. 供应商少　　　　　　　　　　　B. 风险小

C. 金额大　　　　　　　　　　　　D. 风险大

E. 供应商多

2. 供应定位模型指标体系是从（　　）这些大方面对采购风险指标进行细化的。

A. 采购物资属性影响程度　　　　　B. 供应商影响程度

C. 业务影响程度　　　　　　　　　D. 外部环境影响程度

E. 内部环境影响程度

3. 下列属于物资采购利润潜力评价指标体系指标的有（　　　）。

A. 业务吸引力　　　　　　　　　B. 采购金额

C. 采购数量　　　　　　　　　　D. 与供应商关系

E. 贬值性

4. 下列指标属于二级指标的是（　　　）。

A. 专用性　　　　　　　　　　　B. 运输条件

C. 采购数量　　　　　　　　　　D. 采购批量

E. 重要性

5. 在增加采购物资利润潜力方面，企业可以采取（　　　）策略。

A. 集中采购　　　　　　　　　　B. 与其他公司建立采购联盟

C. 发展与供应商的关系　　　　　D. 开发新供应商

E. 降低物资专用性

6. 降低风险的措施有（　　　）。

A. 审视产品参数　　　　　　　　B. 集中采购

C. 发展与供应商的关系　　　　　D. 探索供应市场的新资源

E. 发展供应商能力

7. 日常型产品有（　　　）特定的实施战略。

A. 保持库存　　　　　　　　　　B. 合并账单

C. 电子商务　　　　　　　　　　D. 客户经理

E. 管理公司的账户

8. 杠杆型产品战略依赖于（　　　）方面。

A. 供应市场的易变性　　　　　　B. 对供应市场的了解程度

C. 转换成本大小　　　　　　　　D. 不同供应商的价格变化幅度

E. 采购竞争者的谈判能力

9. 瓶颈型产品的实施战略可以采取（　　　）。

A. 保持库存　　　　　　　　　　B. 电子商务

C. 质量计划　　　　　　　　　　D. 供应商账户经理

E. 流程重组

10. 下列关于战略型象限供应商特征的说法正确的是（　　　）。

A. 供应商必须有能力在中期或长期成为最低成本提供者或技术领导者

B. 所需要的产品或服务必须是该供应商的核心业务

C. 供应商的商业战略必须与公司的商业战略保持很好地一致

D. 没有同公司的竞争者建立优势关系

E. 对公司来说属于低风险的领域必须具有特别的能力

（三）名词解释题（本题共 5 小题）

1. Kraljic 矩阵

2. 一般类型商品

3. 杠杆类型商品

4. 瓶颈类型商品

5. 战略类型商品

（四）判断题（本题共 20 小题）

对的在括号内画"√"，错的画"×"。

1. 供应定位模型矩阵是 Kraljic 提出的划分采购物资的三维模型。（　　）

2. ABC 分类法和供应定位模型都是把物资分为三类。（　　）

3. 供应定位模型相比 ABC 分类法的优点是分类更加细化，更有针对性，有利于提高采购管理效率。（　　）

4. 企业的采购战略应该是使尽可能多的物资转化为杠杆物资。（　　）

5. 日常项目应该将最终的实际购买权授权给最终用户。（　　）

6. 日常项目应当使用多个供应商来降低采购成本。（　　）

7. 由于日常项目都属于标准件和低风险的采购品，所以没有必要进行任何检查。（　　）

8. 清单选购责任授权是日常型产品所必须包括的一个流程。（　　）

9. 转换成本是从一项物资转换到另一项物资时发生的成本。（　　）

10. 日常型产品应该尽量减少对供应商的干涉。（　　）

11. 日常型商品的合格供应商应该拥有复杂、长期一贯的和可靠的业务流程。（　　）

12. 日常型产品要求其供应商不与自己的竞争企业存在优势关系。（　　）

13. 由于杠杆型产品存在的风险很小，所以没必要进行商品检查。（　　）

14. 瓶颈型产品的重点是降低采购成本，减少风险是次要的。（　　）

15. 在瓶颈型产品的采购上，企业一般都处于弱势的谈判地位。（　　）

16. 对于战略型的产品采购，如果找不到合适的合作伙伴，企业可以使用合资企业或后向一体化。（　　）

17. 瓶颈型和战略型产品的订单一般占供应商生意的比重都很高。（　　）

18. 制订采购战略时，应从提高利润潜力和降低供应风险两方面入手。（　　）

19. 流程重组战略不适合在交易频率很高时使用。（　　）

20. 战略型产品的价值可以表示成质量与价格之间的方程式（价值＝质量/价格）。（　　）

（五）简答题（本题共 12 小题）

将答案要点写出并作简要叙述，必要时可以画出流程图或示意图进行阐述。

1. 简述供应定位模型。

2. 简述基于 Kraljic 矩阵的定位模型的具体对策。

3. 简述日常型产品的主要特征。

4. 简述日常型产品实现战略目的的路径。

5. 简述日常型商品的合格供应商的特征。

6. 简述杠杆型产品的特征。

7. 简述杠杆型产品的战略适用条件。

8. 简述杠杆型产品采购人员的特征。

9. 简述瓶颈产品的特征。

10. 简述瓶颈产品的关注点。

11. 简述战略产品的项目特征。

12. 简述战略产品的合格供应商的特征。

（六）论述题（本题共 6 小题）

要求阐述过程中理论联系实际、结构严谨、分析透彻，必要时可以画出流程图或示意图进行阐述。

1. 论述供应定位模型及其四种类别物资的特点。

2. 论述基于 Kraljic 矩阵的定位模型结果。

3. 论述日常型产品的实施战略。

4. 论述杠杆型产品的实施战略。

5. 论述瓶颈型产品的实施战略。

6. 论述战略型产品的实施战略。

（七）案例分析题（本题共2小题）

案例一：小企业的采购发展

"我们这样的小企业，生死就在一瞬间。"说这话时，在江苏太仓经营一家玩具加工厂的柏林（化名），深感切肤之痛。上个月，同样是在太仓，他一个朋友的公司刚刚倒闭了，那是一个年销售额达4亿元的文具加工厂，所生产的产品几乎全部供应给沃尔玛。

柏林的工厂也是沃尔玛的供应商之一。如今在他看来，幸运的是，沃尔玛在其销售结构中所占的比例，已经从最初的30%下降至3%。"那时，我们都以和沃尔玛做生意为荣。"在接受本报记者采访时，这句话被柏林重复了五遍。但在沃尔玛全球供应链底层挣扎了4年之后，他已决意退出。"4年一个轮回。"这是沃尔玛供应商都熟知的"定律"。差别仅在于，死亡或者退出。成为沃尔玛的供应商，柏林从中间商起步。2003年，柏林在上海开办了自己的玩具贸易公司，主要给一些小玩具厂做代理。

在沃尔玛的全球供应链中立足之后，柏林开始向制造环节拓展。2005年，通过与一个美国贸易公司合资，柏林在江苏省太仓市开设了一间占地20亩的玩具加工厂。

柏林回忆说，当知道能和沃尔玛"做生意"，大家都很兴奋，觉得"倍儿有面子"。并且，一开始，"沃尔玛提供的价格也算合理"。这一时期，沃尔玛在其"出货"渠道中占到了30%的份额。

但无论是柏林自己的工厂，还是他"代理"的那些玩具厂，都因为规模过小，在庞大的沃尔玛面前，完全没有议价能力。和中国众多的中小企业一样，这个小玩具厂从诞生的那天起，就缺乏对外面风雨的抵抗能力，只能随着大环境起起伏伏。

渐渐地，柏林发现不太对劲了，"人民币天天升值，成本在节节攀升"。而沃尔玛似乎从来没想起过给柏林们涨价。

作为沃尔玛全球采购总部（直接由其美国总部管理）的供货商，柏林的货款是用美元结算的。而在他的工厂开始运作的2005年，人民币便开始进入升值通道，当年兑美元就累计升值2.49%。而截至2007年年底，人民币兑美元已累计升值17%。

"汇率的影响，我们小企业根本没法做对冲，升值幅度有多大，我们受到的影响就有多大。"柏林说。

成本的上涨，带来了更大的杀伤力。"我自己的厂子生产绘画笔，相关化工原料都与石油涨价直接关联，过去四五年间，塑料、颜料、蜡块涨了80%~200%。"而"代理的那工厂，比如生产木制工艺品的，他们的成本还受木材涨价的影响，纸张、木柴等成本涨了 50% ~ 120% 。"

在成本暴涨的背景下，"价格不动，就等于降价"，柏林如此总结沃尔玛的进价体系。

结合案例，请回答以下问题：

1. 根据材料分析柏林的玩具加工厂遭遇了哪些困境？

2. 根据材料分析，该工厂给沃尔玛提供的产品属于哪一象限的物资？该类型物资有何特点。

3. 如果柏林的工厂要成为沃尔玛合格的供应商，它应该往哪些方向发展？

案例二：陶瓷业隐形渠道之痛

这个比喻正可形容陶瓷与房产、家装行业的关系，但房产决定陶瓷消费市场总量，而家装则是一个变数，是一只感觉得到却又扑朔迷离的手，不断影响着各大陶瓷、卫浴企业的个体市场销量。

据权威调查结果显示，目前，我国建筑卫生陶瓷行业市场规模约为 5000 亿元人民币。传统的显形渠道，也就是专业市场店面模式，占了不到一半的份额，总量大约 2300 亿元。其他的销售市场主要集中在隐形渠道，包括家装（公装）设计公司、工程公司采购、房地产采购等，也就是说建陶、卫浴行业的市场销售一半以上被隐形渠道所左右，隐形渠道说白了就是传统渠道的延伸，是对销售终端的拦截。

得渠道者得天下，而得隐形渠道者亦可称王。凭借对装修设计和使用材料效果的了解，家装公司、设计师已经成为装修权威，在消费者中树立了舆论领袖地位，加上对于建材中陶瓷、卫浴采购意向信息的掌握，家装公司已经成为陶瓷、卫浴供应商连接终端消费者的桥梁，甚至直接成为采购方的代言人，也就是消费者在还没有接触供应商时，就已经下了采购订单。

遗憾的是，陶瓷行业虽然对于家装公司等隐形渠道的全面开拓已经有 10 多年的历史，马可波罗、新中源、东鹏、箭牌等陶瓷卫浴品牌在家装公司、设计师等领域有了一定的品牌知名度，但充其量还处在只是影响设计师的阶段，真正能掌控设计师渠道，形成相对稳定销售模式的企业几乎没有。

大家都知道，一个销售渠道模式好坏的标准在于它是否以最快的速度、最好的服务质量、最经济的流通费用，把商品送到消费者手中，实现经营者的利益。要实现这一目的，就要求这一渠道能够不间断、顺利、快速地使商品进入消费终端，并且具有较强的辐射能力，从而可形成地域相当广泛的销售渠道，提高产品的市场占有率，增强企业的市场竞争力。此外，这一渠道要能带来显著的经济效益，交易成功率高、物流速度快、流通费用少、资金周转快、销售环节少，从而有利于为消费者服务，保护消费者利益。

而在这种渠道模式当中，有一前提条件和核心要素必须具备，那就是信息的透明化和各方利益分配的合理化。渠道信息不透明，就意味着企业对于终端客户无法确定其具体位置和市场容量，更无法针对其作出有效的物流配送和售后服务。利益分配不合理，自然无法形成稳定的合作体系。

目前的隐形渠道两大条件恰恰都不具备。之所以称为隐形渠道，是因为目前各大企业（不单陶瓷行业、建材行业，其他领域也一样）对于影响市场销售的家装公司、设计院、工程公司相关信息都处于不透明状态，除极少数品牌与部分区域家装公司建立联盟外，几乎无一例外是通过举办各种设计师活动，赞助设计大赛，品牌经销商组织产品推荐会等形式，生拉硬拽地将设计师拢在一起。虽然也有一些大企业、经销商不断上门收集隐形渠道相关资料，但都是零散、不系统的。

结合案例，请回答以下问题：

1. 材料中所述的渠道为什么被称为隐性渠道？

2. 该渠道目前存在哪些问题？

3. 请结合材料和所学知识，提出陶瓷行业发展这一渠道的方法。

五、参考答案

（一）单选题答案（本题共 20 小题）

1	2	3	4	5	6	7	8	9	10
B	D	C	A	B	A	C	D	A	C
11	12	13	14	15	16	17	18	19	20
D	B	C	A	B	A	C	D	B	B

（二）多选题答案（本题共 10 小题）

1	2	3	4	5	6	7	8	9	10
BCE	ABD	BCD	ACE	ABC	ADE	ABCDE	ABCD	ABCDE	ABCD

（三）名词解释题答案（本题共 5 小题）

1. 答：Kraljic 矩阵是采购供应管理中最重要的分析工具。利用 Kraljic 矩阵可以对采购物资进行分类，有利于提高采购管理的针对性。

2. 答：代表的是低风险、低采购金额的物资。这些大多是常规、标准化的商品或部件，不直接增加最终产品的附加价值，或者说其增值能力非常低。产品和服务一般是标准化产品，供应充分，可选择的供应商数量很多。

3. 答：代表的是低风险、高采购金额的产品和服务。该类物资属于一些基本采购，需要支出较多的资金，但给公司带来的风险并不高。生产原材料、标准化零部件等都属于此类。

4. 答：代表的是高风险、低采购金额的项目和服务。该类物资的采购金额较低，占企业采购资金量较少，但进入潜在市场有困难，只有为数不多的供应商可以选择，因而导致风险较高。

5. 答：代表的是高风险、高采购金额的产品和服务。该类物资能保证公司产品在市场中的竞争力和竞争优势。这类物资既会给公司带来风险，又需花费高额成本，如为客户定制的昂贵的专用设备等。

（四）判断题答案（本题共 20 小题）

1	2	3	4	5	6	7	8	9	10
×	×	√	√	√	×	√	×	×	√

11	12	13	14	15	16	17	18	19	20
×	×	×	×	√	√	×	√	×	×

（五）简答题答案（本题共 12 小题）

1. 答：Kraljic（1983）提出了基于二维 Kraljic 矩阵的供应定位模型，将采购物资按照利润潜力和供应市场复杂程度的高低，划分为一般物资、杠杆物资、瓶颈物资和战略物资四个类别。其中利润潜力用来表示该项目供应对赢利性所作贡献的潜在程度，供应风险指搜索产品和服务供应源的困难程度。

2. 答：根据对 Kraljic 矩阵各个象限中物资的特点、管理重点、采购策略以及供应商管理策略的分析，采购物资定位后的理想位置应该满足两个条件：①采购物资利润潜力大，比如采购金额大；②供应风险低，能够规避供应风险。

（1）增加支出

增加支出可以采取的措施有：尽可能地将项目加以组合（比如现在许多供应商即提供办公用品与计算机耗材）。如果采购发生在多个地点或者是为了多种目的，企业应保证将多个采购点共同的或多个用户共同的需求项目打包在一起作为一个单一的订单提供给供应市场。企业也可以与其他公司合作形成采购联盟。

（2）降低风险

降低风险的措施有：审视产品参数，尽可能地使用标准件；通过供应市场的分析，而发现其他新的资源；与供应商合作，以发展他们的能力。

3. 答：日常型产品的主要特征有：

①存在许多供应商，且要采购的产品或服务容易获得。

②采购项目为标准件。

③该项目上年度支出较低。

④该项目对公司来说具有低风险。

⑤采购额只占单个供应商营业额的很小部分。

4. 答：日常型产品可以通过以下路径来实现战略目的：

①简化这些项目的采购、收货与付款的处理过程。

②行政管理及其相关成本最简化。

③尽量减少对供应商的干涉。

④将实际的购买权授权给最终用户。

5. 答：日常型商品的合格供应商具有以下特征：

①供应商应该能够提供尽可能广泛的项目。

②供应商应该能够并且愿意长期不间断地为企业供货。

③供应商应该拥有简单的、长期一贯的和可靠的业务流程。

④供应商能够提供月度合并账单。

⑤供应商应该拥有快速提供信息的系统。

⑥必要时，供应商愿意委派一名客户账户经理来处理公司的相关事务。

6. 答：杠杆型产品有以下几个方面的特征：

①存在许多供应商且产品或服务容易获得。

②产品为标准件。

③对公司而言项目的年度支出较高。

④项目对公司来说具有低风险。

⑤公司相对高的支出水平使项目的采购对供应商具有吸引力。

7. 答：杠杆型产品的战略依赖于以下几个方面：

①供应市场的易变性（即价格变化有多快）。

②对供应市场的了解程度。

③转换成本的大小。

④价格在不同供应商之间变化的幅度。

8. 答：杠杆型产品的采购人员特征有：

①当使用现货采购或定期采购方式时，并且当采用到杠杆产品的阶段性合同的时候，公司必须能够利用其谈判中的强势地位。因此做这项工作的采购人员应是习惯于不讲情面的强硬谈判者。

②因为转换成本高而采用阶段性合同的情况下，应将合同的执行管理工作交给更能建立与维持同供应商的合作关系的采购员。

9. 答：瓶颈产品的特征有：

①产品对企业具有高风险。

②供应商很少。

③产品为非标准件。

④公司在该产品上的年度支出很低。

10. 答：瓶颈产品的关注点有以下几个方面：

①关注于减少风险——采购价格与成本是次要。

②如果可以，从一个供应商处购买产品，这将使公司对供应商的有限影响达到最大化。

③如果公司的供应商评估结果显示，没有供应商愿意主动同公司做生意，这时应该考

虑把业务扩展到两个供应商。

④与供应商发展长期的紧密合作关系。

⑤谈判一个确保的量（如一个月），以减少长期合同的风险与风险征兆。

⑥成为一个好的顾客。

11. 答：战略产品项目特征包括以下几个方面：

①非标准的。

②供应商很少。

③不存在替代品。

④对公司的风险高。

⑤年度开支。

⑥公司相对高的费用使公司采购更加吸引供应商。

⑦提供给采购方可以转换供应商的数量有限。

⑧合作伙伴关系是理想的关系。

12. 答：战略产品的合格供应商具有以下特征：

①具有财务上的稳定性和能持续维持的市场地位。

②理解合作伙伴关系的含义和不借机盘剥购买者。

③没有同公司的竞争者建立很好的关系。

④有能力在中期或长期成为最低成本的提供者或技术领导者。

⑤有一个与公司的商业战略一致的商业战略。

⑥能够从与公司的合作关系中看到真正的利益。

（六）论述题答案（本题共6小题）

1. 答：Kraljic（1983）提出了基于二维 Kraljic 矩阵的供应定位模型，将采购物资按照利润潜力和供应市场复杂程度的高低，划分为一般物资、杠杆物资、瓶颈物资和战略物资四个类别。上述四个类别的物资分别具有如下的特点：

（1）一般类型

代表的是低风险、低采购金额的物资。这些大多是常规、标准化的商品或部件，不直接增加最终产品的附加价值，或者说其增值能力非常低。产品和服务一般是标准化产品，供应充分，可选择的供应商数量很多。但由于此类项目的采购金额很小，对供应商缺乏足够的吸引力。对于该类项目，企业一般采用现货交易的形式。制造企业日常的维护、维修和运作（Maintenance Repair Operation，MRO）项目采购就属于这个类别。

（2）杠杆类型

代表的是低风险、高采购金额的产品和服务。该类物资属于一些基本采购，需要支出较多的资金，但给公司带来的风险并不高。生产原材料、标准化零部件等都属于此类。由于该类物资的竞争性品牌之间的差异很小，供应商通常试图通过提供较低的价格和相关的增值服务来获得采购者的青睐。企业在选择此类项目的供应商的时候有很大的余地，而且大额的采购订单对供应商也有很大的吸引力，所以企业在该类采购中占据有利地位，处于强势。

（3）瓶颈类型

代表的是高风险、低采购金额的项目和服务。该类物资的采购金额较低，占企业采购资金量较少，但进入潜在市场有困难，只有为数不多的供应商可以选择，因而导致风险较高。由于供应商数量少、到货时间过长或无法交付货物等原因可能造成采购额超支或由此产生的生产停滞等，可能造成比较大的经济损失。例如，特殊的生产设备配件、专用件等都属于该类。

（4）战略类型

代表的是高风险、高采购金额的产品和服务。该类物资能保证公司产品在市场中的竞争力和竞争优势。这类物资既会给公司带来风险，又需花费高额成本，如为客户定制的昂贵的专用设备等。这类物资的价值是通过顾客满意度及对顾客的服务增值，而非采购价格来衡量的。这类项目应该是企业采购管理的重点。

不同类别的采购物资有各自的特点，企业应依据不同类别对物资采用不同的采购策略，发展与之相适应的供应商关系。

2. 答：结合 Kraljic 矩阵进行定位分析，具体分析结果如表 6-1 所示。

表 6-1　　　　　　　　Kraljic 矩阵定位分析

	战略物资	瓶颈物资	杠杆物资	一般物资
基本特点	供应商数量少，选择余地小	供应商数量少，选择余地小	供应商数量多，选择余地大	供应商数量多
	专用性高	多为非标准件	容易获得	物资种类多
	年度采购费用高	年度采购费用低	多为标准件	容易获得
	供应风险高	供应风险高	年度采购费用高	多为标准件
	业务有吸引力	业务缺乏吸引力	业务有吸引力	采购费用低
				业务缺乏吸引力
管理重点	降低风险	采购风险	价格以及价格变动对公司的影响	采购流程
	供应商关系	业务吸引力	供应商转换成本	管理成本
	优势地位		采购优势地位	

	战略物资	瓶颈物资	杠杆物资	一般物资
采购策略	双赢策略	尽可能从一个供应商处采购	最低成本策略	管理成本最小化策略
	降低供应风险同时使成本最小	发展紧密、长期的合作关系	与供应商签订短期合同以便不断地寻求、更换、转向成本更低的供应资源	尽可能地使用单一、优先的供应商
	与供应商形成战略合作关系，尽可能从一个供应商处采购	采用定期合同、特别是长期的	通过有竞争力的采购活动来降低总成本	使用系统合同或固定合同，尽可能地包含多一些的一般物品，明确价格保护条款
	签订长期的"合作伙伴关系合同"	做一个好顾客	在全球范围内寻找新的供应商或替代品	减少对供应商的干涉，将实际的购买权授权给最终用户
	进行详细的需求预测并设置一定的安全库存量	采用较大的订购批量并设定较高的安全库存量		
供应商管理策略	双赢的战略合作关系	稳定、长期的合作关系	一般合作关系	一般交易关系

3. 答：实施战略是指供应商确定以后遵照执行或采取行动的战略，通用的实施战略适合于所有（或绝大数）日常项目的采购，特定的实施战略是为了某一种或某一类日常项目的采购设计的。

日常型产品通用的实施战略包括：

①流程重组：简单的和有效率的流程对降低工作量很重要。

②流程自动化：降低日常项目采购工作量的一种方法，是自动处理已经过简化的流程。

③消除检查：由于是日常属于标准件和低风险的采购品，因此没有必要进行任何检查。

④清单选购的责任授权：最好不要介入这个工作，因为日常采购风险少低价值，故本项增值不大。

⑤使用购物卡。

⑥电子商务。

这类商品的特定实施战略：

①保持库存。

②合并账单。

③电子商务。

④客户账户经理——在供应商的组织内部专门负责。

⑤管理公司的账户并保证你得到适当服务水平的人。

对于特点实施战略所适用的环境如表 6 - 2 所示。

表 6 - 2 　　　　　　　　　　　实施战略所适用的环境

战略	采购影响的典型供应商指标	该战略适用的环境
保持库存	可获得性	需求必须立刻得到满足；需求频繁一如每天需求；防止供应问题（如供应商缺货）的应急库存的持有成本低于解决供应问题的成本（如建立一个替代的供应源）
合并账单	采购成本	有大量的发标要处理——如每个供应商每月超过十张
电子商务	采购成本	少数用户同某一特定的供应商有大量的交易
客户账户经理	响应	面对紧急需求或需求某种形式的供应商支持

4. 答：杠杆型产品可以实施的战略有：电子商务、参照行业基准数据对标、需求预测、流程重组自动化预测、购物卡、将清单选购责任的授权、合并账单、商品检查和客户经理等，战略措施所适用的环境，如表 6 - 3 所示。

表 6 - 3 　　　　　　　　　　　杠杆型产品实施的战略

战略	受影响的供应指标	战略适用情况
需求预测	购买价格	价格对购买数量敏感
基准数据对标	购买价格	可获得可靠的基准数据
电子商务	采购价格、采购成本	有提供公司需要物品与服务的目录与价格的网址；互联网日志中包括公司需要的产品与服务；与一个供应商有着大量的交易
清单选购责任的授权	采购成本	需求已经被纳入一个对价格有规定的无定额合同并且能对采购加以适当控制
流程重组	可获得性（研制周期）、采购成本	交易频率高
合并账单/购物卡	采购成本	要处理大量发票、购物卡滥用的风险低

战略	受影响的供应指标	战略适用情况
商品检查	采购成本	当项目为标准品，或者对质量/数量的变化敏感时，以现货购买的方式从一个未得到认证的供应商处购买，或者进口（前置期重新采购的成本非常高）
客户经理	响应	可能出现紧急需求或需要某种支持

5. 答：瓶颈型产品可以采取以下实施战略：

①保持库存。

②质量计划。

③指定一名供应商账户经理。

④业务流程重组/电子商务。

表6-4即为瓶颈产品实施战略的选择。

表6-4　　　　　　　　　　　　　瓶颈产品实施战略

战略	受影响的供应指标	战略适用情况
需求预测	购买价格、前置期	价格对购买数量敏感；产能有限或前置期长
参数信息的阶段性告知	前置期	项目较复杂（或赶订单时）；前置期长
保有库存	可获得性	在任何需要的地方（适用于所有瓶颈项目）
质量计划	符合参数要求	产品或服务的质量易变且很重要
供应商账户经理	采购成本；买卖合作关系	所有的瓶颈项目
业务流程重组/电子商务	更积极响应，能对供应目标产生间接影响	顺应供应商的做事方式能增强供应商对本企业的关注和好感

6. 答：战略型产品项目可以实施的战略有：

①实施价值分析/价格工程。

②双方流程的重组与最优化。

③需求预测。

④产品规格的阶段性告知。

⑤企业间的学习和沟通战略——如何持续地发展与改善关系。

⑥获得供应商的专业技能和创新。

⑦保障将来低成本和可获得性。

⑧质量保证。

⑨供应商开发。

⑩供应商账户经理。

⑪所有权总成本建模。

⑫应急计划。

⑬保持库存。

⑭何时使用特定实施战略。

（七）案例分析题答案（本题共 2 小题）

案例一：

1. 答：面对强大的采购商，玩具加工厂没有足够的议价能力、谈判能力，人民币升值导致成本上升，沃尔玛低价采购导致收益减少。

2. 答：一般类型（日常型）。低风险，低采购金额，大多是常规、标准化的商品，增值能力低。

3. 答：应该提供尽可能广泛的项目，能够长期不间断地为沃尔玛供货，应该拥有简单可靠、长期一贯的业务流程，应该拥有快速提供信息的系统，应该具有应对市场变化的快速反应的能力等。

案例二：

1. 答：因为目前各大企业对于影响市场销售的家装公司、设计院、工程公司相关信息都处于不透明状态，企业和经销商对该渠道的了解甚少，收集到的资料都是零散、不系统的。

2. 答：存在信息不透明和利益分配不合理的问题。

3. 答：建立高效的信息系统来使该渠道的信息透明化，开发更多的可提供项目，与该渠道的成员发展合作伙伴关系，使利益分配合理化，双方流程重组和最优化。

第七章 核心能力战略

一、知识概述

通过本章的学习，掌握核心能力的概念、开发和保护以及选择培养战略，并了解核心能力的战略功能。

二、基本概念

1. 概念1——核心能力

【说明】核心能力是一个系统，在对前人研究和分析的基础上，不能将核心能力割裂开来，仅从某一方面对它进行认识和分析，其应当是一个完整的系统，是核心技术、核心人才、组织整合能力以及学习能力的有机结合。

2. 概念2——企业的基础结构

【说明】企业的基础结构主要是指企业的管理哲学、企业文化、企业内部的基本管理制度以及企业同外界力量所形成的各种协议安排和制度安排，企业的基础结构具体运作起来就会形成一定的管理模式。

3. 概念3——企业的组织能力

【说明】企业的组织能力指的是企业内部各种被用来实现某一预期目的的组织流程。企业的组织能力往往以信息为基础，具有企业的特性，通过企业内部各种其他资源复杂的长期相互作用建立起来的，这种资源可以被抽象地看做是企业创造的一种"中间产品"，这种"中间产品"可以提高企业的竞争能力，从而成为企业竞争优势的源泉，也可以被抽象地看做是对企业最终产品或服务的战略性保护机制。

4. 概念4——基本能力

【说明】所谓基本能力是指企业存在所必须具备的一些基础性的能力，包括组织产生的能力、产品的销售能力、招聘人才资源的能力等。

5. 概念5——企业持续竞争优势

【说明】企业持续竞争优势的定义是：在所有的仿制努力均尝试过后，企业仍能够保持的竞争优势。

6. 概念6——企业的多元化战略

【说明】企业的多元化战略分两种：关联性多元化战略和非关联性多元化战略。顾名思义，所谓关联性多元化就是指进入与企业现有产品或产业相关联的领域，而非关联性多元化则是进入与现有产品产业毫不相关的领域。从核心能力的角度分析，应当提倡关联性多元化，而反对非关联性多元化。

7. 概念7——兼并

【说明】兼并是指以一家公司为主体，以购买或其他方式吸收其他公司加入从而成为一家新的公司，它是原来公司的扩张。

8. 概念8——发盘收购

【说明】在发盘收购中，为了谋求对目标公司的控制权，收购方要求目标公司的股东交出他们所拥有的股份，或为他们的股份开一个价格，通常这个价格是溢价，即高于股票市场上的交易价格。发盘价格收购很早就开始被使用，但20世纪60年代中期以后受到广泛采用。

9. 概念9——联营公司

【说明】联营公司一般只涉及相关公司一小部分的业务合作，并且合作期限较短，一般为10～15年，联营公司可以是一个单独的法人实体。联营双方分别以现金、技术、设备、土地等资产投入。

10. 概念10——知识联盟

【说明】知识联盟是另外一种从外部获取核心能力的方法。知识联盟通常指产业中或不同产业内几个企业组建联盟，以相互学习和共同开发新的先进知识。

11. 概念11——跟踪策略

【说明】这种策略又叫防守策略。跟踪策略是让采用进攻型策略的企业先搞出技术来，然后通过对专利情报分析或对实物剖析，掌握关键技术，自己再独立研究开发出类似的成果。

12. 概念12——引进策略

【说明】引进策略又叫接力策略，这种策略是让对手下大本钱搞出发明，然后把专利和技术秘密买过来，组织力量消化、吸收和创新，变成自己的技术，并迅速转化为生产力。

13. 概念13——专利

【说明】专利是法律授予的并且可以依法行使的一种权利。专利保护的实质是专利申请人将其发明向公众进行充分的公开以换取对发明拥有一定期限的垄断权，其保护范围限于所申请的国家和地区。专利期限一般为15～20年，超过规定的期限就失去法律的保护，专利就变为公共技术进入公共领域。

14. 概念14——工商秘密

【说明】工商秘密是新技术发明企业通过在企业内部保密的办法垄断新技术。它是一种民间保护形式，不像专利那样具有法律效力。工商秘密这一保护形式具有任意性、广泛性和持久性的特征。

15. 概念15——商标

【说明】商标是一种特殊标志，用以区别某一组织的商品和服务与其他组织相同或类似的商品和服务。商标通常是法律授予的永久性所有权，可以长期维护商标使用者的产品信誉的影响力。

三、重点内容

1. 核心能力的开发步骤

（1）学会遗忘。

（2）组织学习。

（3）产业先见。

（4）确定所需的核心能力。

2. 核心能力的选择影响因素

影响核心能力选择的因素如下图所示。

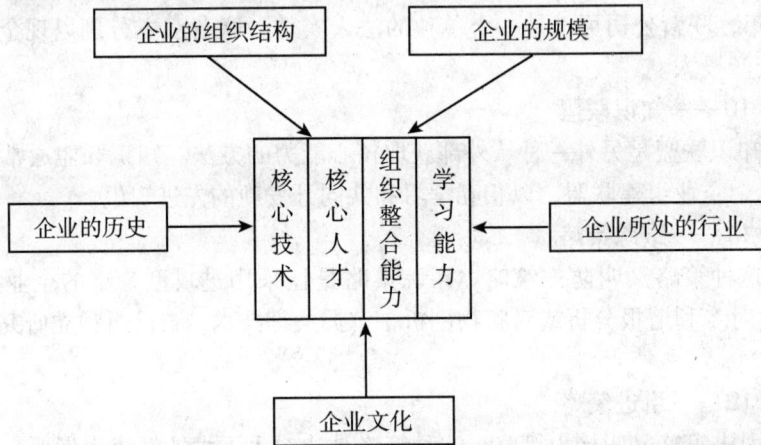

影响核心能力选择的因素

四、习题与案例

（一）单选题（本题共 20 小题）

在每小题列出的四个备选项中只有一个是符合题目要求的，请将其代码填写在题中的括号内。错选、多选或未选均不得分。

1. 在普拉哈拉德的大树比喻中，起到提供养分、维系生命、稳固树身作用的树根是（   ）。

A. 最终产品　　　　　　　　　　B. 最终服务

C. 核心产品　　　　　　　　　　D. 核心能力

2. 在对核心能力认识方面，普拉哈拉德是基于（   ）的核心能力流派的代表。

A. 技术和技术创新观　　　　　　　B. 知识观

C. 资源观　　　　　　　　　　　　D. 组织和系统观

3. 下列属于企业核心能力的是（　　　）。

A. 组织生产能力　　　　　　　　　B. 产品销售能力

C. 招聘人才资源能力　　　　　　　D. 特殊生产工艺

4. 企业能力可以被划分为五种，其中（　　　）主要存在于企业的战略制高点。

A. 选择性的能力　　　　　　　　　B. 组织性的能力

C. 功能性的能力　　　　　　　　　D. 技术性的能力

5. 核心能力开发的第一步是（　　　）。

A. 产业先见　　　　　　　　　　　B. 学会遗忘

C. 组织学习　　　　　　　　　　　D. 确定所需核心能力

6. 下列不属于学习型组织要求的五项修炼的是（　　　）。

A. 自我超越　　　　　　　　　　　B. 自我总结

C. 共同愿景　　　　　　　　　　　D. 改善心智模式

7. 在马斯洛的需求层次理论中，人的需求的最高层次是（　　　）。

A. 自我实现　　　　　　　　　　　B. 归属感

C. 安全感　　　　　　　　　　　　D. 生理需求

8. 下列开发能力的方法中属于内部方法的是（　　　）。

A. 自我积累和公司扩张　　　　　　B. 自我积累

C. 公司扩张　　　　　　　　　　　D. 公司扩张和知识联盟

9. 下列不属于一般创新活动的是（　　　）。

A. 产品创新　　　　　　　　　　　B. 服务创新

C. 管理创新　　　　　　　　　　　D. 市场创新

10. 从事同一产业同类业务活动的企业间的兼并属于（　　　）。

A. 横向兼并　　　　　　　　　　　B. 纵向兼并

C. 混合兼并　　　　　　　　　　　D. 交叉兼并

11. 联营公司的合作期一般是（　　　）年。

A. 10 ~ 15　　　　　　　　　　　B. 5 ~ 10

C. 10 ~ 20　　　　　　　　　　　D. 15 ~ 20

12. 扩张公司最关心的是目标公司的（　　　）。

A. 赢利多少　　　　　　　　　　　B. 规模大小

C. 寿命长短　　　　　　　　　　　D. 核心能力

13. 知识联盟与产品联盟相比，不同点有（　　　）。

A. 产品联盟比知识联盟更紧密

B. 知识联盟比产品联盟具有更大的战略潜能

C. 产品联盟的参与者范围更广泛

D. 产品联盟比知识联盟的持续性更加长久

14. 服务性行业应该选择（   ）要素作为企业核心能力的主要部分。

A. 核心技术
B. 核心人才
C. 组织整合能力
D. 学校能力

15. 医药、化工、材料方面的技术开发通常采用（   ）核心技术的开发策略。

A. 进攻策略
B. 跟踪策略
C. 引进策略
D. 寻隙策略

16. 对于力量相对较弱的企业同强大的对手竞争时，企业通常采取（   ）。

A. 进攻策略
B. 跟踪策略
C. 引进策略
D. 寻隙策略

17. 不属于企业在选拔和培养人才时内部培养相比于外聘的好处的是（   ）。

A. 对选定的培养对象有深入的了解

B. 可以让培养的人才立即投入新技术的开发工作

C. 被培养者学习的目的性强
D. 被培养者学习的方向更明确

18. 专利的有效期限一般为（   ）年。

A. 5～10
B. 10～15
C. 15～20
D. 20～25

19. 不属于组织设计要求的是（   ）。

A. 应该设计成符合组织活动目的的组织

B. 应该设计成能使组织成员的能力得以发挥最大效用的组织

C. 应该设计成能够上行下效、上下一心的组织

D. 应该设计成一个能不断持续发展的组织

20. 一个企业的（   ）是指企业合理使用企业的各项资源，使之发挥最大效用的能力。

A. 管理能力
B. 组织能力
C. 协作能力
D. 合作能力

（二）多选题（本题共 10 小题）

请把正确答案的代码填写在题中的括号内，多选、漏选、错选不得分。如果全部答案的代码完全相同，例如全选 ABCDE，则本大题不得分。

1. 核心能力是一个完整的系统，是由（   ）有机结合起来的。

A. 核心技术
B. 核心产品
C. 核心人才
D. 组织整合能力
E. 学习能力

2. 下列属于企业无形资源的有（   ）。

A. 技术诀窍
B. 企业既有销售渠道

C. 企业既有顾客群　　　　　　　D. 企业声望

E. 企业良好的管理基础设施

3. 决定企业核心能力的主要无形资源有（　　）。

A. 市场资源　　　　　　　　　　B. 知识产权资源

C. 人才资源　　　　　　　　　　D. 基础结构资源

E. 企业组织能力

4. 核心能力的战略功能主要体现在它与（　　）几个方面。

A. 组织结构　　　　　　　　　　B. 持续竞争优势

C. 市场资源　　　　　　　　　　D. 多元化战略

E. 跨国经营战略

5. 企业要想保持持续竞争优势，必须保证其资源是（　　）。

A. 有价值的　　　　　　　　　　B. 异质的

C. 不能被仿制的　　　　　　　　D. 无法替代的

E. 可低价获得的

6. 心智模式的基础条件由（　　）部分组成。

A. 价值观和思维方式　　　　　　B. 行为习惯和行为模式

C. 经验教训　　　　　　　　　　D. 语言和符号

E. 经验教训所形成的理念和认识论

7. 影响和决定企业核心能力选择的因素有（　　）。

A. 企业所处行业　　　　　　　　B. 企业的组织结构

C. 企业的规模　　　　　　　　　D. 企业的历史

E. 企业文化

8. 工商秘密这一保护形式具有（　　）的特点。

A. 持久性　　　　　　　　　　　B. 长期性

C. 保密性　　　　　　　　　　　D. 广泛性

E. 任意性

9. 核心技术的开发策略有（　　）。

A. 进攻策略　　　　　　　　　　B. 跟踪策略

C. 引进策略　　　　　　　　　　D. 寻隙策略

E. 综合策略

10. 经理人才必须具备的素质有（　　）。

A. 优秀品格和强烈责任感　　　　B. 统率能力

C. 宽阔的知识面和经营管理能力　D. 敏锐的判断力

E. 强健的体魄

（三）名词解释题（本题共 10 小题）

1. 核心能力

2. 企业基础结构

3. 企业多元化战略

4. 兼并

5. 发盘收购

6. 联营公司

7. 知识联盟

8. 跟踪策略

9. 工商秘密

10. 商标

（四）判断题（本题共 20 小题）

对的在括号内画"√"，错的画"×"。

1. 核心能力的形成取决于企业所拥有的资源及其组织运作形式。（　　）

2. 核心能力是一个完整的系统，企业必须在系统各方面都做得出色才能形成核心能力。（　　）

3. 只要企业合理运用，所有既有知识产权资源都能转化为现实的竞争优势。（　　）

4. 人才资源和人力资源是相同的。（　　）

5. 企业的基础结构资源只涉及企业内部的组织结构关系，不包含与外部的关系。（　　）

6. 企业的组织流程具有完全的非物质性，很难被企业内部的个人所单独掌握。（　　）

7. 差异租金就是用于描述不同种类资源和能力的效率差异。（　　）

8. 要想以低成本获取核心能力，获取核心能力的战略要素市场必须是完备的。（　　）

9. 企业能力的弹性指企业能够有效处理同一性质的行为活动的数量。（　　）

10. 从核心能力的角度分析，企业应当提倡关联性多元化，反对非关联性多元化。（　　）

11. 核心能力决定了企业应该从事的经营领域。（　　）

12. 学习型组织要求的五项修炼最终表现为它培养了组织的管理能力。（　　）

13. 五项修炼可以减少组织的有限理性和机会主义倾向。（　　）

14. 产业领先是指公司超越顾客导向，创造出人类情理意料之外的未来需求。（　　）

15. 企业的行为与其核心能力的形成有着必然的直接的联系。（　　）

16. 演化法是指成立一个专门小组，对一种核心能力进行培植。（　　）

17. 经过企业间的协商与合作，核心能力是可以转让和收购的。（　　）

18. 核心能力的选择是在构成能力系统的四项要素中选择最合适企业发展和战略实现的某一项要素作为核心能力开发和培养的重点。（　　）

19. 一般情况下，学习能力只在新兴的产业中能形成核心能力。（　　）

20. 企业的规模越大，则依靠核心技术建立核心能力的可能性越大。（　　）

（五）简答题（本题共 14 小题）

将答案要点写出并作简要叙述，必要时可以画出流程图或示意图进行阐述。

1. 简述全球经济增长中心资源转移的主要表现。

2. 简述组织企业核心能力的两个条件。

3. 简述核心能力决定跨国经营战略的优势所在。

4. 简述心智模型基础条件的组成部分。

5. 简述学习型组织要求的五项修炼内容。

6. 简述五项修炼对企业界的意义。

7. 简述要实现产业领先，应如何捕捉和把握产业先见。

8. 简述内部积累方法的种类。

9. 简述一般创新活动的分类。

10. 简述与产品联盟相比，知识联盟的四个显著特征。

11. 简述影响和决定核心能力选择的因素。

12. 简述企业可选择的技术保护形式的种类。

13. 简述技术开发人才的选拔与培养。

14. 简述经理人才应具备的素质。

（六）论述题（本题共 8 小题）

要求阐述过程中理论联系实际、结构严谨、分析透彻，必要时可以画出流程图或示意图进行阐述。

1. 论述决定企业核心能力的五种主要的无形资源。

2. 论述企业保持持续竞争优势所必备的充分条件。

3. 论述核心能力与多元化战略和跨国经营战略的关系。

4. 论述核心能力的开发步骤。

5. 论述核心能力的开发方法。

6. 论述为获取核心能力所采取的方法。

7. 论述影响核心能力选择的因素。

8. 论述核心技术的开发策略。

（七）案例分析题（本题共2小题）

案例一：安踏标杆成长法

2007年7月安踏在香港上市时，一度创下中国本土运动品牌在海外资本市场募资的纪录。2008年中期财报显示，上半年营业额突破22亿元，较去年攀升50%，净利润高达4.34亿元，上市一年即较去年同期翻倍，超过李宁、特步等同行。

20岁出头就创办安踏的丁志忠很早就意识到"制造不能是安踏的全部"。事实上，依托晋江体育产业集群来塑造产业价值链的控制力，从而保证企业的赢利能力，正是这个凭借代工业务起家的企业崛起的方法。当他的老乡兼同行们还在抱着OEM闷头苦干之时，安踏则有步骤地在体育用品的设计、采购、生产、物流、品牌包装、终端销售等各个价值环节上悄然布局。2005年成立的"安踏运动科学实验室"是这条价值链宣告完成的标志，这家"国内首个运动科学实验室"迄今已获得40多项国家级专利，为CBA联赛的大多数运动员提供了篮球鞋及其楦型的个性化改进方案。

在价值链定位之初，AT科尔尼为安踏开出的药方是"强化面向大众的控制力"。丁志忠坦言曾参考丰田在品牌管理、经营决策方面的经验，瞄准国内中等收入人群，做性价比最优的品牌。

亲和营销。总裁会议厅里"安根固本，踏实鼎新"的行书题词，正是"安踏"名字的来源。过人天赋、显赫背景、雄厚资金，最初安踏都不具备，然而也受益于草根出身，率先找到了"以亲和力构建顾客关系"的良方。

品牌总监徐阳表示，随着中国经济实力和政治地位的不断提高，民族自豪感正在成为自主品牌与国人构建良好关系的重要的纽带，"这对安踏是个机会，老百姓也不是不认可国产的"。

赞助中国男子篮球、乒乓球、男女排球联赛，是安踏在提高品牌的民族性方面最经典的营销案例。2004 年，CBA 主办方中国篮球协会找到中国体育用品市场前三名寻求合作，对方热情不高。安踏随后加入了竞标队伍，并一口气抛出长达 4 年的战略合作协议。当年 11 月，安踏成为 CBA 联赛唯一指定运动装备赞助商。2006 年，又一纸 6 年合同续签成功。2005 年安踏又以超过 3000 万元代价成为 2005—2008 年中国乒乓球超级联赛运动装备唯一指定合作伙伴，并在 2 年后全面冠名赞助 2007—2010 赛季所有国内排球赛事。即使是在日渐风行的签约海外明星运动员的"国际化"策略当中，安踏也更倾向于与姚明所在的休斯敦火箭队斯科拉这样广受中国人关注的明星合作。

结合案例，请回答以下问题：

1. 专利保护的实质是什么？保护范围是什么？

2. 根据材料分析，安踏有哪些核心能力？

3. 安踏在开发核心技术上采取的是什么策略？简述该策略的特点。

案例二：汇源销售渠道瘦身可能为可口可乐并购铺路

可口可乐收购汇源果汁还未得到商务部的正式批复，但有汇源员工爆料称，汇源果汁正在进行大规模人员整合，"根据公司的计划，11 月份新一轮调整后，销售系统员工将由目前的 2600 人缩减至 600～700 人。"

销售队伍人员整合。27 日，汇源果汁某大区销售代表朱宁（化名）对《每日经济新闻》爆料称："汇源果汁正在进行人员整合，把销售人员调到工厂去。"据朱宁介绍，现在汇源销售系统还有2600余名员工，"根据公司的计划，11月份新一轮调整后，销售系统将只留600~700人。"

朱宁的这一说法得到了另一大区区域经理黄利（化名）的证实。据在汇源果汁工作三年的黄利介绍，汇源果汁销售人员最高峰时达近6000人，这意味着此轮调整后，汇源果汁仅保留约1/10的销售队伍。

夏季已开始"瘦身"。据汇源果汁内部员工透露，今年人员调整已不是第一次，在公布可口可乐收购消息前夕，该公司就抽调生产系统及销售系统的人员到异地进行铺货。"由于补助低，且为异地铺货，销售也十分艰难，很多员工纷纷辞职。"

汇源果汁公布的半年报显示，公司在上半年进行了大规模的减员，精减人数约为2600人。虽然上半年纯利3.67亿元，但若不计算2.5亿元来自可换股债券股权公平价值变动收入以及所得税大幅下调42.5%，其核心赢利实际上倒退了19.1%。"这是汇源上半年大幅减员的原因。"分析人士指出。

对于汇源"瘦身"和渠道改革问题，汇源集团新闻发言人曲冰昨日在给记者的书面回复中表示："未有此事，请查明信息来源，感谢您的关注！"

或为投身可口可乐铺路。知情人士指出，汇源果汁精减销售队伍一方面是出于渠道建设调整的需要，另一方面则是可口可乐方面的要求，"收购之后，两班人马一起工作就会产生文化、思维上的差异，而且人员也过多，现在大幅度精减就是为以后做准备"。一位长期从事品牌销售队伍管理研究的专家指出，汇源的业绩下滑或许跟长期销售渠道建设失衡大有关系。

据了解，从2002年开始，汇源的销售组织结构一直在"改革重组"，从营销总部制到事业制，再到大区制，到销售子公司制，最后到销售子公司专营制，销售子公司法人制，销售渠道从经销制到专卖店。上述专家强调，"强大的品牌，如果没有强大的销售量作为支撑，就是'纸老虎'。而强大的销售量必须以强大的销售队伍为基础。"

结合案例，请回答以下问题：

1. 汇源目前的2600人属于该企业的什么资源？

2. 简述人才资源和人力资源的区别。

3. 你觉得汇源的这一举动会不会真如专家所言会使它变成没有强大销售队伍支撑的"纸老虎"。

五、参考答案

（一）单选题答案（本题共 20 小题）

1	2	3	4	5	6	7	8	9	10
D	A	D	A	B	B	A	B	B	A
11	12	13	14	15	16	17	18	19	20
A	D	B	B	B	D	B	C	C	B

（二）多选题答案（本题共 10 小题）

1	2	3	4	5	6	7	8	9	10
ACDE	ABCDE	ABCDE	ABDE	ABCDE	ABCDE	ABCDE	ADE	ABCDE	ABCDE

（三）名词解释题答案（本题共 10 小题）

1. 答：核心能力是一个系统，在对前人研究和分析的基础上，不能将核心能力割裂开来，仅从某一方面对它进行认识和分析，其应当是一个完整的系统，是核心技术、核心人才、组织整合能力以及学习能力的有机结合。

2. 答：企业的基础结构主要是指企业的管理哲学、企业文化、企业内部的基本管理制度以及企业同外界力量所形成的各种协议安排和制度安排。企业的基础结构具体运作起来就会形成一定的管理模式。

3. 答：企业的多元化战略分为两种：关联性多元化战略和非关联性多元化战略。顾名思义，所谓关联性多元化就是指进入与企业现有产品或产业相关联的领域，而非关联性多元化则是进入与现有产品产业毫不相关的领域。

4. 答：兼并是指以一家公司为主体，以购买或其他方式吸收其他公司加入从而成为一家新的公司，它是原来公司的扩张。

5. 答：在发盘收购中，为了谋求对目标公司的控制权，收购方要求目标公司的股东交出他们所拥有的股份，或为他们的股份开一个价格，通常这个价格是溢价，即高于股票市场上的交易价格。发盘价格收购很早就开始被使用，但 20 世纪 60 年代中期以后受到广泛采用。

6. 答：联营公司一般只涉及相关公司一小部分的业务合作，并且合作期限较短，一般在 10～15 年，联营公司可以是一个单独的法人实体。联营双方分别以现金、技术、设备、土地等资产投入。

7. 答：知识联盟是另外一种从外部获取核心能力的方法。知识联盟通常指产业中或不同产业内几个企业组建联盟，以相互学习和共同开发新的先进知识。

8. 答：这种策略又叫防守策略。跟踪策略是让采用进攻型策略的企业先搞出技术来，然后通过对专利情报分析或对实物剖析，掌握技术关键，再自己独立研究开发出类似的成果。

9. 答：工商秘密是新技术发明企业通过在企业内部保密的办法垄断新技术。它是一种民间保护形式，不像专利那样具有法律效力。工商秘密这一保护形式具有任意性、广泛性和持久性的特征。

10. 答：商标是一种特殊标志，用以区别某一组织的商品和服务与其他组织相同或类似的商品和服务。商标通常是法律授予的永久性所有权，可以长期维护商标使用者的产品信誉的影响力。

（四）判断题答案（本题共 20 小题）

1	2	3	4	5	6	7	8	9	10
√	×	×	√	×	√	×	×	×	√
11	12	13	14	15	16	17	18	19	20
√	×	×	×	×	×	×	√	√	√

（五）简答题答案（本题共 14 小题）

1. 答：全球经济增长的中心资源发生了很大的转移，主要表现在三个方面：
①非物质性因素创造的财富比重超过了物质性因素所创造的财富。
②物质性因素已成为一个国家、一个地区、一个企业经济竞争力的主要指标。
③物质性因素使用效率在很大程度上取决于非物质性因素的投入量和投入程度。
2. 答：企业是否能拓展其运用核心能力的活动领域，取决于两个条件：
①企业组织能力的生产力，这里的"生产力"是指企业能够处理同一性质的行为活动的数量。
②企业能力的弹性，"弹性"指企业能够有效处理不同性质的行为活动的数量。

3. 答：进行跨国经营有以下几点优势：

①可以利用企业本身的权威，协调本土企业和国外企业的利益，省去核心能力转让的定价问题，实现知识的共享。

②在企业内部规避了核心能力的一些仿制障碍，加快了国外企业组织学习和开发核心能力的进程。

③本土企业和国外企业的互动，有助于核心能力的开发、提升和保护，从而保护竞争优势。

4. 答：一般而言，心智模式的基础条件有以下几个组成部分：

①过去工作、生活过程中形成的价值观和思维方式。

②过去工作、生活过程中形成的行为习惯和行为模式。

③过去的经验教训以及这些经验教训所形成的理念和认识论。

④过去常用的语言和符号。

5. 答：学习型组织要求五项修炼，即自我超越、改善心智模型、共同愿景、团队学习和系统思考。

6. 答：从企业契约理论和能力理论看，五项修炼对企业界主要有以下意义。

①五项修炼可以减少组织有限理性，提升各部门合理协调能力。

②五项修炼减少了企业内部普遍存在的机会主义倾向，如自我超越和改善心智模式将引导组织中的每一个成员致力于追求长期目标，使有可能由于追逐短期利益而产生的机会主义倾向大为减少。

③五项修炼可以减少组织内部可能存在的信息不对称。五项修炼中深度交谈和大量重复、重叠的交流，使个人和部门间的信息不对称几乎消失，因而组织内部传递的信息更为真实和可靠，企业的交流能力全面提高。

④五项修炼有助于在组织内部发展起一套所有成员能够共享的语言，这种语言将克服组织内各部门之间，个人之间及个人与组织之间交流的障碍，使组织学习能力大为改善，尤其有利于交易会知识的传播。

⑤五项修炼使有利于创新的各种知识和做法带有一定程度的资产专用性，如组织的氛围、人际交往的方式、大量的行为规则等，这些有利于创新的核心能力不容易向外部转让。

由上可见，五项修炼有利于核心能力的形成与巩固。

7. 答：（1）发掘顾客潜在的需求，即产品创新

顾客的需求源自人的本能和欲望。马斯洛的需求层次理论揭示了这一规律。马斯洛将人的需求按照从低到高分为五个层次。公司的使命在于满足人们不断提高的物质和精神需求，把握产业先见的关键在于在顾客潜在需求转化为现实需求之前，进行产品和服务创新，从而引导顾客的需求转化。

（2）提升现有产品和服务

公司现有的产品和服务一定是能在某一方面和一定程度上满足顾客的需求，同样可以

肯定的是，现有的产品和服务一定有继续改善的余地，我们可以借助价值链方法，分析并确定正在创造顾客价值的部分，从而强化、提高或延伸这部分的功能和价值，实现产品的质量改进和升级换代，从而更好地满足顾客的需求，并保持产业先见。

（3）依靠技术创新

随着知识社会的来临，技术创新对经济发展的贡献度愈加上升，也就是经济发展越来越依赖于技术进步。技术上的突破性进展，比如新材料替代、新制造方法的引入、新产品的发展，都可以形成一个新产品，同时，技术创新也可以延长现有产业的生命周期。

8. 答：在管理实践中，内部积累方法可以简单地分为两种。

（1）演化法

在企业员工完成日常工作的同时，建立某种技能，演化成为核心能力。但是，要成功构建核心能力必须同时处理许多技能和实践问题，比如一个财产保险公司为了提高其核心的保险推销技能进行了60多项改革，包括改变雇用标准、修改基本工资、调整员工晋升制度、修订培训项目、引进新的信息系统，提供更准确的历史作业数据。

（2）孕育法

成立一个专门小组，负责在2~3年时间内培植一种核心能力，这种方法的优势在于，核心能力可以在一种理想的环境中培育，一旦形成能够创造极大的顾客价值和竞争优势，并能将核心能力移植到整个公司。

9. 答：一般创新活动可以分为以下四个方面：

①产品创新——创新出一种新的实体产品或服务，或者产品和服务的更新换代。

②流程创新——可以提高效率或效益的新流程。

③市场创新——新的市场理念或活动。

④管理创新——新的管理模式或管理方法。

10. 答：与产品联盟相比，知识联盟有以下四个显著特征：

（1）学习和创造知识是联盟的中心目标

知识联盟有助于一个公司学习另一个公司的核心能力，有助于一个公司的核心能力和其他公司的相结合，创造新的知识。

（2）知识联盟比产品联盟要紧密

两个公司要学习、创造和加强核心能力，每个公司的员工必须在一起紧密地工作。

（3）知识联盟的参与者范围极其广泛

产品联盟通常是竞争者或潜在竞争者形成的。而知识联盟能够和任何其他组织结成，只要这个组织拥有有益于参与者的核心能力。因此，知识联盟的结盟对象可以是竞争者，也可以是顾客、供应商、大学、科研机构甚至政府机关。

（4）知识联盟比产品联盟具有更大的战略潜能

产品联盟可以帮助公司开发产品、占领市场、收回投资。而知识联盟可以帮助一个公司积累、开发核心能力，从根本上增强其竞争地位，因而具有战略性。

11. 答：影响和决定核心能力选择的因素主要有企业所处的行业、企业的组织结构、企业的规模、企业的历史和企业文化五项。

（1）企业所处的行为

处在不同行业的企业所能选择的核心能力是不同的，因为不同的行业具有自身的地位特征，处在某一行业中的企业必须根据行业特征选择和培养核心能力。例如，核心技术可以构成高新技术企业核心能力的主要部分，而服务性行业中的核心人才则构成核心企业核心能力的主要部分，在传统的行业里，拥有良好的组织整合能力有助于核心能力的形成。学习能力对各个行业的企业都极为重要，但一般情况下只在新兴的产业中能形成核心能力。

（2）企业的组织结构

企业的组织结构对核心能力的选择亦具有重要的影响，在扁平化、分权化、有机式的组织结构中，依赖核心人才、学习能力等要素的核心能力更易于形成。

（3）企业的规模

企业的规模越大，形成卓越的组织整合能力和优秀的学习能力的难度越大，而依靠核心技术建立核心能力的可能性则较大。

（4）企业的历史

企业的历史状况对核心能力的选择也有较大的影响，在企业过去就已经形成了以某一种要素作为核心能力的基础时，企业在多数情况下都会选择保持原有的核心能力。

（5）企业文化

鼓励创新，崇尚风险的企业文化有利于核心技术的开发和培养，尊重人才、依赖人才的企业则可选择核心人才作为形成核心能力的依托。不循规蹈矩的企业则可将学习能力加以选择和培养。

12. 答：企业可选择的技术保护形式有以下几种：

（1）申请专利

专利是法律授予的并且可以依法行使的一种权利。专利保护的实质是专利申请人将其发明向公众进行充分的公开以换取对发明拥有一定期限的垄断权，其保护范围限于所申请的国家和地区。专利期限一般为 15~20 年，超过规定的期限就失去法律的保护，专利就变为公共技术进入公共领域。

（2）采用工商秘密形式

工商秘密是新技术发明企业通过在企业内部保密的办法垄断新技术。它是一种民间保护形式，不像专利那样具有法律效力。工商秘密这一保护形式具有任意性、广泛性和持久性的特征。

（3）申请商标

商标是一种特殊标志，用以区别某一组织的商品和服务与其他组织相同或类似的商品和服务。商标通常是法律授予的永久性所有权，可以长期维护商标使用者的产品信誉的影响力。

13. 答：技术人才的选拔与培养主要通过两种途径：外聘和内部培养。

（1）外聘

企业可以从高等院校、科研机构聘请相关技术领域的优秀毕业生和科研工作者担任公司的科研开发人员，这些人才投入到企业的实际开发中还需要一定的适应期，从高校、科研机构聘请人才时还需注意的是，不能光注重学历和专业结构，还需要考察一个人的实际动手操作能力；企业还可以从社会上或是同行业的其他企业招聘自身急需的专业技术人才，这种方式的优势是招聘来的人才可以立即投入新技术的开发工作，甚至还可能带来已经成型的新技术研究思路和方案。

（2）内部培养

企业选择技术人才的另一种方式是内部培养，企业可以在现有的科技人员中发现一些年轻的、基础较好并且较有创造力的人才有意识地加以培养。内部培养的好处是，对选定的培养对象有比较深入的了解，可以预计培养是否有价值，不像外聘那样只是凭几次面试无法对人有深入了解。培养的方式可以是让其参与大型的开发项目，也可以送其到专门的高等院校或科研机构进行深造。这种培养的好处是可以使被培养者的学习目的性更强、方向更明确。

14. 答：经理人才是一种特殊的人才，它不同于一般的人才，也不是任何人都可以成为经理人才的。经理人才必须具备一定的素质，包括：

（1）优秀的品格和强烈的责任感

经理人才必须更多地考虑全体股东的利益，更要有强烈的事业心和责任感。如果有得过且过、做一天和尚撞一天钟的思想，他就不可能率领全体职工开创企业的新面貌。

（2）统率及管理他人工作的能力

经理人才在领导工作中不可能也没有必要事必躬亲，主要是要善于领导他人，要有指挥才能。

（3）宽阔的知识面和卓越的经营管理能力

经理人才需熟悉市场，并有敏锐的市场判断能力。经理人才需形成独特的经营风格和手段，还需要具备财务、计划、人事、技术等方面的管理能力。

（4）敏锐的判断、反应能力

一般专业人才遭遇日常失误较多，他们的常规处理能力很重要，而经理人才则不同，他们会经常碰到一些突发性事件，要求在短时间里作出判断并进行解决。这些突发性事件往往具有一些独特性，无规律可循，需要依赖经理人员的敏锐分析判断能力，凭经验和知识面果断决策。

（5）强健的体魄和创新的意识

经理人才往往要应付繁杂的事务，协调企业内外各种关系，经常面对各种应酬，没有强健的体魄是很难胜任的。经理人才切忌墨守成规，企业的产品需不断革新才能在市场上长盛不衰，经理人才的观念、意识也必须不断创新才能领导企业走向成功。

（六）论述题答案（本题共 8 小题）

1. 答：非物质性的无形资源既然具有这么大的作用，下面我们就详细介绍决定企业核心能力的五种主要的无形资源：市场资源、人才资源、知识产权资源、基础结构资源及企业的组织能力。

（1）市场资源

企业的市场资源是企业所拥有或控制的，同市场密切相关的资源要素来自于企业同市场与顾客建立的有利的相互关系，主要包括企业的各种品牌、企业既有客户以及企业对客户的服务、产品的忠诚度、企业既有销售渠道各种有利的经营许可权以及其他各种能为企业带来竞争优势的合同关系。企业的市场资源对企业构建核心能力以及获取竞争优势有着非常重要的意义。例如，企业品牌或者产品/服务品牌能够强有力地影响客户对企业产品/服务的选择；企业顾客的信赖可以保证企业市场销售的顺利；既有的健全的销售网络可以保证整个市场上所有可能的顾客都能得到企业的产品/服务；各种有利的市场合同可以保证企业在进行相关市场交易时降低交易费用。

（2）知识产权资源

知识产权是一种受到法律保护的财产。具体到企业的知识产权主要包括企业的专利、版权、商标、商业机密以及各种设计专有权。知识产权是保护企业资源的一种有效的法律机制。企业的各种技术可以受到一项或者多项专利的保护。由于企业的知识产权资源受到法律保护，因此，企业在一定期限内对受到保护的法律对象拥有垄断权，企业凭借这种垄断权可以转化为企业竞争优势。但是并不是已拥有的知识产权资源都能转化成现实的竞争优势，因为可能企业不具备一些相关的基本技能，从而相应的知识资源不能商品化，因此，企业必须对其资源进行整合，使之能转化为现实的竞争优势。

（3）人才资源

企业的人才资源是指企业中所有体现在员工身上的才能，包括企业员工的专业技能、创造力、解决问题的能力、管理者的管理能力，在某些情况下，甚至还包括企业员工的心理素质，因为企业员工的心理素质在很大程度上会影响其才能的发挥。在这里必须指出的是，人才资源和人力资源是有区别的。主要区别在于两者所考察的角度不同，人才资源是从蕴涵在企业员工身上的才能角度出发，而人力资源则是将企业员工作为一种蕴涵各种技能和知识的载体出发。简言之，人才资源描述的是员工的能力，而人力资源描述的则是员工本身。

（4）基础结构资源

企业的基础结构主要是指企业的管理哲学、企业文化、企业内部的基本管理制度以及企业同外界力量所形成的各种协议安排和制度安排。企业的基础结构具体运作起来就会形成一定的管理模式。之所以把企业的基础结构看成一种资源，是因为它是企业经营运作的一个框架，它对企业的经营绩效产生直接的影响。这种资源的创新积累和开放将对企业核心能力的形成起到巨大的作用。企业的管理哲学和企业文化对企业有着非常重要的意义，直接影响企业管理决策的方式，企业的行为模式和企业对员工的激励手段。卓越的管理哲学和企业文化可以为企业建立卓越的市场地位，奠定企业获取竞争优势的良好基础，企业文化以及企业文化所蕴涵的管理哲学和核心价值形成了一个企业的人格，对于企业的经营行为起着至关重要的作用。

（5）企业的组织能力

企业的组织能力指的是企业内部各种被用来实现某一预期目的的组织流程，其往往以信息为基础，具有企业的特性，它们是通过企业内部各种其他资源复杂的长期相互作用建立起来的，这种资源可以被抽象地看做是企业创造的一种"中间产品"，这种"中间产品"可以提高企业的竞争能力，从而成为企业竞争优势的源泉；也可以被抽象地看做是对企业最终产品或服务的战略性保护机制。企业的组织或组织流程包括的范围相当广泛，像企业的成本控制方法和流程、企业内部有机的信息交流机制、企业的创新管理机制、企业对品牌的管理方式、企业所建立的市场营销沟通技巧、企业的新产品开发管理流程、企业管理的基本机制都属于企业组织流程的范畴。

2. 答：能力理论认为企业在资源和能力方面的差异是企业获利水平不同的决定因素，也就是说，那些拥有基于资源的核心能力的企业能够获取超出平均水平的利润。长期持续竞争优势的决定因素就是核心能力。企业运用其资源和能力保持持续竞争优势必须具备五个充分条件，即这些资源必须是有价值、异质、不能被完全仿制和其他资源无法替代且能以低于其价值的价格为企业所取得。

（1）核心能力必须是有价值的

很显然，作为企业的核心能力应当有助于提高企业的效率，也就是说，核心能力能够帮助企业在所处的经营环境中更好地把握机会和抵御威胁，可以帮助企业在创造价值和降低成本方面比他们的竞争对手做得好。例如，人们可以把麦当劳的成功经验归于它的核心能力，麦当功在快速高效、卫生清洁、促使家庭和睦方面，能创造比汉堡大王或其他竞争对手更大的价值，而这一价值的创造又可以追溯到特许经销商所必须遵守的相当严格的经营规范中去。

（2）核心能力应当是异质的

作为企业创造价值的核心能力，应当是具有较高异质性的，也就是说，本企业所具有核心能力是独一无二的，或者应比其他企业要做得更好。例如，美国的制药巨头——默克公司。默克公司是世界上第一家采用非常科学的研究开发体系的制药企业，它与领先的大学研究部建立密切合作联系，这使公司在一段时间内独占鳌头，这一研究开发体系成为公司的核心能力。默克公司的这一战略使其比竞争对手更具创新活力并创造了巨大的价值。很显然，默克公司组织其研究与开发的方式与制药业中传统的实验室方式是完全不同的，这就构成其核心的异质性。

（3）核心能力应当是难以仿制的

像上述默克公司的竞争优势很难持久，因为在现实中，世界各国的制药企业很快就会采用默克公司管理研究与开发系统的方式，这样就削弱了默克公司的核心竞争能力基础，甚至抵消了默克公司最初所具有的竞争优势，因此，作为持久竞争优势基础的核心能力应当是难以仿制的。

（4）核心能力应当是很难被替代的

尽管核心能力很难被仿制，但由于其特殊的自然属性，常常受到替代品的威胁。为此，必须采取某种战略，使核心能力难以被替代。意大利的贝尼顿（Benetton）公司做到了这一点，它通过重新定义流行服装的设计加工、分配和营销，使其核心能力获得巩固。替代品很难对其进行攻击，贝尼顿公司通过使用不同于传统流行服装的原则，以低成本同时获得了产品品种和数量上的扩张，在制衣业中把这两方面联系起来是前所未有的。

（5）以低成本获取核心能力

当企业拥有价值的生产性资源和能力时，他们便具备了强于竞争对手的企业竞争优势，但这并不保证企业能获得高额利润。获取独特价值的资源和能力的成本必须低于其能创造的价值，这是经济学上最简单的原理，只有收益大于成本，才能获取利润。因此，从某种程度上讲，获取核心能力的战略要素市场必须是不完备的，倘若市场是完备的，能力的价格与其价值必然相等，那么该能力将不能帮助企业获得超额利益，也就不能成为企业核心能力。

3. 答：（1）核心能力决定多元化战略

核心能力理论认为，企业是由不同的知识、能力和核心能力组成的集合。没有两个公司是一样的，因为没有两个公司具有同样的经验，获取同样的资源和技能或者说建立同样的组织文化，而上述这些资源和能力决定公司运作的效率和效益，也决定了企业经营的范围和领域。关联性多元化经营成本较低，投入产出周期较短，成功率较高，换一个角度看，关联性多元化战略可以更广泛地运用和发挥现有的资源和核心能力，充分获取由现有核心能力带来的租金，为新的核心能力开发准备资金。相比之下，非关联性的多元化战略则不宜提倡，我们知道，核心能力决定了企业的竞争优劣势。在这一个非关联性的行业中，企业根本不具备核心能力，甚至连基本能力也不具备，这样，企业必须从头开始，花费大量时间、资金培育所必需的基本能力和核心能力。非关联性多元化战略缺乏能力支撑，投入产出周期长，成功率也低。

企业核心能力的存在决定了企业有效的活动领域，也就是说决定了企业特有的经营范围或多元化经营的广度和深度。如果企业置身于核心能力能够发挥价值的状态中，就构成了企业的竞争优势。所以核心能力的一个重要特征就是它们的价值由外部环境决定，管理者的任务是通过选择使用企业能够在其能力发挥的广阔领域中从事生产经营活动。

（2）核心能力决定跨国经营战略

核心能力可以理解为是一种隐性知识，它是为某一企业所特有的，并且是蕴涵在整个企业的组织当中，因此无法用语言和编码把它表达出来，并且由于核心能力本身所具有的难以仿制性，决定了核心能力不能在企业之间直接转让。当然通过公司的兼并扩张知识联盟，有助于企业组织学习并最终自行开发核心能力，但这种方式要付出相当的代价，也就是说企业组织学习外部核心能力的交易费较高。这样，拥有核心能力的企业在企业内部转让核心能力，进行跨国经营就有以下优势：可以利用企业本身的权威，协调本土企业和国外企业的利益，省去核心能力转让的定价问题，实现知识的共享；在企业内部规避了核心能力的一些仿制障碍，加快了国外企业组织学习和开发核心能力的进程；本土企业和国外企业的互动，有助于核心能力的开发、提升和保护，从而保护竞争优势。简而言之，企业是一个开发、运用、转让能力和核心能力的体系，企业采取跨国经营战略是为了使能力和核心能力的转让更有效率，从而在全球范围内保持竞争优势。

核心能力是一种无法编码的隐性知识，它尚未为其他企业所知，也难以为竞争对手所仿制，正因为它的这些特性，使其成为开拓国外市场的关键，也是竞争优势的来源，跨国经营的真正原因和成功的基础就是这种核心能力。

4. 答：核心能力的开发必须遵循一定的步骤，根据哈默和普哈拉的《竞争大未来》和彼德·圣吉的《第五项修炼》，此书构建了一个精炼的四步法：学会遗忘、组织学习、产业先见、确定所需的核心能力。

（1）学会遗忘

开发核心能力的第一步首先要学会遗忘。在一个企业内，如果用人标准统一，员工背景相近，培训计划具有强制性，内部选拔盛行，高级管理资深，公司过去比较成功，则公司的管理框架倾向一元化。随着时间的推移和公司的成熟，一元化的管理框架逐渐强化了公司的一些习惯与做法，进而成为清规戒律。因此，公司被这些清规戒律所束缚，从而止步不前，因此，开发核心能力的第一步首先要学会遗忘。学会遗忘并不是简单地把公司过去的成功和业绩全部忘掉，而是指在知识经济条件下，学会不断抛弃构成管理层心智模式的部分过时的基础条件，从而为更好地保持公司或个人的心智模式健全创造条件。学会遗忘就是要求个人或公司对过去形成的已不适于现在的价值观、思维方式、行为习惯和模式、理念、经验教训等心智模式作出改变，因为公司和个人的心智模式一旦形成，就成为一种定式，在以后认识、解决问题的时候，就会自觉不自觉地遵从已成定式的心智模式。

（2）组织学习

学习型组织是彼德·圣吉在《第五项修炼》中所倡导的未来企业的组织形成，正如他在该书中指出的那样：未来的企业，将是能够设法使各层次人员全心投入，并有能力不断学习的组织。学习型组织要求五项修炼，即自我超越、改善心智模式、共同愿景、团队学习和系统思考。五项修炼为发展学习型组织提供了一整套新的管理技术和手段。它的绝大部分做法都直接或间接地与内部沟通有关，如建立共同愿景和团队学习就直接依赖沟通，自我超越和改善心智模式也必须通过沟通才能达到应有的效果，从某种意义上说，五项修炼最终表现为它培养了组织的沟通能力。

（3）产业先见

所谓产业先见是指任何一个产业都有其生命周期，即要经历产业形成期、产业成长期、产业成熟期、产业衰退期。因此彼德认为竞争战略有两个基本问题。第一个问题是某一产业的长期赢利能力和决定长期赢利能力各不相同,因此,产业本身就基本上决定了本产业内企业的赢利上限。第二个问题是在某一产业内决定各企业相对竞争地位的因素是什么。某一产业,可能平均赢利水平很低,但总会有一些企业凭借有利竞争地位,获得超出平均水平的赢利。

(4)确定所需的核心能力

在捕捉到产业先见之后,就应该着手于核心能力的开发与整合,先通过上一步的分析,找出实现产业领先需要哪些核心能力的支撑?公司现有的核心能力是什么?还缺乏哪些核心能力?这些核心能力可以通过哪些途径开发得到?核心能力是公司开发潜在产业并实现产业领先的关键。核心能力与企业的资源及基本能力相配合,能够在未来的发展中不断地衍生出各种新产品和新服务。只有恰当地把握机会,全力开发出消费者十分期待、自身又不十分明了的产品或服务,才能形成一个新的产业,为把握产业领先,从而确定持续的竞争优势打下基础。

5. 答:一般来说,开发核心能力有企业自我积累创新、公司扩张和知识联盟三种方法,其中自我积累创新属于内部方法,公司扩张和知识联盟属于外部方法。

(1)自我积累创新

开发企业核心能力的最基本的方法是内部的积累和创新,积累同企业的行为有关,而创新本身则可以提高企业的核心能力。①积累。企业的核心能力可以是企业行为长期积累的结果。例如,颇具个性特征的企业家精神、难以仿效的有价值的企业文化、产品声誉等难以仿制的无形资产、成功企业用于解决新问题的经验等,这些都可以成为一个企业的核心能力,其都是通过很长一段复杂的过程积累起来的。②创新。战略大师们发现创新可以获取核心能力,从而赢得竞争优势,管理大师彼得·德鲁克甚至宣称:创新就是企业的一种核心能力。事实是不断创新的企业始终能够保持竞争优势,甚至始终处于产业领先地位,而且创新水平与获利能力的相关性极强。

(2)公司扩张

要尽快获取核心能力,可以考虑通过外部方法:对拥有急需核心能力的公司进行兼并和收购、发盘收购或建立联营公司,从而加快自身开发核心能力的速度。①兼并与收购。兼并是指以一家公司为主体,以购买或其他方式吸收其他公司加入从而成为一家新的公司,它是原来公司的扩张。常见的兼并有三种:横向兼并、纵向兼并和混合兼并。②发盘收购。在发盘收购中,为了谋求对目标公司的控制权,收购方要求目标公司的股东交出他们所拥有的股份,或为他们的股份开一个价格,通常这个价格是溢价,即高于股票市场上的交易价格。③联营公司。联营公司一般只涉及相关公司一小部分的业务合作,并且合作期限较短,一般在10~15年,联营公司可以是一个单独的法人实体。联营双方分别以现金、技术、设备、土地等资产投入。

(3)知识联盟

另外一种从外部获取核心能力的方法是知识联盟。知识联盟通常指产业中或不同产业内几个企业组建联盟,以相互学习和共同开发新的先进知识。目前,人类在大步跨入知识经济时代，获取核心能力的传统方法已渐有过时的趋势，不再成为主流，而知识联盟则代表了知识经济中联合开发、组织学习核心能力的方向。知识联盟是联盟这种形式发展的高级阶段。相对于以往的产品联盟，它又前进了一大步。产品联盟往往只是两个企业联合开发新产品，而知识联盟还涉及企业的管理经验、组织设计等深层次的内容，有助于降低风险、削减成本、提高市场开发速度等，更重要的是知识联盟能帮助企业开发新的核心能力。与产品联盟相比，知识联盟有以下四个显著特征：①学习和创造知识是联盟的中心目标；②知识联盟比产品联盟要紧密；③知识联盟的参与者范围极其广泛；④知识联盟比产品联盟具有更大的战略潜能。

6. 答：要尽快获取核心能力，可以考虑通过外部方法：对拥有急需核心能力的公司进行兼并和收购、发盘收购或建立联营公司，从而加快自身开发核心能力的速度。前面我们提到了核心能力是无法转让和收购的，也是难以仿制的。因而对具有核心能力的公司的扩张，并不能保护企业自身一定能获取核心能力，但是公司扩张至少可以获取一些与核心能力相匹配的基本能力，可以加快组织学习进程，从而有助于公司开发自身的核心能力。

（1）兼并与收购

兼并是指以一家公司为主体，以购买或其他方式吸收其他公司加入从而成为一家新的公司，它是原来公司的扩张。常见的兼并有三种：①横向兼并——从事同一产业同类业务活动的企业间的兼并；②纵向兼并——同一产业内上下游的企业之间的兼并；③混合兼并——处于不同产业、经营不同业务的企业之间的兼并。

（2）发盘收购

在发盘收购中，为了谋求对目标公司的控制权，收购方要求目标公司的股东交出他们所拥有的股份，或为他们的股份开一个价格，通常这个价格是溢价，即高于股票市场上的交易价格。发盘价格收购很早就开始被使用，但20世纪60年代中期以后受到广泛采用。如果收购方想获得对目标公司的控制权，一般都会寻求目标公司管理层和董事会收购的支持。一种先礼后兵的收购方法被称作"狗熊式的拥抱"。即收购公司致函目标公司的董事会，明确提出收购意愿，要求董事会对其报价作出决定。如果不能获得董事会的同意，收购公司即刻向全体股东提出发盘收购的要求，除非目标公司的董事会和管理层拥有足够的股份来保持其控制权，否则，拥有大部分股份的股东如果对发盘收购报价反应积极，收购公司在拥有足够股份后便获得了对目标公司的控制权，并且收购方一般会更换一部分不合作的董事，这被称作敌意收购。

（3）联营公司

联营公司一般只涉及相关公司一小部分的业务合作，并且合作期限较短，一般在10～15年，联营公司可以是一个单独的法人实体。联营双方分别以现金、技术、设备、土地等资产投入。20世纪80年代日本许多公司以联营公司的方式，从卓越的欧美公司那里通过组织学习获取了不少核心能力。联营公司可以视做产品联盟，产品联盟有助于生产产品提供服务，也有助于降低风险、削减成本、提高市场开发速度等。

从核心能力的角度来看，上述三种公司扩张并不是追求传统的规模经济、范围经济、经营多元化等企业目标，而是为了更好地开发自身的核心能力。因此扩张公司不在乎目标公司赢利多少、规模大小以及寿命长短，只关心目标公司所具有的核心能力是否是自己所急需的。

7. 答：影响和决定核心能力选择的因素主要有企业所处的行业、企业的组织结构、企业的规模、企业的历史和企业文化五项。

（1）企业所处的行业

处在不同行业的企业所能选择的核心能力是不同的，因为不同的行业具有自身的地位特征，处在某一行业中的企业必须根据行业特征选择和培养核心能力。例如，核心技术可以构成高新技术企业核心能力的主要部分，服务性行业中的核心人才则构成核心企业核心能力的主要部分，而服务性行业中的核心人才则构成核心能力的关键要素；在传统的行业里，拥有良好的组织整合能力有助于核心能力的形成；学习能力对各个行业的企业都极为重要，但一般情况下只在新兴的产业中能形成核心能力。

（2）企业的组织结构

企业的组织结构对核心能力的选择亦具有重要的影响，在扁平化、分权化、有机式的组织结构中，依赖核心人才、学习能力等要素的核心能力更易于形成。

（3）企业的规模

企业的规模越大，形成卓越的组织整合能力和优秀的学习能力的难度越大，而依靠核心技术建立核心能力的可能性则较大。

（4）企业的历史

企业的历史状况对核心能力的选择也有较大的影响，在企业过去就已经形成了以某一种要素作为核心能力的基础时，企业在多数情况下都会选择保持原有的核心能力。

（5）企业文化

鼓励创新，崇尚风险的企业文化有利于核心技术的开发和培养，尊重人才、依赖人才的企业则可选择核心人才作为形成核心能力的依托。不循规蹈矩的企业则可将学习能力加以选择和培养。

8. 答：从企业经营战略观念出发，选择研究和开发的具体策略有以下几种：

（1）进攻策略

进攻策略要求投入较强的力量（人力和财力）在战略目标的某个领域内进行系统的、深入的科学研究和技术开发，不断有领先的技术创造发明问世，形成自己的特色。进攻策略要求有雄厚的经济实力和人才队伍，既要在研究开发领域下工夫，又要在开辟市场、促进销售方面下工夫，进攻策略的投资不能马上回收，会有风险，但占领市场后会有较大的经济效益，因此它是"高风险、高收益"策略。进攻策略必须得到战略决策者的支持，争取国家的支持。采用进攻策略的企业，一般都是技术开发实力强的大企业。

（2）跟踪策略

这种策略又叫防守策略。跟踪策略是让采用进攻型策略的企业先搞出技术来，然后通过对专利情报分析或对实物剖析，掌握技术关键，再自己独立研究开发出类似的成果。在医药、化工、材料等方面的技术开发，常可采用这种策略，既可避免进攻策略所冒的大风险又可能是成功的捷径。但是，采用跟踪策略的企业必须具备以下几个条件：①有较强的情报追踪和情报分析能力；②有很强的分析手段和剖析能力以及研究开发力量；③有较高的经营管理水平，在成本和质量两方面都具有竞争力。总之，采用跟踪策略，必须以价廉物美取胜。

（3）引进策略（又叫接力策略）

这种策略是让对手下大本钱搞出发明，然后把专利和技术秘密买过来，组织力量消化、吸收和创新，变成自己的技术，并迅速转化为生产力。具备技术应用开发力量但缺乏科研能力的企业常采用这种策略以获得先进技术。但是单靠这种策略是难以在竞争中很快赶上先进的，因为采用前两种策略的企业在转让时要考虑会多出一个竞争对手，因此决不会把最先进的技术很快转让出去。至于国内的技术引进即技术转让对于整个社会经济发展和技术进步而言是必要的和有益的。大量小型企业（包括乡镇企业）向科研机构和大中型企业接受技术成果转让进行后续开发是可取的策略。

（4）寻隙策略

这是在市场中寻找空隙，组织力量填补空隙并扩大占领面的策略。对于力量相对较弱的企业同强大的对手竞争时，这是常用的取胜策略。

（5）综合策略

综合策略即综合以上四种策略加以灵活运用，用某一种策略对付所有的技术成果，风险太大，最好针对不同技术成果采取不同策略。例如，实力雄厚的 IBM 公司对大型计算机采取进攻策略，但对微型计算机却采取了跟踪策略。IBM 公司原来忽视了微型计算机，当苹果公司开发出微型计算机时，IBM 公司立即跟踪追击开发出现在充斥世界市场的个人计算机——IBM – PC。

（七）案例分析题答案（本题共 2 小题）

案例一：

1. 答：专利保护的实质是专利申请人将其发明向公众进行充分的公开以换取对发明拥有一定期限的垄断权。保护的范围仅限于所申请的国家和地区。

2. 答："安踏运动科学实验室"所研发出来的各项专利技术、安踏借鉴丰田而成功的学习能力。

3. 答：进攻策略。要求投入较强的力量，要求有雄厚的经济实力和人才队伍，高风险、高收益。

案例二：

1. 答：2600 人属于该企业的人力资源。

2. 答：两者所考察的角度不同，人才资源是从蕴涵在企业员工身上的才能角度出发，而人力资源则是将企业员工作为一种蕴涵各种技能和知识的载体出发。简言之，人才资源描述的是员工的能力，而人力资源描述的则是员工本身。

3. 答：不会，因为汇源一直在销售组织结构上进行改革重组，改革后的机制降低了对销售队伍人数的要求，精简后的销售队伍反而能达到更大的销售能力。而且这一举动可以大幅度地降低汇源的成本，使其在业绩下滑之时扭亏为盈。

第八章　采购渠道战略

一、知识概述

通过本章的学习，掌握期货投机、商品套期保值和期权交易，并了解现货市场和期货市场的发展。

二、基本概念

1. 概念1——套期保值

【说明】套期保值是交易者为了配合实物方面的交易，在期货市场设立与现货市场方向相反的交易部位（头寸），转移、规避价格风险的交易行为。

2. 概念2——投机

【说明】投机，是指投机者通过预测未来价格的变化，以在将来的某个时间进行销售（或购入）并获得利益为目的，在现时购入（或销售）商品的行为。

3. 概念3——期权

【说明】期权，是指买卖某种标的商品的选择权，期权交易实质上是买卖标的商品权利的交易。期权的买方在向期权的卖方支付一定数额的权利金后，即拥有了在一定时间内以一定价格向对方购买或出售一定数量的某种商品或金融产品的权利，而不承担必须买进或卖出的义务。而期权的卖方则有义务应期权买方的要求，以期权合约规定的价格卖出相关的商品或金融产品。

三、重点内容

1. 期货投机的功能

（1）承担价格风险。

（2）提高市场流动性。

（3）保持价格体系稳定。

（4）形成合理的价格水平。

2. 套期保值的功能作用

从宏观经济方面来说，套期保值的功能和作用表现为：

（1）稳定社会生产成本。

（2）节约社会资本。

（3）形成合理的价格水平。

从微观经济方面来说，套期保值的功能和作用表现为：

（1）提供对不利价格波动的防范手段，从而使企业在很大程度上规避价格波动对其经营造成的不利影响，从而使企业锁住成本，保护其利润。

（2）使企业在购买、销售和定价等经营活动中获得较大的灵活性，使企业在市场竞争中获得价格优势。

（3）可以使企业的资金摆脱被存货大量占压的局面，并节约相应的仓储费用，使企业资金发挥更大的作用。

四、习题与案例

（一）单选题（本题共20小题）

在每小题列出的四个备选项中只有一个是符合题目要求的，请将其代码填写在题中的括号内。错选、多选或未选均不得分。

1. 在期货合约中，唯一可变的变量是（　　）。

A. 价格　　　　　　　　　　B. 商品数量

C. 交货时间　　　　　　　　D. 商品规格

2. 期货合约是由（　　）演化而来的。

A. 近期合同　　　　　　　　B. 远期合同

C. 现货合约　　　　　　　　D. 掉期合同

3. 下列不属于期货合约区别于现货合约的特点的是（　　）。

A. 合约标准化　　　　　　　B. 价格公开竞争

C. 条款共同协商　　　　　　D. 价格可变

4. 期货合约的保证金一般为合约价值的（　　）。

A. 5% ~10%　　　　　　　　B. 5% ~18%

C. 5% ~20%　　　　　　　　D. 5% ~28%

5. 下列关于期货交易和现货交易的说法错误的是（　　）。

A. 期货市场和现货市场的买卖对象不同

B. 现货市场可以集中交易也可以分散交易，期货市场只能集中交易

C. 期货交易除法律保障外，还有很多会员制度、保证金制度等来保证市场正常运行

D. 期货市场上最终也是直接的商品货币交换

6. 关于远期交易的说法正确的是（　　）。

A. 远期交易是期货交易的一种　　B. 远期交易的交割日期是固定的

C. 远期交易交易的是标准化的合约

D. 远期交易不是通过公开竞争来决定价格的

7.（　　）是期货市场的最基本和首要的功能。

A. 发现价格
B. 规避价格风险

C. 风险投资
D. 套期保值

8. 套期保值就是在期货市场买进或卖出与现货市场（　　）的期货合约。

A. 交易方向相同、交易数量不同
B. 交易方向相同、交易数量相同

C. 交易方向相反、交易数量不同
D. 交易方向相反、交易数量相同

9. 关于期货投机与套期保值的关系的叙述错误的是（　　）。

A. 投机的出现是套期保值业务存在的必要条件

B. 投机者提供套期保值者所需要的风险资金

C. 投机者的参与，增加了市场交易量，增强了市场流动性

D. 投机者的参与，使相关的市场的变化相同，从而消除了风险

10. 逐小利者的交易特点为（　　）。

A. 频繁进出
B. 赢利大

C. 亏损大
D. 交易量小

11.（　　）通常将合约持有几天、几周甚至几个月，价格变化对其有利时再将其对冲。

A. 部位交易者
B. 当日交易者

C. 长期交易者
D. 套期图利者

12. 某投资商在 5 月份卖出原油期货 5 张，每张 6000 桶，每桶 17 美元，8 月份油价上涨到每桶 18 美元，该投资者（　　）。

A. 获利 30000 元
B. 亏损 30000 元

C. 获利 6000 元
D. 亏损 6000 元

13. 因为套期保值能（　　），所以它具有节约社会资本的作用。

A. 进行资源有效配置
B. 以较少资金做大交易

C. 加快资本流动速度
D. B 和 C

14. 套期保值交易时，所选用的期货合约的交易月份应该（　　）。

A. 比现货交易早
B. 比现货交易迟

C. 与现货合约一致
D. 与现货合约相同或相近

15. 最早建立期权交易所的是（　　）。

A. 英国
B. 美国

C. 澳大利亚
D. 瑞士

16. 下列不属于期权交易的特点的是（　　）。

A. 交易种类少
B. 风险小

C. 投资少
D. 灵活便利

17. 当投机者拥有的未平仓合约达到一定量时，（　　）必须向商品期货交易委员会汇报。

A. 所有投机者   B. 大投机者

C. 小投机者   D. 中小投机者

18. 关于期货市场的投机行为的说法正确的是（　　　　）。

A. 该投机行为也是一种赌博行为

B. 投机者是风险承担者，而不是风险的制造者

C. 投机没有创造出新价值，对社会没有贡献

D. 投机的结果只是财富在个人之间转移

19. 投机的好处是（　　　　）。

A. 活跃交易   B. 扩大交易规模

C. 为规避风险创造条件   D. A、B、C

20. （　　　）通过观察同种商品的不同交割月份，在不同交易所交易的同种商品之间、不同商品但相互关联的期货合约之间，或同一商品的现货和期货之间不断变动的价格相对关系来决定建立部位与平仓了结。

A. 部位交易者   B. 当日交易者

C. 套期图利者   D. 抢帽子者

（二）多选题（本题共 10 小题）

请把正确答案的代码填写在题中的括号内，多选、漏选、错选不得分。如果全部答案的代码完全相同，例如全选 ABCDE，则本大题不得分。

1. 现货合约中（　　　）是由交易双方协商而定的。

A. 商品规格   B. 商品价格

C. 交易时间   D. 商品质量

E. 交货地点

2. 可在期货市场上市交易的商品要满足条件（　　　）。

A. 可储藏性   B. 品质可划分

C. 交易大宗性   D. 价格波动频繁

E. 规格简单

3. 期货市场与证券市场的差别是（　　　）。

A. 基本职能不同   B. 交易工具性质不同

C. 交易目的不同   D. 交易手段不同

E. 市场结构不同

4. 期货市场中的价格有（　　　）性质。

A. 公正性   B. 公平性

C. 竞争性   D. 统一性

E. 预测性

5. 期货市场的公开是指上市商品的（　　　）要素的公开。

A. 商品品种   B. 商品价格

C. 买卖方式   D. 相关信息

E. 商品利润

6. 从投机者的交易态度分，投机者可分为（　　）。

A. 部位交易者   B. 当日交易者

C. 长期交易者   D. 套期图利者

E. 逐小利者

7. 期货投机的经济功能有（　　）。

A. 承担价格风险   B. 预测价格变化趋势

C. 提高市场流动性   D. 保持价格体系稳定

E. 形成合理的价格水平

8. 宏观上，套期保值的作用有（　　）。

A. 稳定社会生产成本   B. 节约社会资本

C. 进行资源配置   D. 形成合理的价格水平

E. 风险定价

9. 期权在（　　）方面都实行标准化。

A. 交割数额   B. 每日价格最大波动幅度

C. 交易时间   D. 合约月份

E. 最小变动价位

10. 期权合约行情解读时，应该关注（　　）方面的内容。

A. 合约标的物   B. 合约规模

C. 权利金   D. 执行价格

E. 合约到期日

（三）名词解释题（本题共 3 小题）

1. 投机

2. 套期保值

3. 期权

（四）判断题（本题共 20 小题）

对的在括号内画 "√"，错的画 "×"。

1. 期货交易活动只能在期货交易所内集中进行。（　　）

2. 所有商品都可以进行期货交易。（　　）

3. 期货交易和现货交易都是为实现商品权的转移而进行的。（　　）

4. 远期交易不属于期货市场范畴，可以看做是一种远期的现货交易。（　　）

5. 期货保证金制度的一个显著特性是杠杆作用，这也是吸引众多投机者的重要因素。（　　）

6. 期货市场与证券市场都属于金融市场。（　　）

7. 期货合约没有内在的、固定的价值，既不能用来抵押或担保，也不能用作储备资产。（　　）

8. 期货市场可划分为初级市场和二级市场。（　　）

9. 由于期货市场和现货市场最终的价格趋同，所以进行套期保值可使风险为零。（　　）

10. 买进期货合约者拥有多头部位，卖出期货合约者拥有空头部位。（　　）

11. 基本分析法是通过借助图形和技术指标对商品的价格趋势进行分析的。（　　）

12. 期货价格在最终交易时将等同于现货价格。（　　）

13. 套期保值目的在于减少或转移存在于商品买卖活动或持有现货商品期间的价格风险。（　　）

14. 期权的卖方除了收取权利金外，没有其他权利，只有义务。（　　）

15. 权利金是指期权合约规定选择履约时应依照的价格。（　　）

16. 投机者投机期货市场至少包含直接成本和间接成本两种成本。（　　）

17. 间接成本是指为完成投机行为而消耗的各种体力和脑力以及物质消耗。（　　）

18. 先买空期货，然后等待时机卖空对冲获利的是多头期货投机。（　　）

19. 市场价格的频繁变动是期货投机的必要条件。（　　）

20. 持有成本是期货交易特有的，在现货交易中不存在。（　　）

（五）简答题（本题共 10 小题）

将答案要点写出并作简要叙述，必要时可以画出流程图或示意图进行阐述。

1. 简述期货合约与现货合约的异同。

2. 上市商品的特殊性表现在哪几方面。

3. 简述期货市场与现货市场的区别。

4. 简述期货投机与赌博的本质区别。

5. 简述期货投机与套期保值的关系。

6. 从宏观经济方面简述套期保值的功能和作用。

7. 从微观经济方面简述套期保值的功能和作用。

8. 简述套期保值的特征。

9. 简述期权交易的特点。

10. 简述期权合约的主要内容。

（六）论述题（本题共 6 小题）

要求阐述过程中理论联系实际、结构严谨、分析透彻，必要时可以画出流程图或示意图进行阐述。

1. 论述期货市场及其主要特征。

2. 论述期货市场与证券市场的区别。

3. 论述现代期货市场的功能作用。

4. 论述期货投机者的类型。

5. 论述期货投机的经济功能。

6. 论述套期保值的经济原理。

（七）案例分析题（本题共 2 小题）

案例一：期货市场

西方发达国家期货市场已有一百多年的发展历史，有着成熟的监管体系，但期货操纵现象也时有发生。如期货市场发展早期"世纪逼仓者"哈钦森对小麦期货的成功逼仓，1971 年 Cargill 公司被诉操纵 1963 年 5 月的玉米期货合约，1979—1980 年美国亨特兄弟操纵白银期货案，1991—1996 年日本住友公司操纵 LME 铜期货案等。

1. 期货市场发展早期的逼仓事件

期货市场的操纵行为主要表现为逼仓，逼仓一般出现在可交割的现货量不大的情况下。此时，逼仓者是市场中的买方，既拥有大量的现货部位又拥有大量的期货部位。这样，可以使没有现货的空方或卖方在进入交割月以后只好以较高价格平掉自己的部位，因此，期货价格一般会偏离现货价格较远。

19 世纪是商品期货操纵者的黄金时期，那时，交易所制定的交易规则非常自由，没有对持仓量进行限制，董事会也没有对投机者进行有力的监督。因此，历史记载的操纵事件只是发生在大巨头中间的争夺，基本上交易所没有采取任何措施来制止逼仓的企图。也正是因为这些原因，一直缺乏关于那个时代大户活动的细节、价格波动及其他市场活动的详细记录，也没有与现货供给、需求相关的记载，更不会有监管者对操纵行为进行控制的记录。但是，不可否认的是，在这段时期发生的逼仓及操纵事件，无论成功与否，对后来制定监管立法的过程非常重要。仔细分析 19 世纪发生的有代表性的操纵事件，我们从中可以发现最初监管立法的思想来源，分析这些案例可以为交易所应对这类逼仓及操纵行为提供立法支持。可以这样说，这段时期的操纵事件，在多头与空头的力量博弈下，推动了期货监管立法的产生及随之而来的法规调整。

2. 1866 年本杰明·P. 哈钦森对芝加哥小麦期货市场的操纵

本杰明·P. 哈钦森是第一个企图操纵期货市场的人，他的目标是对 1866 年 8 月的玉米期货市场进行逼仓。得益于每周农作物产量的预测，1866 年 5 月和 6 月，他在谷物类现货市场和期货市场积累了大量的多头仓位。此时，据说小麦的购入成本是 0.88 美元/蒲式耳。到了 8 月份，受伊利诺伊州、爱荷华州及毗邻芝加哥的其他州的每周作物报告影响，小麦价格迅速上扬。8 月 4 日，小麦合约报价 0.90～0.92 美元/蒲式耳。8 月 18 日，哈钦森的交割要求使小麦的价格上涨到 1.85～1.87 美元/蒲式耳，空头损失惨重。

这起逼仓事件和随后发生的其他逼仓事件，促使芝加哥期货交易所（CBOT）决定制止这种行为。他们第一次给逼仓下了定义，认为逼仓是这样一种行为："订立购买商品的合约，然后采取手段使卖方不能履行合约，从而向卖方逼取钱财"。他们认为，这种交易是不正当的、带有欺诈性的，并且宣布：任何参与这种行为的 CBOT 会员将会被开除。但是，这个声明对于随后的一些投机者的行为没有起到任何威慑作用。在利益的驱使下，尽管有些逼仓行为没有成功，投机者还是想方设法地实现他们操纵市场的企图。

结合案例，请回答以下问题：

1. 根据材料分析逼仓行为的产生是由于期货市场存在哪些漏洞。

2. 根据所学知识，阐述期货投机者的类型。

3. 简述投机者对期货交易市场的影响。

案例二：期货交易分析

某投机商通过分析，预测黄金期货看涨，于是在 3 月 5 日买入芝加哥期货交易 6 月黄金期货合约 40 张，共计 4000 盎司，每盎司 385 美元。两周后由于俄罗斯等主要生产商宣布当天黄金减产，因而黄金供给趋紧，导致全价上扬，3 月 22 日，CBOT 6 月黄金每盎司涨到 389 美元。

结合案例，请回答以下问题：

1. 该投机商在 3 月 22 日卖出全部黄金期货合约，他的收益是多少？

2. 如果该投机商预计黄金价格还会上涨，在 3 月 22 日又买入 2000 盎司的合约，在 4 月 22 日黄金涨到每盎司 400 美元时全部卖出，他的收益总共是多少？

3. 在上题条件下，如果所交保证金比例为合约价值的 15%，该投机商在 4 月 22 日的收益率是多少？

五、参考答案

（一）单选题答案（本题共 20 小题）

1	2	3	4	5	6	7	8	9	10
A	B	C	B	D	D	A	D	D	A
11	12	13	14	15	16	17	18	19	20
A	B	D	D	B	A	B	B	D	C

（二）多选题答案（本题共 10 小题）

1	2	3	4	5	6	7	8	9	10
ABCDE	ABCD	ABCE	ABCDE	ABCD	ABDE	ACDE	ABD	ABCDE	ABCDE

（三）名词解释题答案（本题共 3 小题）

1. 答：投机，是指投机者通过预测未来价格的变化，以在将来的某个时间进行销售（或购入）并获得利益为目的，在现时购入（或销售）商品的行为。

2. 答：套期保值是交易者为了配合实物方面的交易，在期货市场设立与现货市场方向相反的交易部位（头寸），转移、规避价格风险的交易行为。

3. 答：期权，是指买卖某种标的商品的选择权，期权交易实质上是买卖标的商品权利的交易。

（四）判断题答案（本题共 20 小题）

1	2	3	4	5	6	7	8	9	10
√	×	×	√	√	√	√	×	×	√

11	12	13	14	15	16	17	18	19	20
×	×	√	√	×	√	×	√	√	×

（五）简答题答案（本题共 10 小题）

1. 答：期货合约与现货合约的相同之处，在于两者是贸易方式的一种契约。两者的联系在于，期货合约是由远期合同逐步演化而产生的。但是，期货合约又与现货合约有着重大的区别：

（1）标准化与非标准化的区别

期货合约是标准化的、公众的一种约定；现货合约是双方协商签订的协议，交货时间、地点、方式、数量、质量、价格都由签约双方议定。

（2）价格决定的公开竞争性与非公开竞争性的区别

期货合约中唯一没有被标准化的是价格。它是在交易所内通过公开竞价的方式形成，而现货合约中的价格是双方商定。

（3）所有交易者的共同约定与双方协议的区别

期货合约的条款是交易者共同约定，而现货合约的条款是双方共同商定。

2. 答：期货市场交易的商品是一种有代表性的商品，并非任何商品都可以上市交易。可在期货市场上市交易的商品一般要满足如下几个条件：

（1）可储藏性，能够保存一定时间

由于期货合约的交割日期为 3 个月到 1 年以上，甚至 2 年，所以其商品必须是可以较长时间保存、不会变质。

（2）品质可划分性，即有划分和评价标准的商品

由于期货合约是标准化的，所以其品质必须具有明显地进行评价和划分的标准。

（3）交易大宗性

即可以大量进行交易的商品，在此期货市场上，只有大宗交易的商品才值得进行交易。

（4）价格波动频繁性

如果某种商品的价格没有波动，生产者和经营者就不会有规避价格风险的要求，投资者也就不会进行投资套利。这是期货交易一个重要的条件。

3. 答：期货市场发展到今天，已与现货市场有了重大区别。

（1）买卖对象不同

现货交易的对象是实物，是"一手钱，一手货"的商品货币交换；而期货市场上买卖的对象是期货合约，并不是直接的商品货币交换。

（2）交易目的不同

现货市场交换商品，目的是为进行实物交割，实现商品所有权的转移，期货市场上的交易目的不是为获得实物商品，不是为实现商品所有权的转移，而是通过期货交易转嫁与这种所有权有关的商品由价格变动所带来的风险，或者获得风险投资利益。

（3）交易方式不同

在现货市场上，交易一般是一对一签订契约，而在期货市场上，所有交易都要集中在交易所以公开竞争的方式进行。

（4）交易场所不同

现货市场有集中交易，如生鲜食品的批发。也有分散交易，而且一般都是分散交易。期货交易则不同，必须是在期货交易内依照期货法规竞争交易。

（5）保障制度不同

现货交易以《合同法》等法律为保障，合同不兑现时借助于法律来解决，期货交易也有法律保障，但更重要的是会员制度、保证金制度、每日无负债结算制度等来保证市场的正常运行。

4. 答：期货市场上的投机行为是市场经济发展的要求和必然结果。从经济角度看，期货投机与赌博截然不同，两者有着本质的区别。

（1）就风险而言

赌博是人为地制造出一种风险，参与赌博的风险是由于该赌局的设立而产生，如果赌局不存在，则风险也将同时消失。而投机则不同，投机者所冒的风险本身就已经存在于商品生产和流通过程之中，即使投机者不参与，其风险也是客观存在的。投机者只是风险承担者，而不是制造出风险强加于社会。

（2）就社会贡献而言

赌博仅仅是赌博者个人之间的财富转移，它耗费了时间和资源，没有创造出新价值，对社会没有贡献。但是，经批准注册登记的合法赌场，政府可以征收高额税金，作为财政收入的一项来源，某些西方国家和地区批准开设赌场的目的亦在于此。而投机者的存在，承担了交易中的价格风险，加速了资金流转，提高了商品生产和经营有效性，对社会经济生活有一定的贡献。

5. 答：投机的出现是套期保值业务存在的必要条件，也是套期保值业务发展的必然结果。

①投机者提供套期保值者所需要的风险资金。投机者用其资金参与期货交易，承担了套期保值者所希望转嫁的价格风险。

②投机者的参与增加了市场交易量，从而增加了市场流动性，便于套期保值者对冲合约，自由进出市场。

③投机者的参与使相关市场或商品的价格变化步调趋于一致，从而形成有利于套期保值者的市场态势。

所以，期货投机和套期保值是期货市场的两个因素，共同维持期货的存在和发展，二者相辅相成，缺一不可。

6. 答：从宏观经济方面来说，套期保值的功能和作用表现为：

（1）稳定社会生产成本

套期保值的存在，使企业可以根据其经营安排来控制其成本开支，稳定其生产经营活动，进而对社会成本的稳定起积极作用。

（2）节约社会资本

套期保值交易可以用较少数额的保证金实现数倍或数十倍于保证金的商品买卖行为，使经济主体可以用较少的资金频繁地进入市场。选择交易对象和时机，这一定程度上加快了社会资本的流通速度，节约了社会资本。

（3）形成合理的价格水平

套期保值行为本身具有一种平抑商品价格的作用。当价格偏低时，保值者在市场上竞相购入合约，可以使价格回升；当价格偏高时，保值者竞相出售合约，使价格回落。被保值的商品又通过其与整个商品市场连锁反应，促使整个市场价格趋于稳定，从而形成合理的价格水平。

7. 答：从微观经济方面来说，套期保值的功能和作用表现为：

①提供对不利价格波动的防范手段，从而使企业在很大程度上逃避价格波动对其经营造成的不利影响，使企业锁住成本，保护其利润。

②使企业在购买、销售和定价等经营活动中获得较大的灵活性，使企业在市场竞争中获得价格优势。

③可以使企业的资金摆脱被存货大量占压的局面，并节约相应的仓储费，使企业资金发挥更大的作用。

8. 答：套期保值的基本特征主要有以下四个方面：

（1）交易方向相反

是指在做套期保值交易时，必须在两个市场上同时采取相反的买卖行动，进行反向操作。具体来说，就是在现货市场上买入商品的同时，在期货市场上卖出该商品的期货合约；而在现货市场上卖出商品的同时，在期货市场上买进该商品的期货合约。

（2）商品种类相同

是指在做套期保值交易时，所选择的期货商品必须和现货市场上买卖的商品是同一种类。

（3）商品数量相等

是指在做套期保值交易时，所选择的期货合约所载的商品数量必须等于交易者将要在现货市场上买进（或卖出）的期货商品数量或等于卖出（或买进）的期货商品数量。

（4）月份相同或相近

是指在做套期保值交易时，所选择的期货合约在交易月份最好和交易者将要在现货市场上买进或卖出现货商品的时间相同或相近。

9. 答：（1）期权合约标准化

每份期权合约具有统一、标准化的规格，按国际惯例进行设计，诸如交易单位、最小变动价位、每日价格最大波动限制、合约月份、交易时间等都是固定的，以便于对其进行估价和转让。

（2）期权交易规范化

期权交易是集中交易，为此建立了专门的固定期权交易场所。期权交易组织机构的设立，为实行集中交易、清算和履约、监督和检查提供了基本前提条件。同时，现代期权交易市场大多采用由计算机网络组成的交易系统、结算系统、审计监测跟踪系统等处理日常交易业务，计算机网络系统可把交易过程中的交易者姓名、交易合约种类、合约交易数量、成交合约价格、履约时间等立即显示出来，使期权交易管理现代化、科学化。还有，适应现代市场经济是法制经济的要求，期权交易也走向法制阶段，建立、健全期权交易法规，创造一个公开、公平、公正的竞争环境，使期权交易沿着法制轨道稳步发展，已成为现代期权交易规范化的重要标志。

（3）期权交易范围和品种扩大化

现代期权交易范围和品种呈现出不断扩大和发展的趋势。从布局来看，由美国扩展到英国、日本、加拿大、法国、新加坡、荷兰、德国、瑞士、澳大利亚、芬兰、中国香港等国家和地区。从交易品种来看，已由最初的股票扩展到目前包括农副产品、金属产品、能源化工产品、债券、外汇以及股票指数在内的近100个品种。

10. 答：（1）合约标的物

期权合约的标的物是指合约中规定期权的买卖双方所要买卖的商品，国际期权市场上标的物包括股票、外汇、股票指数、债券、期货合约和许多不同的实物商品，如农产品、能源产品等。

（2）合约规模

合约规模是指每份期权合约上对标的物的数量，期货合约标的物的数量是一份期货合约等。

（3）权利金

权利金是期权合约的价格，是期权的买方为了获得商品买卖选择权所必须向期权的卖方支付的费用。权利金的高低是买卖双方在交易所内通过自由竞价产生。

（4）执行价格

又称为履约价格或协议价格，是指在合约中事先规定的标的物的买卖价格。此价格一般由交易所根据市场上某种标的商品价格的变化情况确定，同种商品至少有三种不同履约价的期权合约在市场上供交易者选择，每种价格分别低于、等于或高于该种商品的市价。期权的买方在合约有效期内有权选择是否执行交易，卖方无权拒绝履约。

（5）合约到期日

期权合约中明确规定了合约的有效期，合约的到期日就是期权合约实效的日子，在到期日之前，买方如果不提出执行交易，其所享有的权利就自动终止。

（六）论述题答案（本题共6小题）

1. 答：一般人谈到期货市场，往往把它等同于期货交易所，认为期货市场就是进行期货合约买卖的场所。这种看法有一定的道理，但严格说来还不够全面。从深层意义上讲，期货市场是市场经济发展过程中围绕期货合约交易而形成的一种特殊经济关系，是一种特殊的交易活动。这种交易活动必须按照特定的规则和程序、在特定的场所内集中进行，它包括期货交易所。期货市场的特性概括起来有如下几个方面表现：

（1）交易对象的特殊性

在期货市场中买卖的是一种特殊的"商品"即期货合约。这是一种由交易所统一制定、在交易所内集中买卖、规定在将来某一时间和地点交割一定数量和质量商品的标准化合约。合约本身不是实货，而是实货的象征、代表，也可以称为"虚货"。在合约中，商品的规格、品质、数量、交货时间和地点等都既定，唯一的变量是价格，期货价格在交易所内以公开竞价方式达成。

期货合约与现货合约的相同之处，在于两者是贸易方式的一种契约。两者的联系在于，期货合约是由远期合同逐步演化而产生的。但是，期货合约又与现货合约有着重大的区别：

①标准化与非标准化的区别。期货合约是标准化的、公众的一种约定；现货合约是双方协商签订的协议，交货时间、地点、方式、数量、质量、价格都由签约双方议定。

②价格决定的公开竞争性与非公开竞争性的区别。期货合约中唯一没有被标准化的是价格。它是在交易所内通过公开竞价的方式形成，而现货合约中的价格是双方商定。

③所有交易者的共同约定与双方协议的区别。期货合约的条款是交易者共同约定，而现货合约的条款是双方共同商定。

（2）上市商品的特殊性

期货市场交易的商品是一种有代表性的商品，并非任何商品都可以上市交易。可在期货市场上市交易的商品一般要满足如下几个条件：

①可储藏性，能够保存一定时间。由于期货合约的交割日期为3个月到1年以上，甚至2年，所以其商品必须是可以较长时间保存、不会变质。

②品质可划分性，即有划分和评价标准的商品。由于期货合约是标准化的，所以其品质必须具有明显地进行评价和划分的标准。

③交易大宗性，即可以大量进行交易的商品。在此期货市场上，只有大宗交易的商品才值得进行交易。

④价格波动频繁性，如果某种商品的价格没有波动，生产者和经营者就不会有规避价格风险的要求，投资者也就不会进行投资套利。这是期货交易一个重要的条件。

（3）交易目的的特殊性

人们参与期货交易的目的，不是为获得商品的使用价值而是为利用期货市场规避风险或套利保值。按照交易目的的不同，期货市场的交易者可分为两类，即套期保值者和投机者。

（4）交易保障制度的特殊性

期货保证金制度的一个显著特性是其杠杆作用，即用很少的钱就可以做很大的生意。保证金一般为合约价值的5%～18%，与现货交易和股票投资相比，投资者在期货市场上投资所需资金要少得多。

2. 答：期货市场是买卖期货合约的市场，而期货合约在本质上是未来商品的代表符号。就商品（包括实物商品和金融商品）的买卖转化为合约买卖而言，期货合约在外部形态上表现为相关商品的有价证券，它与证券市场确有相似之处。从上述分析可以看出，期货市场属于风险投资市场，其业务流程与股票市场相同。人们介入期货市场是为了在现货市场上的交易免受或少受损失，是获取在期货合约一买一卖中产生的利差，它是用货币换取货币。所有这些都说明，期货市场已不仅仅是一个沟通商品交换的市场，而且是一个沟通不同数额、不同时点上的货币交换的市场。所以从严格意义上讲，期货市场是一种金融市场。但是，期货市场与证券市场又有着差别：

（1）基本职能不同

证券市场的基本职能是资源配置和风险定价；期货市场的基本职能是发现价格和规避风险。

（2）交易工具的性质不同

股票、债券和货币市场的交易工具，都是一种代表个人财富的所有权债务关系的凭证。它们的"价值"在于，持有人可凭之在有效的时间内获得一定的货币收入，因此是一种具有"内在价值"的现实资产，可以用来抵押或担保。当期货合约没有"价值"时，不会有人来买卖它们进行保值和投机。因此，期货合约并没有内在的、固定的价值，既不能用作抵押和担保，也不能用作储备资产。

（3）交易目的不同

证券交易的目的是让渡证券的所有权。在证券市场上，所有交易的最终结果都是买方获得了自己所需要的证券，而卖方交出原属自己的证券换得自己所需要的货币。因此，证券交易最终是以交易对象的所有权转移来结束。而期货交易的目的是规避现货市场的风险或猎取投资利润。在期货市场上，买卖双方的大多数人最终不持有交易对象，因此实际交割的期货合约在期货合约交易额中只占很小比例，通常不到3%。

（4）市场结构不同

期货市场不像有价证券市场那样有初级市场和二级市场之分。因此，处于对立地位的期货市场交易和随之而来的期货对冲交易，无论从目的上还是从技术上都是一样的，无法也无须划分初级交易和二级交易。此外，期货交易在杠杆作用度、风险度、有无保证金等方面，也与股票交易有差别。

3. 答：期货市场的功能作用随着期货市场的不断发展而日趋完善、强化，对期货的认识也不断深化。期货市场的功能作用集中表现在以下几个方面：

（1）发现价格

发现价格是指通过期货市场公开竞价交易形成比较准确地反映当前和未来的供求，能够指导现实生产经营的公开、公正、权威的价格。由于期货市场是一种高度组织化和规范化的市场，是与完全竞争非常接近的市场，因此期货市场的价格形成机制比较成熟和完善。这种机制下形成的价格具有公开性、公平性、竞争性、统一性、连续性和预测性等特征，克服了分散交易形成价格的时空局限性和信息的不完全性。由此也就决定了期货价格能真实地反映未来的价格。公开是指上市商品品种公开、价格公开、买卖方式公开以及相关信息公开；公正是指期货市场是一套严格，具有一定法律效力的规章制度，它对于交易各方一视同仁，违法必究；公平主要是指期货市场向交易各方提供的条件和机会均等，参加交易的当事人具有平等的资格，通过自由竞争决定商品的价格。

（2）规避价格风险

规避价格风险功能是期货市场又一基本功能。它是指生产经营者通过期货市场进行套期保值业务来回避或转移现货价格波动的风险。套期保值就是在期货市场买进或卖出与现货市场交易方向相反、交易数量相等的期货合约，以期在未来某一时间通过卖出或买进期货合约补偿因现货市场价格不利变动带来的损失。通过套期保值交易回避价格风险的功能是期货市场的生命力所在。套期保值之所以有助于回避价格风险，其基本经济原理在于某一特定商品的期货价格和现货价格在同一时间、地点和条件下会受到相同的政治经济因素的影响和制约。一般而言，两个市场的价格变动趋势相同，即期货市场和现货市场价格的趋同性原理。而期货市场具有与完全竞争市场相近似的价格形成机制，公开、公正、公平和权威的价格能够真实地反映市场的供求关系，有利于套期保值业务的进行。因此，期货市场回避价格风险的功能与期货市场完善的内部运行机制是分不开的，这是期货市场自身特有的基本功能。

（3）风险投资

风险投资功能是与风险回避功能相对应的。它是与期货市场的投机行为相联系。期货市场之所以具有风险投资功能，主要在于期货价格是一种预期商品价值实现程度的观念价格。这种价格的产生，以现货市场商品价值的实现程度为基础，以预测未来市场商品价值实现程度为前提。任何政治、经济自然条件和社会文化等方面的信息都会反映到期货市场上来，造成期货价格波动频繁、剧烈。而期货市场是高度组织化、规范化、近似完全竞争的市场，市场交易信息完全公开，按照固定的程序和规则公开竞价交易，为投资者创造了高效平等的投资环境。期货交易中的保证金制度，投资者只须交纳比例很低的履约保证金，就可以完成大宗商品的买卖，使有限的资金高速周转，提高了资金的使用效率。

上述期货市场的三大功能作用，是对期货市场产生、发展150年来，特别是对现代期货市场在宏观、微观经济领域作用的概括和总结。尽管期货学界还有人从其他角度进行分析，但我们认为上述三大功能作用，是期货市场最基本的功能作用，其他方面的功能作用都是由此派生出来的。

4. 答：期货市场中的投机者有很多，他们可分为以下几类：

（1）从交易部位分

可分为多头投机者和空头投机者。在交易中，投机根据对未来价格变动的预测来确定其交易部位。买进期货合约投机者，拥有多头部位，被称为多头投机者。卖出期货合约者，持有空头部位，被称为空头投机者。无论是多头还是空头，投机者获利和亏损的机会都一样大。投机者能否获利和获利的大小只取决于其预测价格变动的能力和技巧，而与其所持交易部位无关。

（2）从交易量的大小分

可分为大投机商和中小投机商。大投机商拥有较多的交易部位，当其拥有的未平仓合约达到一定量必须向商品期货交易委员会汇报。而所持合约较少的投机商，则无须报告。

（3）从所应用的价格走势预测方法分

可分为基本分析派和技术分析派。基本分析派是通过分析商品供求因素来预测价格走势，技术分析派是通过借助图形和技术指标对商品的价格趋势进行分析。

（4）从投机者的交易态度分

可分为部位交易者（长线交易者）、当日交易者（短线交易者）、逐小利者（抢帽子者）和套期图利者。部位交易者通常将合约持有几天、几周甚至几个月，价格变化对其有利时再将合约对冲。当日交易者一般是当天下单，当天了结交易，甚至一天几次进出市场，抢帽子者利用微小的价格波动来赚取微小利润，他们频繁进出，赢利小，亏损也小，但交易很大，在投机性交易中占很大的比例。和短线交易者一样，抢帽子者很少将其合约过夜。套期图利交易者也称价差交易者或期间套利交易者。他们通过观察同种商品的不同交割月份、在不同交易所交易的同种商品之间、不同商品但相互关联的期货合约之间，或同一商品的现货和期货之间不断变动的价格相对关系来决定建立部位与平仓了结。

5. 答：投机是期货市场中必不可少的一环，其经济功能主要有如下几点：

（1）承担价格风险

期货投机者承担了套期保值者力图回避和转移的风险，使套期保值成为可能。

（2）提高市场流动性

投机者频繁地建立部位，对冲在手合约，增加了期货市场的交易，这促使套期保值交易容易成交，又能减少由于少数交易者进出市场所可能引起的价格波动。

（3）保持价格体系稳定

期货市场商品间价格和不同种商品价格具有高度相关性。投机者的参与促进了相关市场和相关商品的调节，有利于改善不同地区间价格。具有高度相关投机者的参与，促进了相关市场和相关商品的调节，有利于改善不同地区价格的不合理情况，改变商品不同时期的供求结构，使商品的价格趋于合理，并且有利于调整某一商品对相关商品的价格比值，使其趋于合理化，从而保持价格体系的稳定。

（4）形成合理的价格水平

投机者在价格处于低水平时买进期货使需求增加，导致价格上涨。在较高价格水平上卖出期货使需求减少，这样又平抑了价格，使价格波动趋于合理的价格水平。

投机，在期货市场中是客观存在的，并且其经济功能也是非常突出的，但是在肯定其积极作用的同时，也必须指出其消极作用。投机者可能会通过购买大量期货合约进行价格操纵，从而垄断期货市场，如果投机成分过大，会对市场价格的波动起到推波助澜的作用；投机行为存在不正当的内幕交易，如经纪商和交易所工作人员的舞弊等，这对期货市场的健康发展不利。

6. 答：套期保值之所以能回避价格风险达到保值的目的，主要是基于两个基本经济原理：

（1）商品的期货价格和现货价格从长期来看走势方向一致

期货市场虽然是两个各自分立的市场，但由于某种特定的期货价格和现货价格在同一时间内会受相同因素的影响和制约，因而一般情况下两个市场的变动趋势相同走势基本一致，也就是要涨都涨，要跌都跌。

根据期货价格与现货价格变动一致的原理，无论价格变动呈上升趋势还是下降趋势，在两个不同的时间点上，在现货市场和期货市场上分别进行方向相反的部位交易。例如，在期货市场上先买进后卖出，在现货市场上先卖出后买进，或者在期货市场上先卖出后买进，在现货市场先买进后卖出，均有可能在一个市场上获得一定赢利，相反地，会因为相反方向的交易而在另一个市场出现一定的亏损。具体来说，如果持有现货的同时，在期货市场做空头，倘若现货商品的价格下跌，则期货市场的价格也跟着下跌。因此，商品现货价格的损失，可以用期货市场的利润来抵消。倘若在实行套期之后，商品价格上涨了，则他在期货市场上的空头行为将遭受损失。因此，从理论上来讲，无论哪一种情况，交易一方（现货或期货）的损失，将用另一方的赢利来弥补。当然，交易者在进行套期保值交易时，虽然可使自己免受价格大幅波动而造成的损失，但同时放弃了因价格波动而受益的机会。

（2）随着期货合约到期临近，现货价格和期货价格呈现出趋合、接近的趋势

期货价格通常高于现货价格，原因在于期货包括储存该项商品期货合约到期乃至交割目的的一切费用在内。例如，仓储费、保险费、所占用资金的利息及损耗等，称为持有成本。当接近交货期时，所有这些费用呈逐步消失趋势，导致期货价格接近现货价格。但是，期货价格绝不会同于现货价格，这也是必须看到的。因为总体上讲，期货价格是众多交易者竞争的结果，现货价格是相互协商的结果。

（七）案例分析题答案（本题共 2 小题）

案例一：

1. 答：交易所制定的交易规则非常简单，没有对持仓量进行限制，董事会也没有对投机者进行监督，监管立法不严，没有做好相关记录，这些原因导致逼仓者有机可乘。

2. 答：从交易部位分，可分为多头投机者和空头投机者；从交易量大小分，可分为大投机商和中小投机商；从所应用的价格走势预测方法分，可分为基本分析派和技术分析派；从投机者的交易态度分，可分为部位交易者、当日交易者、逐小利者、套期图利者。

3. 答：投机是期货市场中必不可少的一环，其经济功能主要有如下几点：承担价格风险；提高市场流动性；保持价格体系稳定；期货市场商品间价格和不同种商品价格具有高度相关性；形成合理的价格水平。

案例二：

1. 答：（395 – 389）×4000 = 24000 美元

2. 答：（400 – 385）×4000 +（400 – 389）×2000 = 82000 美元

3. 答：82000／〔（4000 × 385 + 2000 × 389）×15％〕= 23.6％

第九章　库存战略

一、知识概述

通过本章的学习，熟悉供应商管理库存战略、联合库存战略和多级库存优化战略。了解供应链库存现状。

二、基本概念

1. 概念1——需求变异放大原理

【说明】需求变异放大原理是美国著名的供应链管理专家李（Han L. Lee）教授对需求信息扭曲在供应链中传递的一种形象描述。其基本思想：当供应链的各节点企业只根据来自相邻的下级企业的需求信息进行生产或供应决策时，需求信息的不真实性会沿着供应链逆流而上，产生逐级放大的现象，达到最源头的供应商时，其获得的需求信息和实际消费市场中的顾客需求信息发生了很大的偏差，需求变异系数经分销商和零售商的需求变异后系数大得多。

2. 概念2——短缺博弈

【说明】短缺博弈是指这样一种现象，当需求大于供应量时，理性的决策是按照用户的订货量比例分配现有库存供应量，比如总的供应量只有订货量的50%，合理的配给办法是所有用户获得其订货的50%，此时，用户就为了获得更大份额的配给量，故意地夸大其订货需求。当需求降温时，订货又突然消失，这种由于个体参与的组织完全理性经济决策，最终导致需求信息的扭曲和需求放大。

3. 概念3——VMI

【说明】VMI即供应商管理库存（Vendor – Managed Inventory），指供应商等上游企业基于其下游客户的生产经营、库存信息，对下游客户的库存进行管理与控制。换句话说，VMI库存管理系统就是供货方代替用户（需求方）管理库存，库存的管理职能转由供应商负责。

4. 概念4——快速响应系统

【说明】快速响应系统是在20世纪80年代末由美国服装行业发展起来的一种供应链管理策略，目的在于减少供应链中从原材料到用户过程的时间和库存，最大限度地提高供应来源的运作效率。

5. 概念5——多级库存的优化与控制

【说明】多级库存的优化与控制是在单级库存控制的基础上形成的。多级库存系统根据不同的配置方式有：串行系统、并行系统、纯组装系统、树形系统、无回路系统和一般系统。多级库存控制的方法有两种，一种是非中心化（分布式）策略，另一种是中心化（集中式）策略。

6. 概念6——非中心化策略

【说明】非中心化策略是各个库存点独立地采取各自的库存策略，这种策略在管理上比较简单，但是并不能保证产生整体的供应链优化。如果信息的共享度低，多数情况产生的是次优化的结果。

7. 概念7——中心化控制

【说明】中心化控制是将中心放在核心企业上，由核心企业对供应链系统的库存进行控制，协调上游与下游企业的库存活动，这样核心企业也就成了供应链上的数据中心（数据仓库），负责数据的集成、协调功能。

8. 概念8——非中心化库存控制

【说明】非中心化库存控制是把供应链的库存控制分为三个成本中心，即制造商成本中心、分销商成本中心和零售商成本中心，各自根据自己的库存成本优化做出优化的控制策略。

三、重点内容

1. VMI 的原则

VMI 主要体现在如下几个原则：

（1）合作精神（合作性原则）。

（2）使双方成本最小（互惠原则）。

（3）框架协议（目标一致性原则）。

（4）连续改进原则。

2. 供需协调管理机制

（1）建立共同合作目标，建立联合库存管理模式。

（2）建立联合库存的协调控制方法。

（3）建立一种信息沟通的渠道或系统。

（4）建立利益的分析、激励机制。

四、习题与案例

（一）单选题（本题共 20 小题）

在每小题列出的四个备选项中只有一个是符合题目要求的，请将其代码填写在题中的括号内。错选、多选或未选均不得分。

1. 供应链管理下的库存成本控制存在的主要问题是（　　）。

A. 信息类问题　　　　　　　　　　B. 供应链运作问题

C. 供应链的战略与规划问题　　　　D. A、B、C

2. 供应链管理的绩效好坏应该由（　　）来评价。

A. 供应商　　　　　　　　　　　　B. 制造商

C. 分销商　　　　　　　　　　　　D. 用户

3. （　　）会引起误差和影响库存量的精确度，从而影响生产计划的实施。

A. 不准确的交货状态数据　　　　　B. 低效率的信息传递系统

C. 没有供应链的整体观念　　　　　D. 库存控制策略简单化

4. 需求放大原理的基本思想阐述的是企业只根据来自相邻的（　　）企业的需求信息进行生产或供应决策的情况。

A. 同级　　　　　　　　　　　　　B. 上级

C. 下级　　　　　　　　　　　　　D. A、B、C

5. 根据需求放大原理，上游供应商维持的库存水平往往（　　）下游供应商的库存水平。

A. 等于　　　　　　　　　　　　　B. 高于

C. 低于　　　　　　　　　　　　　D. 都有可能

6. 需求放大效应是由（　　）最先发现的。

A. 宝洁公司　　　　　　　　　　　B. IBM 公司

C. 可口可乐公司　　　　　　　　　D. HP 公司

7. 如果总的供应量只有订货量的 50%，合理的分配是（　　）。

A. 所有用户获得其订货量的 50%　　B. 先订货的用户获得全部供货量

C. 分配给重要的用户　　　　　　　D. 分配给订货量少的用户

8. 下列关于库存的说法错误的是（　　）。

A. 供应链上的库存有两种，即生产制造过程中的库存和物流过程中的库存

B. 库存存在的客观原因是为应付各种各样的不确定性

C. 库存控制的目的是为降低生产成本

D. 库存另一方面也会产生和掩盖管理中的问题

9. 不同的原因造成的不确定性表现形式各不相同，（　　）的不确定性表现在提前期的不确定性，订货量的不确定性等。

A. 供应商　　　　　　　　　　　B. 生产者

C. 顾客　　　　　　　　　　　　D. 供应链

10. 下列属于造成供应商的不确定性的原因的是（　　　）。

A. 机器的故障　　　　　　　　　B. 交通事故导致的运输延迟

C. 执行计划的偏差　　　　　　　D. 生产系统的可靠性

11. （　　　）是传统的供应链不确定性增加的一个主要原因。

A. 购买力的波动　　　　　　　　B. 机器的故障

C. 供应商的延迟　　　　　　　　D. 信息共享程度差

12. 传统的库存管理方法的缺陷是（　　　）。

A. 企业库存管理过于粗放、简单　B. 各企业库存管理方面各自为政

C. 库存管理的自主权不够　　　　D. A、B

13. VMI库存模式的特点是沿着供应链环节向上游移动，需求的不稳定性____，预测准确度____。（　　　）

A. 增加、提高　　　　　　　　　B. 增加、降低

C. 降低、提高　　　　　　　　　D. 降低、提高

14. 下列不属于VMI模式下供应商所拥有的权利的是（　　　）。

A. 确定库存水平　　　　　　　　B. 确定补给策略

C. 确定采购成本　　　　　　　　D. 拥有库存控制权

15. 供应商管理库存策略实施的第一步是（　　　）。

A. 建立销售网络管理系统　　　　B. 建立供应商与分销商的合作框架协议

C. 建立顾客情报信息系统　　　　D. 组织机构的变革

16. 下列（　　　）情况不适合实施VMI策略。

A. 零售商没有信息系统来有效管理库存　B. 零售商的直接存储交货水平低

C. 制造商能够有效规划运输　　　D. 制造商实例雄厚且比零售商信息量大

17. 下列库存属于相关需求库存的是（　　　）。

A. 制造商的原材料库存　　　　　B. 供应商的库存

C. 制造商的产品库存　　　　　　D. 分销商的库存

18. 快速响应系统经历的第一个发展阶段是（　　　）。

A. 商品标记化　　　　　　　　　B. 商品条形码化

C. 内部业务处理自动化　　　　　D. 有效的企业间合作

19. 下列属于交易成本的是（　　　）。

A. 资金成本　　　　　　　　　　B. 设备折旧费

C. 保险金　　　　　　　　　　　D. 佣金

20. 三级库存模型采取的是哪三个层次的模型（　　　）。

A. 制造、供应、生产　　　　　　B. 供应、生产、分销

C. 制造、生产、分销　　　　　　D. 供应、分销、使用

（二）多选题（本题共 10 小题）

请把正确答案的代码填写在题中的括号内，多选、漏选、错选不得分。如果全部答案的代码完全相同，例如全选 ABCDE，则本大题不得分。

1. 需求放大现象产生的原因有（　　）。

A. 需求预测修正　　　　　　　　　B. 订货批量决策

C. 价格波动　　　　　　　　　　　D. 市场波动

E. 短缺博弈

2. 供应链的不确定性的来源有（　　）。

A. 供应商不确定性　　　　　　　　B. 产品价格不确定性

C. 市场不确定性　　　　　　　　　D. 生产者不确定性

E. 顾客不确定性

3. 顾客不确定性的原因有（　　）。

A. 需求预测的偏差　　　　　　　　B. 市场的价格变动

C. 购买力的波动　　　　　　　　　D. 从众心理

E. 个性特征

4. 为了降低企业的库存水平，企业必须（　　）。

A. 增加库存决策信息的透明性　　　B. 减少不确定性因素的影响

C. 增加企业间的信息交流　　　　　D. 建立采购商与供应商的战略联盟

E. 企业间协调

5. VMI 库存模式的特点有（　　）。

A. 库存周期短　　　　　　　　　　B. 库存周期长

C. 库存积压风险大　　　　　　　　D. 相应周期长

E. 主动地接受信息

6. VMI 主要体现在（　　）这几个原则。

A. 合作精神　　　　　　　　　　　B. 互惠原则

C. 目标一致性原则　　　　　　　　D. 连续改进原则

E. 全面整合原则

7. VMI 的优点有（　　）。

A. 可以减少信息失真和库存积压　　B. 较少库存使用者的管理负担

C. 缩短供应商的响应时间　　　　　D. 提早引进所需商品

E. 降低缺货率

8. 联合库存管理的实施策略有（　　）。

A. 发挥两种资源计划系统的作用　　B. 建立供需协调管理机制

C. 建立联合订单处理系统　　　　　D. 建立快速响应系统

E. 发挥第三方物流商作用

9. 非中心化的库存控制策略把供应链的库存控制分为（　　　）。

A. 供应商中心 　　　　　　　　B. 分销商中心

C. 制造商中心 　　　　　　　　D. 零售商中心

E. 客户中心

10. 供应链的库存成本包括（　　　）。

A. 管理费用 　　　　　　　　　B. 运输费用

C. 维持库存费用 　　　　　　　D. 交易成本

E. 缺货损失

（三）名词解释题（本题共 5 小题）

1. 需求变异放大原理

2. 短缺博弈

3. VMI

4. 快速响应系统

5. 多级库存的优化与控制

（四）判断题（本题共 20 小题）

对的在括号内画"√"，错的画"×"。

1. 传统企业库存管理侧重于优化单一的库存成本，从存储成本和订货成本出发确定经济订货量和订货点。（　　　）

2. 订货满足率评价指标可以评价订货的延迟水平。（　　　）

3. 库存控制的第一步是利用跟踪到的信息区制定相应的库存控制策略。（   ）

4. 库存控制的目的都是为保护供应链运行的连续性和应付不确定需求。（   ）

5. 生产计划可以精确地反映企业的实际生产条件和预测生产环境的改变。（   ）

6. 供应链企业间的衔接不确定性可以通过建立战略伙伴关系或供应链协作来削减。（   ）

7. VMI 模式关注成本如何分配和由谁来支付的问题。（   ）

8. 库存状态的透明性是（对供应商）实施供应商管理用户库存的关键。（   ）

9. 引入 VMI 策略后，企业一般由会计经理处理与用户有关的事情。（   ）

10. 传统的库存管理中，相关需求采用物料需求计划处理，独立需求采用订货点办法处理。（   ）

11. 第三方物流商也叫物流服务提供者，它为用户提供产品运输、订单选择等服务。（   ）

12. 第三方物流商是由大型公共仓储公司或制造企业的运输和分销部门演变而来的。（   ）

13. 局部的供应链可分为供应商、制造商、分销商和零售商各个部门的供应链。（   ）

14. 基于时间优化的多级库存控制就是根据时间的不同设定不同的参数。（   ）

15. 采用多级库存控制策略可以在很大程度上解决需求放大问题。（   ）

16. 非中心化库存订货点的确定可完全按照单点库存的订货策略进行。（   ）

17. 对时间的优化只适合于多级库存控制，不适合于单级库存控制。（   ）

18. 中心库存优化控制的目标是使上游企业的库存成本最低。（   ）

19. 原材料库存协调管理中心应采用配销需求计划 DRP。（   ）

20. 建立快速响应系统的目的是减少供应链从原材料到用户过程的时间和库存，最大限度地提高供应来源的运作效率。（   ）

（五）简答题（本题共 10 小题）

将答案要点写出并作简要叙述，必要时可以画出流程图或示意图进行阐述。

1. 简述需求放大现象产生的原因。

2. 简述供应链不确定性的来源。

3. 简述 VMI 的原则。

4. 简述 VMI 的运行计划。

5. 简述 VMI 在具体实施中的各个阶段。

6. 简述精心设计与实施 VMI 计划时必须把握的原则。

7. 简述供应商管理库存策略的实施步骤。

8. 简述联合库存管理和供应商管理库存的不同。

9. 简述如何建立供需协调管理机制。

10. 简述多级库存控制策略的种类。

（六）论述题（本题共 6 小题）

要求阐述过程中理论联系实际、结构严谨、分析透彻，必要时可以画出流程图或示意图进行阐述。

1. 论述供应链管理环境下的库存问题。

2. 论述供应链的不确定性与库存的关系。

3. 论述 VMI 策略的运行步骤。

4. 论述联合库存管理的实施策略。

5. 论述供应链的多级库存控制存在的问题。

6. 论述多级库存优化的方法。

（七）案例分析题（本题共 2 小题）

案例一：青岛海信集团物流一体化整合方案

海信集团在总结长期经营和市场运作过程中存在的不足时，深刻意识到增加企业效益的重要的利润来源之一是优化整合企业采购、销售的整个过程。在海信集团现代物流整合项目的招标中，兰剑物流科技技压群雄，承接了此项整合任务的设计和实施，并为其开发海信化物流信息平台，以"信息管理带动物流管理"。

兰剑物流科技经过实地考察，再结合海信实际情况和具体要求，提供了建立准时制采购、生产、配送的一体化物流系统解决方案：将海信销售体系与物流体系分离，三大子公司的物流业务流程合并，统一由物流推进部运作。销售过程中所发生的各种订单和业务处理都要通过海信物流信息系统平台处理，物流推进部根据信息平台数据，结合各地 3PL 的运输能力，有效地调度货物配送。同时各子公司营销机构都可以通过物流信息平台直观、实时地了解仓储和销售情况，并做到准确、快速反馈，因此信息平台将成为海信集团的主要"承重结构"。

通过物流系统整合，使海信集团的缺货损失费用减少了 8000 万～1.2 亿元，资金周转速率提高 20%，流动资金减少 4000 万元，同时增强了海信对用户的承诺的可靠性，提高了服务的可信度，扩大了市场的占有率，提升了企业形象。

结合案例，请回答以下问题：

1. 根据所学知识，阐述供应链管理环境下存在的库存问题。

2. 三大子公司的物流业务流程合并可以带来哪些好处？

3. 该企业的物流系统整合有哪些作用?

案例二：第三方物流：你的卖点在哪里

随着我国物流市场的不断扩张和物流日益成为企业的第三方利润源泉，越来越多的企业开始关注自身的物流成本和利润，与此同时，一种独立于生产和销售企业的专业组织形式已经形成，它就是第三方物流。它可以帮助客户获得诸如利润、价格、供应速度、服务、信息的准确性以及在新技术采用上的潜在优势。

帮企业省钱

第三方物流所挖掘的第三利润基本上都体现在用户身上，增加了用户的利润。用户可以从下列几个方面获得第三利润：

（1）规模采购获得优惠价格

用户自办物流时分别采购，由于批量小，因此价格没有多少优惠。第三方物流采购由于集零为整批量大，因此价格上享受一定的优惠，使商品售价降低，增加市场竞争力，不仅使消费者满意，也使企业获得可观的利润。同时降低用户管理费用。由于第三方物流集中采购后，避免了用户采购人员满天飞以及回扣等不良问题的发生，降低用户管理费用50%左右。而且由于第三方物流与供应商建立了稳定的供应关系，能够保证产品质量，杜绝假冒伪劣产品的发生。

（2）运输实行混载化降低运杂费用

运杂费用占总物流费用的50%～70%，节约运杂费用对节约物流费用具有十分重要的意义。第三方物流由于为众多的生产厂家和销售企业服务，因此运量大，而且轻重商品均有，无论用铁路或用水路运输，均可按一个流向合装，而且实行轻重配装，提高利用率，同时根据计划和信息技术，船舶可以安排回头货。通过上述一系列措施，加快了产品流通速度，节约了运杂费用，仅铁路合装整车运输每吨产品即可节约运杂费60%～80%。总之，通过第三方物流运输可获得可观的节约利润，同时也避免了都市交叉和重复运输。

（3）实行规模加工节约原材料消耗

不少生产企业自行加工时，材料利用率仅达到60%左右，给企业造成极大的浪费，由第三方物流配送中心统一加工后，实行套裁的方法，边角余料都能利用起来，大大降低了材料成本，收到规模效益。

为成本减负

企业考虑把物流业务运作外包给第三方物流的一大驱动力就是降低成本。因为企业可以将物流业务外包给第三方物流公司，以支付服务费用的形式获得服务，而不需要自己内部维持运输设备、仓库等物流基础设施和人员来满足这些需求，从而使公司的固定成本转化为可变成本，其影响对于那些业务量呈现季节性变化的公司更加明显。

由于拥有强大的购买力和货物配载能力，一家第三方物流公司可以通过自身广泛的结点网络实施共同配送，或者可以从运输公司或者其他物流服务商那里得到比他的客户更为低廉的运输报价，可以从运输商那里大批量购买运输能力，然后集中配载不同客户的货物，大幅度地降低单位运输成本。

帮助企业提高顾客服务水平和质量是第三方物流所追求的根本目标。

企业利用第三方物流企业信息网络和结点网络，能够加快对顾客订货的反应能力，加快订单处理，缩短从订货到交货的时间，进行门对门运输，实现快速交付，提高顾客满意度。

第三方物流通过其先进的信息和通信技术可加强对在途货物的监控，及时发现、处理配送过程中的意外事故，保证订货及时、安全送达目的地，尽可能实现对顾客的承诺。产品的售后服务、送货上门、退货处理、废品回收等也可由第三方物流企业来完成，保证企业业为顾客提供稳定、可靠的高水平服务。

结合案例，请回答以下问题：

1. 第三方物流是由什么演变而来的？

2. 第三方物流追求的根本目标是什么？

3. 结合所学知识和材料分析第三方物流为企业带来哪些好处？

五、参考答案

（一）单选题答案（本题共 20 小题）

1	2	3	4	5	6	7	8	9	10
D	D	B	C	B	A	A	C	A	B
11	12	13	14	15	16	17	18	19	20
D	D	B	C	C	B	A	B	D	B

（二）多选题答案（本题共 10 小题）

1	2	3	4	5	6	7	8	9	10
ABCE	ADE	ACDE	ABCE	BCE	ABCD	ABCDE	ABDE	BCD	CDE

（三）名词解释题答案（本题共 5 小题）

1. 答：需求变异放大原理是美国著名的供应链管理专家李（Han L. Lee）教授对需求信息扭曲在供应链中传递的一种形象描述。其基本思想：当供应链的各节点企业只根据来自相邻的下级企业的需求信息进行生产或供应决策时，需求信息的不真实性会沿着供应链逆流而上，产生逐级放大的现象，达到最源头的供应商时，其获得的需求信息和实际消费市场中的顾客需求信息发生了很大的偏差，需求变异系数经分销商和零售商的需求变异后系数大得多。

2. 答：短缺博弈是指这样一种现象，当需求大于供应量时，理性的决策是按照用户的订货量比例分配现有库存供应量，比如总的供应量只有订货量的 50%，合理的配给办法是所有用户获得其订货的 50%，此时，用户就为了获得更大份额的配给量，故意地夸大其订货需求。当需求降温时，订货又突然消失，这种由于个体参与的组织完全理性经济决策，最终导致需求信息的扭曲和需求放大。

3. 答：VMI 即供应商管理库存（Vendor - Managed Inventory），指供应商等上游企业基于其下游客户的生产经营、库存信息，对下游客户的库存进行管理与控制。换句话说，VMI 库存管理系统就是供货方代替用户（需求方）管理库存，库存的管理职能转由供应商负责。

4. 答：快速响应系统是在 20 世纪 80 年代末由美国服装行业发展起来的一种供应链管理策略，目的在于减少供应链中从原材料到用户过程的时间和库存，最大限度地提高供应来源的运作效率。

5. 答：多级库存的优化与控制是在单级库存控制的基础上形成的。多级库存系统根据不同的配置方式有：串行系统、并行系统、纯组装系统、树形系统、无回路系统和一般系统。多级库存控制的方法有两种，一种是非中心化（分布式）策略，另一种是中心化（集中式）策略。

（四）判断题答案（本题共 20 小题）

1	2	3	4	5	6	7	8	9	10
√	×	×	√	×	√	×	√	×	√
11	12	13	14	15	16	17	18	19	20
√	√	×	×	√	√	×	√	×	√

（五）简答题答案（本题共 10 小题）

1. 答：1994 年美国斯坦福大学的李教授对需求放大现象进行深入的研究，把其产生的原因归纳为四个方面：需求预测修正、订货批量决策、价格波动、短缺博弈。

（1）需求预测修正

是指当供应链的成员采用其直接的下游订货数据作为市场需求信号时，即产生需求放大。例如，当你作为库存管理人员需要决定订货时你可以采用一些简单的需求预测方法，如指数平滑法。在指数平滑法中，未来的需求被连续修正，这样，送到供应商的需求订单反映的是经过修正的未来库存补给量，安全库存也是这样。

（2）订货批量决策

存在两种现象，一种是周期性订货决策，另一种是订单推动。周期性订货是指当公司向供应商订货时，不是来一个需求下一个订单，而是考虑库存的原因，采用周期性分批订货，比如一周、一个月订一次。

（3）价格波动

是由于一些促销手段造成的，如价格折扣、数量折扣、赠票等，这种商业促销行为使许多推销人员预先采购的订货量大于实际的需求量，因为如果库存成本不是由于价格折扣所获得的利益，销售人员当然愿意预先多买，这样订货没有真实反映需求的变化，从而产生需求放大现象。

（4）短缺博弈

短缺博弈是指这样一种现象，当需求大于供应量时，理性的决策是按照用户的订货量比例分配现有库存供应量，比如总的供应量只有订货量的 50%，合理的配给办法是所有用户获得其订货量的 50%，此时，用户就为了获得更大份额的配给量，故意地夸大其订货需求。当需求降温时，订货又突然消失，这种由于个体参与的组织完全理性经济决策，最终导致需求信息的扭曲和需求放大。

2. 答：供应链不确定性的来源主要有三个方面：供应商不确定性、生产者不确定性、顾客不确定性。

（1）供应商不确定性

不同的原因造成的不确定性表现形式各不相同，供应商的不确定性表现在提前期的不确定性、订货量的不确定性等。供应商的不确定的原因是多方面的，如生产系统发生故障延迟生产、供应商的供应商的延迟、意外的交通事故导致的运输延迟等。

（2）生产者不确定性

生产者不确定性主要缘于制造商本身的生产系统的可靠性、机器的故障、计划执行的偏差等，造成生产者生产过程中在制品库存的原因。此外，也表现在其对需求的处理方式上。生产计划是一种根据当前的生产系统的状态和未来情况做出的对生产过程的模拟，用计划的形式表达模拟的结果，用计划来驱动生产的管理方法。

（3）顾客不确定性

顾客不确定性的原因主要有需求预测的偏差、购买力的波动、从众心理和个性特征等。通常需求预测的方法都有一定的基本前提或假设条件，假设需求按照一定的规律运行或表现一定的规律特征，但是任何需求预测方法都存在这样或那样的缺陷而无法确切地预测需求的波动和顾客心理反应。

3. 答：VMI 主要体现在如下几个原则：

（1）合作精神（合作性原则）

在实施该策略时，相互信任与信息透明是很重要，供应商和用户（零售商）都要有较好的合作精神，才能够相互保护和较好的合作。

（2）使双方成本最小（互惠性原则）

VMI 不是关于成本如何分配或谁来支付的问题，而是关于减少成本的问题，通过该策略使双方的成本都减少。

（3）框架协议（目标一致性原则）

双方都明白各自的责任，观念上达成一致的目标。如库存放在哪里、什么时候支付、是否要管理费、要花费多少等问题都要回答，并且体现在框架协议中。

（4）连续改进原则

使供需双方能共享利益和消除浪费。VMI 的主要思想是供应商在用户的允许下设立库存，确定库存水平和补给策略，拥有库存控制权。精心设计与开发的 VMI 系统，不仅可以降低供应链的库存水平、降低成本，而且用户还可获得高水平的服务，与供应商共享需求变化的透明性和获得更高的用户信任度。

4. 答：VMI 运行计划分为两个阶段：第一阶段是 VMI 系统与合作模式建立阶段，大约需要 6 个月，主要任务是确定各方投入资源，建立评估指标，分析与协议所需条件，确定整个运作方式及系统设置。第二阶段是 VMI 系统实施与改善阶段。此阶段大约也需要 6 个月，主要任务是以测试方式不断修正，使 VMI 系统与运行方式趋于稳定，并以评估指标不断地进行问题寻找与完善，一直到不需要人工介入为止。

5. 答：在实施 VMI 运行计划时，还可细分为五个子计划阶段：

（1）评估供需双方的运作方式与系统在合作上的可行性

合作前评估各自的运作能力、系统整合与信息实现程度以及彼此配合的步调是否一致等，来判定合作的可行性。

（2）高级主管承诺与团队建立

供需双方在最高领导的认可下，由部门主管出面协议细节以及取得内部投入的承诺，并且建立初步合作的范围和对应的部门，开始进行合作。

（3）密切的沟通与系统建立

双方合作的人员开始进行至少每周一次的密集会议，讨论具体细节，并逐步设置合作方式与系统。包括补货依据、时间、决定方式、评量表建立、系统选择与设置等。

（4）同步化系统与自动化流程

不断地测试，使供需方的动作系统与作业方式趋于稳定，成为每日例行性工作，并针对特定问题做处理。

（5）持续性训练与改进

回到合作计划的本身，除了使相关作业人员熟练作业方式和不断改进作业程序外，对库存的管理与策略不断思考与改进，并针对促销性产品做策略研究。

6. 答：在精心设计与实施 VMI 计划时，必须把握以下原则：

①合作性原则，即合作各方要有合作精神，相互信任且信息高度透明。

②双赢互惠原则。

③目标一致性原则，即合作各方通过目标框架，明确责任，协调目标。

④连续改进原则，即各方能共享利益并消除浪费。

7. 答：供应商管理库存的策略可以分为如下几个步骤实施：

（1）建立顾客情报信息系统

要有效地管理销售库存，供应商必须能够获得顾客的有关信息。通过建立顾客的信息库，供应商能够掌握需求变化的有关情况，把由批发商（分销商）进行的需求预测分析功能集成到供应商的系统中来。

（2）建立销售网络管理系统

供应商要很好地管理库存，必须建立起完善的销售网络管理系统，保证自己的产品需求信息和物流畅通。为此，供应商必须做到保证自己产品条码的可读性和唯一性，解决产品分类和编码的标准化问题；解决商品存储运输过程中的识别问题。目前，已有许多企业开始采用 ERP 企业资源计划系统，这些软件系统都集成了销售管理的功能。通过对功能的扩展，可以建立完善的销售网络管理系统。

（3）建立供应商与分销商（批发商）的合作框架协议

供应商和销售商（批发商）一起通过协商，确定处理订单的业务流程以及控制库存的有关参数（如再订货点、最低库存水平等）、库存信息的传递方式等。

（4）组织机构的变革

因为 VMI 策略改变了供应商的组织模式。

8. 答：联合库存管理与供应商管理库存不同，它强调双方同时参与，共同制订库存计划，使供应链过程中的每个库存管理者——供应商、制造商、分销商，都从相互之间的协调性考虑，保持供应链相邻的两个节点之间库存管理者对需求的预期保持一致，从而消除了需求变异放大现象。任何相邻节点需求的确定都是供需双方协商的结果，库存管理不再是各自为政的独立运作过程，而是供需连接的纽带和协调中心。

9. 答：建立供需协调管理机制要从以下几个方面着手：

（1）建立共同合作目标

要建立联合库存管理模式，首先供需双方必须本着互惠互利的原则，建立共同的合作目标。为此，要理解供需双方在市场目标中的共同之处和冲突点，通过协商形成共同的目标，如用户满意度、利润的共同增长和风险的减少等。

（2）建立联合库存的协调控制方法

联合库存管理中心担负着协调供需双方利益的角色，起协调控制器的作用，因此需要对库存优化的方法进行明确规定。

（3）建立一种信息沟通的渠道或系统

信息共享是供应链管理的特色之一，为了提高整个供应链上需求信息的一致性和稳定性，减少由于多重预测导致的需求信息扭曲，应增加供应链各方对需求信息获得的及时性和透明性，为此应建立一种信息沟通的渠道或系统，以保证需求信息在供应链中的畅通和准确性。

（4）建立利益的分析、激励机制

要有效运行基于协调中心的库存管理，必须建立一种公平的利益分配制度，并对参与协调库存管理中心的各个企业（供应商、制造商、分销商或批发商）进行有效的激励，防止机会主义行为，增强协作性和协调性。

10. 答：多级库存控制策略分为中心化控制策略和非中心化策略，以下分别加以说明：

（1）中心化控制策略

采用中心化控制策略的优势在于能够对整个供应链系统的运行有一个较全面的掌握，能够协调各个节点企业的库存活动。中心化控制是将中心放在核心企业上，由核心企业对供应链系统的库存进行控制，协调上游与下游企业的库存活动，这样核心企业就成了供应链上的数据中心（数据仓库），担负着数据的集成、协调功能。

（2）非中心化控制策略

非中心化库存控制是把供应链的库存控制分为三个成本中心，即制造商成本中心、分销商成本中心和零售商成本中心，各自根据自己的库存成本优化做出优化的控制策略。非中心化的库存控制要取得整体的供应链优化效果，需要增加供应链的信息共享程度，使供应链的各个部门都共享统一的市场信息。非中心化多级库存控制策略能够使企业根据自己的实际情况独立做出快速决策，有利于发挥企业的独立自主性和灵活机动性。

（六）论述题答案（本题共 6 小题）

1. 答：供应链管理环境下的库存控制存在的主要问题有三大类：信息类问题、供应链的运作问题、供应链的战略与规划问题。这些问题可综合成以下几个方面的内容：

（1）没有供应链的整体观念

虽然供应链的整体绩效取决于各个供应链的节点绩效，但是各个部门都是各自独立的单元，都有各自独立的目标与使命。有些目标和供应链的整体目标是不相干的，更有可能是冲突的。因此，这种各行其道的行为必然导致供应链的整体效率的低下。

（2）对用户服务的理解与定义不恰当

供应链管理的绩效好坏应该由用户来评价，或者由用户的反应能力来评价。但是，对用户的服务的理解与定义各不相同，导致对用户服务水平的差异。许多企业采用订货满足率本身并不保证应用问题，比如一家计算机工作站的制造商要满足一份包含多产品的订单要求。

（3）不准确的交货状态数据

当顾客下订单时，总是想知道什么时候能交货，在等待交货过程中，也可能会对订单交货状态进行修改，特别是当交货被延迟以后。这并不否定一次性交货的重要性，许多企业并没有及时而准确地把推迟的订单交货的修改数据提供给用户，其结果是用户的不满和良好的愿意的损失。

（4）低效率的信息传递系统

在供应链中，各个供应链节点企业之间的需求预测、库存状态、生产计划等都是供应链管理的重要数据。这些数据分布在不同的供应链组织之间，要做到有效地快速响应用户需求。

（5）忽视不确定性对库存的影响

供应链运作中存在诸多的不确定因素，如订货提前期、货物运输状况、原材料的质量、生产过程的时间、运输时间、需求的变化等。

（6）库存控制策略简单化

无论是生产性企业还是物流企业，库存控制的目的都是保护供应链运行的连续性和应对不确定性需求。了解和跟踪不确定性状态的因素是第一步，第二步是要利用跟踪到的信息制定相应的库存控制策略。

（7）缺乏合作与协调性

供应链是一个整体，需要协调各方活动才能取得最佳的运作效果。协调的目的是使满足服务质量要求的信息能无缝地、流畅地在供应链中传递，从而使整个供应链能够根据用户的要求步调一致，形成更为合理的供需关系，适应复杂多变的市场。

（8）产品的过程设计没有考虑供应链上库存的影响

现代产品设计与先进制造技术的出现，使产品的生产效率大幅度提高，而且具有较高的成本效益。但是供应链库存的复杂性常常被忽视，结果所有节省下来的成本都被供应链上的分销与库存成本给抵消了。

2. 答：（1）衔接不确定性对库存的影响

传统的供应链衔接不确定性普遍存在，集中表现在企业之间的独立信息体（信息孤岛）现象。为了竞争，企业总是为了各自的利益而进行资源的自我封闭，包括物质资源和信息资源。企业之间的合作仅仅是贸易上短时性合作，人为地增加了企业之间的信息壁垒和沟通的障碍，企业不得不为应对不测而建立库存，库存的存在实际就是信息的堵塞与封闭的结果。虽然企业各个部门和企业之间都有信息的交流与沟通，但这远远不够，企业的信息交流更多的是在企业内部而非企业之间进行，信息共享程度差是传统的供应链不确定性增加的一个主要原因。传统的供应链中信息是逐级传递的，即上游供应链企业依据下游供应链企业的需求信息做生产或供应的决策。在集成的供应链系统中，每个供应链企业都能够共享顾客的需求信息，信息不再是线性的传递过程，而是网络的传递过程和多信息源的反馈过程。建立合作伙伴关系的新型企业合作模式以及跨组织的信息系统为供应链的各个合作企业提供了共同的需求信息，有利于推动企业之间的信息交流与沟通。企业有了确定的需求信息，在制订生产计划时，就可以减少为了应对需求波动而设立的库存，使生产计划更加精确可行。对于下游企业而言，合作性伙伴关系的供应链或供应链联盟可为企业提供综合的、稳定的供应信息。无论上游企业能否按期交货，下游企业都可以预先得到相关信息而采取相应的措施，这样企业无须过多设立库存。

（2）运作不确定性对库存的影响

供应链企业之间的衔接不确定性通过建立战略伙伴关系的供应联盟或供应链协作而得以消减。同样，这种合作关系可以消除运作不确定性对库存的影响。当企业之间的合作关系得以改善，企业的内部生产管理也大大得以改善，因为企业之间的衔接不确定性因素减少时，企业的生产控制系统就能摆脱这种不确定性因素的影响，使生产系统控制达到实时、准确，企业才能获得对生产系统有效控制的有利条件，消除生产过程中不必要的库存现象。

通过分析不确定性对库存的影响可以知道，为了降低企业的库存水平，需要增加企业之间的信息交流与共享，减少不确定性因素对库存的影响，增加库存决策信息的透明度和可靠性、实时性。而所有这些，都需要企业之间的协调。

3. 答：在具体实际中，可以分为如下几个步骤：

（1）VMI 运行计划

VMI 运行计划分为两个阶段：第一阶段是 VMI 系统与合作模式建立阶段，大约需要 6 个月，主要任务是确定各方投入资源，建立评估指标，分析与协议所需条件，确定整个运作方式及系统设置。第二阶段是 VMI 系统实施与改善阶段。此阶段大约也需要 6 个月，主要任务是以测试方式不断修正，使 VMI 系统与运行方式趋于稳定，并以评估指标不断地进行问题寻找与完善，一直不需要人工介入为止。在实施以上两大计划阶段时，还可细分为五个子计划阶段：①评估供需双方的运作方式与系统在合作上的可行性；②高级主管承诺与团队建立；③密切的沟通与系统建立；④同步化系统与自动化流程；⑤持续性训练与改进。

（2）VMI 运行目标

VMI 策略的实施，不仅需要建立一套可行的运行模式及系统，其参与方还应依据自身经营战略制订明确的执行目标。如 1999 年中国台湾雀巢公司与家乐福开展 VMI 合作时，明确目标是：雀巢对家乐福物流中心产品到货率达 90%，家乐福物流中心对零售店产品到货率达 95%，家乐福物流中心库存持有天数下降至预设标准以及家乐福对雀巢建议订货单修改率下降至 1% 等具体的目标，另外，雀巢公司也期望将新建的 VMI 模式扩展至其他渠道上运用，以加强掌握能力并获得更大规模的效益。相对地，家乐福也会持续与更多的主要供货商来进行相关的合作。

（3）VMI 运行策略

VMI 运行策略表现为供应商替用户（即需求方）管理指定的库存，等同于需求方将库存存放在供应商的仓库里，即需即供。VMI 的实施策略，首先，要改变订单的处理方式，建立基于标准的订单处理模式。供应商和批发商一起确定供应商的订单业务处理过程所需要的信息和库存控制参数；其次，建立一种订单的处理标准模式，如 EDI 标准报文；最后，把订货、交货和票据处理各个业务功能集成在供应商一边。库存状态透明性（对供应商）是实施供应商管理用户库存的关键，供应商能够随时跟踪和检查到销售商库存状态，从而快速地响应市场的需求变化，对企业的生产（供应）状态做出相应的调整。为此，需要建立一种能够使供应商和用户（分销、批发商）的库存信息系统实时连接的方法。

4. 答：联合库存管理的实施策略主要表现在以下四个方面：

（1）建立供需协调管理机制

为了发挥联合库存管理的作用，供需双方应从合作的精神出发，建立供需协调管理的机制，明确各自的目标和责任，建立合作沟通和渠道，为供应链上联合库存管理提供有效的机制。建立供需协调管理机制要从以下几个方面着手：①建立共同合作目标，要建立联合库存管理模式；②建立联合库存的协调控制方法；③建立一种信息沟通的渠道或系统；④建立利益的分析、激励机制。

（2）发挥两种资源计划系统的作用

为了发挥联合库存管理的作用，在进行供应链库存管理时应充分利用目前比较成熟的两种资源管理——MRP Ⅱ 和 DRP。原材料库存协调管理中心应采用制造资源计划系统 MRP Ⅱ，而在生产联合库存协调管理中心则应采用配销需求计划 DRP，这样在供应链系统中把两种资源计划系统很好地结合起来。

（3）建立快速响应系统

快速响应系统是在 20 世纪 80 年代末由美国服装行业发展起来的一种供应链管理策略，目的在于减少供应链中从原材料到用户过程的时间和库存，最大限度地提高供应来源的运作效率。快速响应系统在美国等西方国家的供应链管理中被认为是一种有效的管理策略，经历了三个发展阶段：第一阶段是商品条码化，通过对商品的标准化识别处理加快订单的传输速度；第二阶段是内部业务处理的自动化，采用自动补货与 EDI 系统提高业务自动化水平；第三阶段是采用更有效的企业间合作，消除供应链组织之间的障碍，提高供应链的整体效率，如通过供需双方合作，确定库存水平和销售策略等。

（4）发挥第三方物流商的作用

第三方物流商是供应链集成的一种技术手段。第三方物流商也叫物流服务提供者，为用户提供各种服务，如产品运输、订单选择、库存管理等。第三方物流商的产生是由一些大的公共仓储公司通过提供更多的附加服务演变而来，另外一种产生形式是由一些制造企业的运输和分销部门演变而来。把库存管理的部分功能代理给第三方物流商管理，可以使企业更加集中精力于自己的核心业务。第三方物流商起到了供应商和用户之间联系的桥梁作用，为企业带来诸多好处，包括减少成本，使企业集中于核心业务；获得更多的市场信息，获得一流的物流咨询；改进服务质量；快速进入国际市场；各协调中心的第三方物流商使供应与需求双方都取消了各自独立的库存，增加了供应链的敏捷性和协调性，并且能够大大改善供应链的用户服务水平和运作效率。

5. 答：供应链的多级库存控制应考虑以下几个问题：

（1）库存优化的目标是什么

成本还是时间？传统的库存优化问题无一例外地进行库存成本优化。在强调敏捷制造，基于时间的竞争条件下，这种成本优化策略是否适宜？供应链管理的两个基本策略ECR 和 QR 都集中体现了顾客响应能力的基本要求。因此，在实施供应链库存优化时要明确库存优化的目标是什么，是成本还是时间。成本是库存控制中心须考虑的因素，但是在现代市场竞争的环境下，仅优化成本参数显然是不够的，应该把时间（库存周转时间）的优化也作为库存优化的主要目标来考虑。

（2）明确库存优化的边界

供应链库存管理的边界即供应链的范围，在库存优化中一定要明确所优化的库存范围是什么，供应链的结构有各种各样的形式，有全局的供应链，包括供应商、制造商、分销商和零售商各个部门；有局部的供应链，分为上游供应链和下游供应链。在传统的所谓多级库存优化模型中，绝大多数的库存优化模型是下游供应链，即关于制造商、产品供应商、分销中心、批发商、零售商的三级库存优化，很少有关于零部件供应商、制造商之间的库存优化模型，在上游供应链中主要考虑的问题是关于供应商的选择问题。

（3）多级库存优化的效率问题

理论上讲，如果所有的相关信息都是可获得的，并把所有的管理策略都考虑到目标函数中去，中心化的多级库存优化比基于单级库存优化的策略要好，但是，现实情况未必如此，当把组织与管理问题考虑进去时，管理控制的幅度常常是下放给各个供应链的部门独立进行。因此，多级库存控制策略的好处也许会被组织与管理的考虑所抵消，从而简单的多级库存优化并不能真正产生优化的效果，而需要对供应链的组织管理进行优化，否则多级库存优化策略效率低下。

（4）明确采用的库存控制策略

在单库存的控制策略中，一般采用的是周期性检查与连续性检查策略，这些库存控制策略对于多级库存控制仍然适用。但是，到目前为止，关于多级库存控制都是基于无限能力假设的单一产品的多级库存，对于有限能力的多产品库存控制是供应链多级库存控制的难点和有待解决的问题。

6. 答：下面分别从时间优化和成本优化的角度分别探讨多级库存优化的方法。

（1）基于成本优化的多级库存优化方法

基于成本优化的多级库存控制实际上就是确定库存控制有关参数，包括库存检查期、订货点、订货量。在传统的多级库存优化方法中，主要考虑的供应链模式是"生产—分销"模式，即供应链的下游部分。进一步把问题推广到整个供应链的一般性情形。在库存控制中，可以考虑集中式（中心化）和分布式（非中心化）两种库存控制策略。

第一，确定库存成本结构。①维持库存费用 C_k。在供应链的每个阶段都维持一定的库存以保证生产、供应的连续性，这些库存维持费用包括资金成本、仓库及设备折旧费、税收、保险金等。维持库存费用与库存价值和库存量的大小有关，其沿着供应链从上游到下游有一个累积的过程。②交易成本 C_i。即在供应链企业之间的交易合作过程中产生的各种费用，包括谈判要价、准备订单、商品检验费用、佣金等。③缺货损失成本 C_s。缺货损失成本是由于供不应求即库存 v 小于零时，造成市场机会损失以及用户罚款等。缺货损失成本与库存大小有关，库存量大，缺货损失成本小；反之，缺货损失成本高。

第二，库存控制策略。多级库存的控制策略分为中心化控制策略和非中心化策略：①采用中心化控制策略的优势在于能够对整个供应链系统的运行有一个较全面的掌握，协调各个节点企业的库存活动。②非中心化的控制策略。非中心化库存控制是把供应链的库存控制分为三个成本中心，即制造商成本中心、分销商成本中心和零售商成本中心，各自根据自己的库存成本优化做出优化的控制策略。

（2）基于时间优化的多级库存控制

随着市场变化，市场竞争已从传统的、简单的成本优先竞争模式转化为时间优先的竞争模式，这就是敏捷制造的思想。因此，供应链的库存优化不能简单地仅优化成本，在供应链管理环境下，库存优化还应考虑对时间的优化，比如库存周期率的优化、供应提前期优化、平均上市时间的优化等，库存时间过长对产品的竞争力不利，因此，供应链系统应从提高用户响应速度的角度提高供应链的库存管理水平、缩短提前期，不但能够维持更少的库存，而且有利于库存控制。

（七）案例分析题答案（本题共 2 小题）

案例一：

1. 答：供应链环境下存在的库存问题主要有：没有供应链的整体观念、对用户服务的理解与定义不恰当、不准确的交货状态数据、低效率的信息传递系统、忽视不确定性对库存的影响、库存控制策略简单化、缺乏合作与协调性、产品的过程设计没有考虑供应链上库存的影响。

2. 答：一是集中采购可以带来谈判优势，降低采购价格；二是可以节省各子公司在

采购过程中的一些间接费用，如运输成本、谈判成本等；三是方便公司统一进行管理，节省管理费用。（言之有理即可）

3. 答：可以精确地调整企业库存水平，减少库存成本、采购成本、管理成本及缺货损失，更快速地获得市场信息并且能更高效地对市场做出反应，增加供应链的敏捷性和协调性，加快资金周转等。

案例二：

1. 答：由一些大的公共仓储公司通过提供更多的附加服务或由一些制造企业的运输和分销部门演变而来。

2. 答：帮助企业提高顾客服务水平和质量。

3. 答：减少成本，使企业集中于核心业务；获得更多的市场信息，获得一流的物流咨询；改进服务质量；快速进入国际市场；各协调中心的第三方物流商使供应与需求双方都取消了各自独立的库存，增加了供应链的敏捷性和协调性，并且能够大大改善供应链的用户服务水平和运作效率。

第十章　成本战略

一、知识概述

通过本章的学习，熟悉采购成本总预算的内容，掌握采购战略工具和战略成本分析。

二、基本概念

1. 概念1——总预算

【说明】总预算是某时期的综合预算，它由各种相互关联的预算组成，包括经营预算和财务预算。总预算编制始于对公司战略、长期目标和长期计划的审视。

2. 概念2——销售预测

【说明】销售预测就是估计公司产品的未来销售状况，它是编制期间销售预算的起点，精确的销售预测能够增加预算作为计划和控制工具的作用。

3. 概念3——销售预算

【说明】销售预算显示了预期销售价格下的预期销售量，编制期间销售预算的起点一般是预计的销售水平、生产能力和公司的长、短期目标。

4. 概念4——生产预算

【说明】生产预算就是根据销售目标和预计预算期末的存货量决定生产量，并安排该生产量所需资源的取得和整合的整套规划。生产量取决于销售预算、产成品期末预计余额以及产成品的期初存货量，确定预算生产量的公式：预算生产量＝预算销售量＋期末存货量－期初存货量。

5. 概念5——总体拥有成本

【说明】总体拥有成本（TCO）是一项帮助组织来考核、管理和削减在一定时间范围内组织某项获得资产相关联的所有成本的技术。这些资产可能是：厂房建筑、交通工具或软件系统。TCO可以被描述为资产购进成本及在其整个生命服务周期中发生的成本之和。TCO决不等同于资产的购买产品，它还要包括资产购进后运营和维护的费用。

6. 概念6——学习曲线

【说明】学习曲线是分析采购成本、实施采购降价的一个重要工具和手段。学习曲线最早由美国航空工业提出，其基本概念是随着产品的累计产量增加，单位产品的成本会以一定的比例下降。单位产品价格成本的降低与规模效益并无任何关系，它是一种学习效益。

7. 概念7——ABC 成本法

【说明】ABC 成本法又称作业成本分析法、作业成本计算法和作业成本核算法。美国芝加哥大学的青年学者库伯（Robin Cooper）和哈佛大学教授卡普兰（Robert S Kaplan）在对美国公司调查研究之后，发展了斯托布斯的思想，提出了以作业为基础的成本计算（1988）（Activity Based Costing，ABC）法。

8. 概念8——价值工程法

【说明】价值工程法是功能分析，即对产品的每一主要功能或特性的效用和成本进行考察。这种分析的目的是确定效用与成本间的平衡，当全部功能的成本低于目标成本时，每种功能的总效用值即可达到。

9. 概念9——成本表

【说明】成本表是计算机基础上的基础数据，包括关于企业成本动因的大量信息。例如，成本动因包括产品规格、制造所用材料以及产品特性数量。

10. 概念10——分组技术

【说明】分组技术是一种辨认公司所生产产品不同部件相似性的方法，因为两个或更多的产品可以使用相同的部件，从而降低成本。

11. 概念11——特殊订货决策

【说明】所谓特殊订货决策是企业偶然得到了一个机会出售一批具有特别质量要求的产品或服务。称其为特殊订货，是因为通常它是无法预期的。

三、重点内容

1. 总体拥有成本

总体拥有成本是一项帮助组织来考核、管理和削减在一定时间范围内组织某项获得资产相关联的所有成本的技术。

2. 学习曲线

学习曲线（The Learning Curve）是分析采购成本、实施采购降价的一个重要工具和手段。学习曲线最早由美国航空工业提出，其基本概念是随着产品的累计产量增加，单位产品的成本会以一定的比例下降。

四、习题与案例

（一）单选题（本题共20小题）

在每小题列出的四个备选项中只有一个是符合题目要求的，请将其代码填写在题中的括号内。错选、多选或未选均不得分。

1. K 公司预计4月1日的产品存货量是5000个，希望期末存货量为下月（5月）预计销售量（25000个）的30%。四月份的预算生产量是（　　）。

A. 22500　　　　　　　　　　　B. 32500

C. 17500   D. 27500

2. 生产管理人员的工资属于（   ）。

A. 直接材料的使用和采购   B. 直接人工预算

C. 工厂间接费用预算   D. 产品生产成本和销售成本预算

3. 出售设备产生的现金应计入现金流量项目中的（   ）。

A. 现金收入   B. 可使用的现金

C. 现金支出   D. 融资

4. 总体拥有成本所涉及的资产不包括（   ）。

A. 厂房建筑   B. 原材料

C. 交通工具   D. 软件系统

5. 不属于总体拥有成本的局限的是（   ）。

A. 需要做 TCO 分析   B. 没有普遍公式

C. 只适用于无形资产   D. 很难判断关联成本

6. 学习曲线适用于（   ）。

A. 长期战略决策   B. 短期决策

C. 中长期决策   D. 所有决策

7. 学习曲线不适用于下列情形（   ）。

A. 供应商按客户的特殊要求制造的零部件

B. 涉及需大量投资或新添设备的产品生产

C. 需要专用的磨具、夹具或检测设施

D. 直接劳动力成本占价格成本的比例较小

8. 实现目标成本法的第一个步骤是（   ）。

A. 确定期望利润   B. 确定市场价格

C. 得出目标成本   D. 识别降低成本的途径

9. （   ）是一种辨认公司所生产产品不同部件相似性的方法。

A. 分组技术   B. 价值工程法

C. ABC 分析法   D. 目标成本法

10. 设备的折旧属于（   ）。

A. 相关成本   B. 约束性成本

C. 固定成本   D. 机会成本

11. 下列属于战略成本分析特点的是（   ）。

A. 注重短期   B. 注重产品成本

C. 注重客户   D. 注重个别产品

12. 特殊订货具有（   ）特点。

A. 非经常性   B. 可预期

C. 来自分销商   D. 来自制造商

13. 批量级成本不包括（　　　）。

A. 市场准备成本　　　　　　　　B. 检验成本

C. 原料整理成本　　　　　　　　D. 运输成本

14. （　　　）成本是固定的，不随产量变动而变动。

A. 产品级成本　　　　　　　　　B. 市场级成本

C. 工厂级成本　　　　　　　　　D. 批量级成本

15. 不能从直接材料使用预算中得知的数据是（　　　）。

A. 材料单位成本　　　　　　　　B. 材料总成本

C. 材料数量　　　　　　　　　　D. 材料质量

16. （　　　）的两个项目会同时出现在预算损益表和预算资产负债表。

A. 直接人工预算　　　　　　　　B. 间接费用预算

C. 生产成本和销售成本预算　　　D. 现金预算

17. 工厂财产税应该编制到（　　　）中。

A. 直接人工预算　　　　　　　　B. 间接费用预算

C. 生产成本和销售成本预算　　　D. 销售和管理费用

18. 出售企业的非经营性资产应记入现金预算的（　　　）。

A. 融资　　　　　　　　　　　　B. 现金支出

C. 现金收入　　　　　　　　　　D. 可使用的现金

19. 股东权益应记入（　　　）。

A. 预算损益表　　　　　　　　　B. 现金预算

C. 预算资产负债表　　　　　　　D. 生产预算

20. 学习曲线表现为随着生产的进行，工艺技术调整与变更＿＿＿＿＿＿，模具的更换时间＿＿＿＿＿＿。（　　　）

A. 减少、缩短　　　　　　　　　B. 增多、缩短

C. 增多、增长　　　　　　　　　D. 减少、增长

（二）多选题（本题共 10 小题）

请把正确答案的代码填写在题中的括号内，多选、漏选、错选不得分。如果全部答案的代码完全相同，例如全选 ABCDE，则本大题不得分。

1. 预算财务报表包括（　　　）。

A. 预算损益表　　　　　　　　　B. 现金预算

C. 利润表　　　　　　　　　　　D. 资产负债表

E. 现金流量表

2. 销售预测中应考虑的影响因素有（　　　）。

A. 经济和行业的一般状况　　　　B. 广告和促销活动

C. 定价政策　　　　　　　　　　D. 信用政策

E. 未交货的订单

3. 编制期间销售预算的起点一般是（　　　）。

A. 销售水平　　　　　　　　　　　B. 生产能力

C. 市场价格　　　　　　　　　　　D. 长期目标

E. 短期目标

4. 学习曲线的经验效益来源有（　　　）。

A. 劳动效率的提高　　　　　　　　B. 劳动分工与重新设计工作方法

C. 新的生产工艺　　　　　　　　　D. 生产设备效率的提高

E. 有效地利用资源

5. 与传统会计成本观相比，作业会计实现的突破是（　　　）。

A. 溯本求源改变成本动因　　　　　B. 强调成本的战备管理

C. 强调决策的成本关联性　　　　　D. 重新界定期间费用

E. 降低成本的主观动因

6. 中国企业应用作业成本法、开展作业成本管理的关键在于（　　　）。

A. 获得企业高层的认同　　　　　　B. 获得政府的认同

C. 推动组织再造　　　　　　　　　D. 开发和应用实施工具

E. 明确实施的责任主体

7. 相关成本分析和战略成本分析在应用时所共同涉及的决策有（　　　）。

A. 自制、租赁或外购决策　　　　　B. 在加工前出售还是在加工后出售的决策

C. 战略联盟决策　　　　　　　　　D. 获利能力分析

E. 特殊订货决策

8. 学习曲线的应用条件有（　　　）。

A. 大批量生产企业的长期战略决策　B. 直接劳动力成本占价格成本比重小

C. 企业处于规模经济阶段　　　　　D. 劳动力稳定

E. 涉及需大量投资的产品生产

9. 学习曲线的指导方针有（　　　）。

A. 合理选择员工　　　　　　　　　B. 合理的培训

C. 激励　　　　　　　　　　　　　D. 工作专业化

E. 一次完成一项或很少的作业

10. 相关成本分析的特点有（　　　）。

A. 注重短期　　　　　　　　　　　B. 与战略无联系

C. 注重产品成本　　　　　　　　　D. 注重客户

E. 注重个别产品

（三）名词解释题（本题共 8 小题）

1. 总预算

2. 生产预算

3. 总体拥有成本

4. 学习曲线

5. ABC 成本法

6. 价值工程法

7. 分组技术

8. 特殊订货决策

（四）判断题（本题共 20 小题）

对的在括号内画"√"，错的画"×"。

1. 销售预测是编制期间销售预算的起点。（　　）

2. 现金支出部分不包括所有的支出，部分支出要记入融资中。（　　）

3. 学习曲线是分析供应成本、实施供应降价的一个重要工具和手段。（　　）

4. 销售预算是企业做出其他经营活动的规范的前提。（　　）

5. 当企业规模过大出现规模不经济时，学习曲线的规律不再存在。（　　）．

6. 相关成本是指不应决策者的选择而变的成本。（　　）

7. 变动成本仅指随着产量而变动的成本。（　　）

8. 计量经济学模型法的优点是历史数据可以在公司记录中轻易找到。（　　）

9. ABC 成本法又称作作业成本分析法、作业成本计算法和作业成本核算法。（　　）

10. 作业成本法主要关注生产运作过程。（　　）

11. ABC 成本法把成本分配给每一成本核算对象，对各对象的成本和价格进行比较，从而确定其赢利能力的高低。（　　）

12. 作业成本法把企业的全部成本分为变动成本和固定成本。（　　）

13. 作业成本法划分的长期变动成本仍以产品数量为基础进行分析。（　　）

14. 固定成本从长期来看它也是变动的。（　　）

15. ABC 成本法强调在设计过程中消除不增加价值的作业。（　　）

16. 从长远来看，一旦某项决策敲定，与该决策相关的变动成本就会成为与其他决策无关的固定成本。（　　）

17. 传统成本观下，期间费用汇集的是所有无效、不合理的支出。（　　）

18. 设计分析适合所有产品，是产业和专业化产品中利用价值工程的普遍形式。（　　）

19. 分组技术是一种辨认公司所生产产品不同部件相似性的方法。（　　）

20. 目标成本法和持续改进在持续低成本和增加价值方面是互补的。（　　）

（五）简答题（本题共 10 小题）

将答案要点写出并作简要叙述，必要时可以画出流程图或示意图进行阐述。

1. 简述影响销售预测的因素。

2. 简述相关成本分析和战略成本分析在应用中的四种决策。

3. 简述将 TCO 研究成果应用于企业前要考虑的因素。

4. 简述学习曲线导致成本降低的原因。

5. 简述学习曲线经验效益的来源。

6. 简述作业成本计算中各概念之间的关系。

7. 简述 ABC 分析法的过程。

8. 简述作业会计的成本计算思路。

9. 简述作业成本法的实施步骤。

10. 简述实行目标成本法的五个步骤。

（六）论述题（本题共 5 小题）

要求阐述过程中理论联系实际、结构严谨、分析透彻，必要时可以画出流程图或示意图进行阐述。

1. 论述学习曲线的应用条件。

2. 论述学习曲线的战略意义。

3. 论述与传统会计成本观相比较，作业会计的重大突破。

4. 论述中国企业应用作业成本法、开展作业成本管理的关键所在。

5. 论述总体拥有成本的优势与局限。

（七）案例分析题（本题共 2 小题）

案例一：沃尔玛案例

1962 年，山姆·沃尔顿开设了第一家沃尔玛（WAL－MART）商店。迄今沃尔玛商场已成为世界第一大百货商场。按照美国《福布斯》杂志的估算，1989 年山姆·沃尔顿家族的财产已高达 90 亿美元。沃尔玛在世界零售业中排名第一。《商业周刊》2001 年全球 1000 强排名，沃尔玛位居第 6 位。作为一家商业零售企业，能与微软、通用电器、辉瑞制药等巨型公司相匹敌，实在让人惊叹。

沃尔玛取得成功的关键在于商品物美价廉，对顾客的服务优质上乘。

沃尔玛始终保持自己的商品售价比其他商店便宜，是在压低进货价格和降低经营成本方面下工夫的结果。沃尔玛直接从生产厂家进货，想尽一切办法把价格压低到极限成交。公司纪律严明、监督有力，禁止供应商送礼或请采购员吃饭，以免采购员损公肥私。沃尔玛也把货物的运费和保管费用降到最低。公司在全美有 16 个配货中心，都设在离沃尔玛商场距离不到一天路程的附近地点。商品购进后直接送到配货中心，再从配货中心由公司专有的集装箱车队运往各地的沃尔玛商场。公司建有最先进的配货和存货系统，公司总部的高性能电脑系统与 16 个配货中心和 1000 多家商场的 POS 终端机相联网，每家商场通过收款机激光扫描售出货物的条形码，将有关信息记载到计算机当中。当某一货品库存减少到最低限时，计算机就会向总部发出购进信号，要求总部安排进货。总部寻找到货源，便派离商场最近的配货中心负责运输路线和时间，一切安排有序，有条不紊。商场发出订货信号后 36 小时内，所需货品就会及时出现在货架上。就是这种高效的商品进、销、存管理，使公司迅速掌握商品进销存情况和市场需求趋势，做到既不积压存货，销售又不断货，加速资金周转，降低了资金成本和仓储成本。

压缩广告费用是沃尔玛保持低成本竞争战略的另一种策略。沃尔玛公司每年只在媒体上做几次广告，大大低于一般的百货公司每年的 50～100 次的水平。沃尔玛认为，价廉物美的商品就是最好的广告，我们不希望顾客买 1 美元的东西，就得承担 20～30 美分的宣传、广告费用，那样对顾客极不公平，顾客也不会对华而不实的商品感兴趣。

沃尔玛也重视对职工勤俭风气的培养。沃尔玛说："你关心你的同事，他们就会关心你。"员工从进公司的第一天起，就受到"爱公司，如爱家"的店训熏陶。从经理到雇员，都要关心公司的经营状况，勤俭节约，杜绝浪费，从细微处做起。这使沃尔玛的商品损耗率只有 1%，而全美零售业平均损耗率为 2%，从而使沃尔玛大量降低成本。

沃尔玛每周五上午召开经理人员会议，商议商品价格情况。如果有报告说某一商品在其他商场的标价低于沃尔玛，会议可决定降价，保证同种商品在沃尔玛价格最低。沃尔玛成功运用低成本竞争战略，在激烈的市场竞争中取胜。

结合案例，请回答以下问题：

1. 沃尔玛是怎样做到价格最低的？

2. 沃尔玛需要做哪些预算？

3. 沃尔玛有哪些值得中国企业学习的地方？

案例二：邯郸钢铁总厂的成本管理

我国的邯郸钢铁总厂（简称邯钢）是 1958 年建成的老厂，是钢铁企业前 10 名的国有大型企业。1990 年邯钢生产的 28 种钢材中有 26 种亏损。1991 年开始实行低成本目标管理战略，以"模拟市场核算，实行成本否决"为核心，加大了企业技术改造力度，加强了内部经营管理，坚持走集约化经营的道路，勤俭节约使效益大幅度提高，实力迅速壮大。

"模拟市场核算"的具体做法：一是确定目标成本，由过去以"计划价格"为标准的"正算法"改变为以市场价格为依据的"倒算法"，即将过去从产品的原材料进价，按厂内工序逐步结转的"正算"，改变为从产品的市场售价减去目标利润开始，按厂内工序反向逐步推算的"倒推"方法，使目标成本等项指标真实地反映市场的需求变化。二是以国内先进水平和本单位最高水平为依据，对成本构成的各项指标进行比较，找出潜在的效益，以原材料和出厂产品的市场价格为参数，进而对每一个产品都定出先进、合理的目标成本和目标利润等项指标。三是针对产品的不同情况，确定相应的目标利润，原来亏损但有市场的产品要做到不亏或微利，原来赢利的产品要做到增加赢利，对成本降不下来的产品，坚决停止生产。四是明确目标成本的各项指标是刚性的，执行起来不迁就、不照顾、不讲客观原因。

"成本否决"的具体做法：一是将产品目标成本中的各项指标层层分解到分厂、车间、班组、岗位和个人，使厂内每一个环节都承担降低成本的责任，把市场压力及涨价因素消化于各个环节。全厂 28 个分厂、18 个行政处室分解承包指标 1022 个，分解到班组、岗位、个人的达 10 万多个。目前全厂 2.8 万名职工人人身上有指标，多到生产每吨钢材负担上千元，少到几分钱，个个当家理财，真正成为企业的主人。二是通过层层签订承包协议，联利计酬，把分厂、车间、班组、岗位和个人的责、权、利与企业的经济效益紧密结合起来。三是将个人的全部奖金与目标成本指标完成情况直接挂钩，凡目标成本完不成的单位或个人，即使其他指标完成得再好，也一律扣发有关单位和个人的当月全部奖金，连续 3 个月完不成目标成本指标的，延缓单位内部工资升级。四是为防止成本不实和出现不合理的挂账及待摊，确保成本的真实可靠，总厂每月进行一次全厂性的物料平衡，对每个单位的原材料、燃料进行盘点。以每月最后一天的零点为截止时间，次月 2 日由分厂自己核对，3 日分厂之间进行核对，在此基础上总厂召开物料平衡会，由计划、总调、计量、质量、原料、供应、财务等部门抽调人员深入到分厂查账。账实不符的，重新核算内部成本和内部利润；成本超支、完不成目标利润的，否决全部奖金。

调整内部机构设置，保证低成本目标实现。一是精简机构，1990—1995 年总厂和分厂的管理科室从 503 个减到 389 个，管理人员从占职工人数 14% 减到 12%。二是充实和加强财务、质量管理、销售、计划、外经、预决算、审计等管理部门，进一步强化和理顺了管理职能。三是实行"卡两头，抓中间"的管理方法。一头是严格控制进厂原材料、燃料的价格、质量，仅此一项，从 1992 年以来总共降低成本 9000 万元；另一头是把住产品销售关，坚持集体定价；抓中间就是抓工序环节的管理，不仅抓生产过程的"跑、冒、滴、漏"，而且将各项技术经济指标进行横向比较，以同行业先进水平为赶超目标。

结合案例，请回答以下问题：

1. 根据材料分析"成本否决"的好处。

2. 如果要用 ABC 成本法对该企业进行成本分析，试阐述 ABC 成本分析法的分析过程。

3. 如果要用目标成本法进行分析，企业要降低成本至目标成本水平，有哪些选择？

五、参考答案

（一）单选题答案（本题共 20 小题）

1	2	3	4	5	6	7	8	9	10
A	C	B	B	C	A	D	B	A	B
11	12	13	14	15	16	17	18	19	20
C	A	D	C	D	C	B	D	C	A

（二）多选题答案（本题共 10 小题）

1	2	3	4	5	6	7	8	9	10
CDE	ABCDE	ABDE	ABCDE	ABCDE	ACDE	ABDE	ACDE	ABCDE	ABCE

（三）名词解释题答案（本题共 8 小题）

1. 答：总预算是某时期的综合预算，它由各种相互关联的预算组成，包括经营预算和财务预算。总预算编制始于对公司战略、长期目标和长期计划的审视。

2. 答：生产预算就是根据销售目标和预计预算期末的存货量决定生产量，并安排该生产量所需资源的取得和整合的整套规划。

3. 答：总体拥有成本（TCO）是一项帮助组织来考核、管理和削减在一定时间范围内组织某项获得资产相关联的所有成本的技术。这些资产可能是：厂房建筑、交通工具或软件系统。TCO 可以被描述为资产购进成本及在其整个生命服务周期中发生的成本之和。TCO 决不等同于资产的购买产品，它还要包括资产购进后运营和维护的费用。

4. 答：学习曲线是分析采购成本、实施采购降价的一个重要工具和手段。学习曲线最早由美国航空工业提出，其基本概念是随着产品的累计产量增加，单位产品的成本会以一定的比例下降。单位产品价格成本的降低与规模效益并无任何关系，它是一种学习效益。

5. 答：ABC 成本法又称作业成本分析法、作业成本计算法和作业成本核算法。美国芝加哥大学的青年学者库伯（Robin Cooper）和哈佛大学教授卡普兰（Robert S Kaplan）在对美国公司调查研究之后，发展了斯托布斯的思想，提出了以作业为基础的成本计算（1988）（Activity Based Costing，ABC）法。

6. 答：价值工程法是功能分析，即对产品的每一主要功能或特性的效用和成本进行考察。这种分析的目的是确定效用与成本间的平衡，当全部功能的成本低于目标成本时，每种功能的总效用值即可达到。

7. 答：分组技术是一种辨认公司所生产产品不同部件相似性的方法，因为两个或更多的产品可以使用相同的部件，从而降低成本。

8. 答：所谓特殊订货决策发生于企业偶然得到了一个机会出售一批具有特别质量要求的产品或服务。称其为特殊订货，是因为通常它是无法预期的。

（四）判断题答案（本题共 20 小题）

1	2	3	4	5	6	7	8	9	10
√	×	×	√	√	×	×	√	×	×
11	12	13	14	15	16	17	18	19	20
√	×	×	√	√	√	×	×	√	√

（五）简答题答案（本题共 10 小题）

1. 答：在销售预测中应考虑的影响因素有：
①现在的销售水平和过去几年销售趋势。
②经济和行业的一般状况。
③竞争对手的行动和经营计划。
④定价政策。
⑤信用政策。
⑥广告和促销活动。
⑦未交货的订单。

2. 答：相关成本分析和战略成本分析在应用时所涉及的四种决策，都是管理会计师经常遇到的。对每一个决策，公司都要取得有关成本信息，这些成本信息包括前面提到的相关成本信息和战略成本信息。

这四种决策为：①特殊订货决策；②自制、租用或外购决策；③再加工前出售还是再加工后出售的决策；④获利能力分析。

3. 答：记载 TCO 研究成果的文档资料为数众多。在将研究成果应用于企业之前，考虑下列因素：
①企业自身情况越复杂，规划和部署成本越高。
②未经定义的操作流程越多，TCO 越高。
③IT 越复杂，TCO 越高。
④TCO 并未估算因使用所提供的 IT 产品或服务可能产生的收益。
⑤直接预算成本包括硬件、软件、管理、支持、部署和通信等费用支出。
⑥间接预算外成本包括最终用户自助支持成本和故障停机成本。

⑦计算 TCO 时应考虑客户所属类型。数据录入员和工程师所需使用的计算机并不相同。

4. 答：前期生产学习期间的各种改进逐步见效，因而成本不断降低，主要表现为：

①随着某产品逐步进入成长、成熟期，其生产经验不断丰富，所需的监管、培训及生产维护费用不断减少。

②随着累计产量增加，工人越趋熟练，生产效率不断提高。

③生产过程中的报废率、返工率以及产品的缺陷不断降低。

④生产批次不断优化，设备的设计、模具的更换时间不断缩短。

⑤随着累计产量的增加，原材料的采购成本不断降低。

⑥经过前期生产学习，设备的效率及利用率等方面不断得到改进。

⑦通过前期生产学习，物流不断畅通，原材料及半成品等库存控制日趋合理。

⑧通过改进过程控制，突发事件及故障不断减少。

⑨随着生产的进行，工程、工艺技术调整与变更越来越少。

5. 答：学习曲线经验效益的来源主要表现在以下几个方面：

①劳动效率的提高。

②劳动分工与重新设计工作方法。

③新的生产工艺。

④生产设备效率的提高。

⑤产品的标准化和产品的重新设计。

⑥有效地利用资源。

6. 答：作业成本法引入了许多新概念，下图显示了作业成本计算中各概念之间的关系。

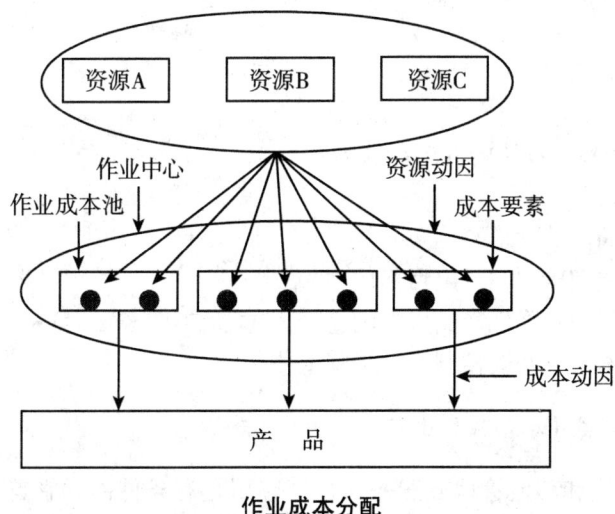

作业成本分配

资源按资源动因分配到作业或作业中心，作业成本按作业动因分配到产品。分配到作业的资源构成该作业的成本要素（图中的黑点），多个成本要素构成作业成本池（中间的小方框），多个作业构成作业中心（中间的椭圆）。作业动因包括资源动因和成本动因，分别是将资源和作业成本进行分配的依据。

7. 答：ABC 分析法的过程是：

①定义业务和成本核算对象（通常是产品，有时也可能是顾客、产品市场等）。如果两种产品满足的是顾客的同一种需求，那么在定义业务时，选择顾客要比选择单个产品更为恰当。

②确定每种业务的成本动因即成本的决定因素，如订单的数量。

③然后，将成本分配给每一成本核算对象，对各对象的成本和价格进行比较，从而确定其赢利能力的高低。

8. 答：作业会计的成本计算思路是：产品消耗作业，作业消耗资源，生产费用应根据其发生的原因，汇集到作业，并计算出作业成本，再按产品生产所消耗的作业量，将作业成本计入产品成本。按照这一成本动因将成本划分为：①短期变动成本，如直接材料、直接人工。其短期内仍以产品数量为基础，与传统成本法基本相同。②长期变动成本，以作业为基础，作业量是其成本动因。某种产品分配的长期变动成本数额在传统成本法下多为固定成本。③固定成本，在给定的时期内不随任何作业的变动而变动的成本，但从长远来看它也是变动的。

9. 答：作业成本的实施一般包括以下几个步骤：

①设定作业成本法实施的目标、范围，组成实施小组。

②了解企业的运作流程，收集相关信息。

③建立企业的作业成本核算模型。

④选择/开发作业成本实施工具系统。

⑤作业成本运行。

⑥分析解释作业成本运行结果。

⑦采取行动。

10. 答：实行目标成本法的五个步骤为：

①确定市场价格。

②确定期望利润。

③用市场价格减期望利润得出目标成本。

④运用价值工程识别降低产品成本的途径。

⑤运用改善成本法和经营控制进一步降低成本。

（六）论述题答案（本题共5小题）

1. 答：学习曲线和其他管理方法一样，其应用是有条件的。它首先满足两个基本假定：一是生产过程中确实存在着"学习曲线"现象；二是学习曲线的可预测性，即学习现象是规律的，因而学习曲线率是能够预测的。除此之外，学习曲线是否适用，还要考虑以下几个因素：

①它只适用于大批量生产企业的长期战略决策，而对短期决策的作用则不明显。

②它要求企业经营决策者精明强干、有远见、有魄力，充分了解企业内外的情况；敢于坚持降低成本的各项有效措施，重视经济效益。

③学习曲线与产品更新之间既有联系，又有矛盾，应处理好二者的关系，不可偏废，不能片面认为只要产量持续增长，成本就一定会下降，销售额和利润就一定会增加。如果企业忽略了资源市场、顾客爱好等方面的情况，就难免出现产品滞销、积压以致停产的局面。

④劳动力保持稳定，不断革新生产技术和改革设备。

⑤学习曲线适用于企业的规模经济阶段，当企业规模过大，出现规模不经济时，学习曲线的规律不再存在。

⑥以上是学习曲线的应用条件，对于采购来说，"学习曲线"分析一般适合于以下情形。

a. 供应商按客户的特殊要求制造的零部件。

b. 涉及需大量投资或新添设备设施的产品生产。

c. 需要开发专用的磨具、夹具、检具或检测设施，无法同时向多家供应商采购。

d. 直接劳动力成本占价格成本比例较大。

2. 答：学习曲线的战略意义揭示了提高学习率的一般指导方针。

（1）个人学习

有许多因素影响个人的表现和学习率。学习率和初始水平是其中最重要的两个因素。我们假定为了完成一项简单任务，测试两个员工生产某件产品的时间，这项测试被行政部用来作为对装配线上招聘员工考核的一部分。例如，有两个人应聘装配线员工，你将聘用哪一个？应聘者 A 开始效率高但学习速度慢；应聘者 B 虽然开始效率低，但是他的学习速度很快。很明显，B 是一个更好的聘用人。以上说明不仅学习率本身很重要，起始操作时间也很重要。

为了改善个人的操作水平，基于学习曲线的一般指导方针有：①合理选择员工。应采用某些测试来帮助选择员工；这些测试对计划好的工作具有代表性：装配工作测试其灵巧性，脑力工作测试其脑力劳动能力，服务性工作测试其与顾客沟通的能力等。②合理的培训。培训方式越有效，学习率就越高。③激励。除非有报酬，否则基于学习曲线的生产任务很难完成。④工作专业化。一般的规律是：任务越简单，学习的越快。应注意由于长期操作同一作业所导致的厌烦感是否会对工作产生干扰。如果确实对工作产生了干扰，那么就要对任务进行重新设计。⑤一次完成一项或很少的作业。对于每一项工作，一次只完成一项比同时做所有的工作学习得快。⑥使用能够辅助或支持操作的工具或设备。⑦能够提供快速而简单响应帮助的方法。⑧让员工协助重新设计他们的工作。把更多的操作因素考虑到学习曲线的范围中，实际上能够使曲线向下倾斜的速度更快。

（2）组织学习

组织同样也在学习，从工业工程（IE）角度考虑组织学习对于企业间的竞争也是关键的。对于个人来说，知识如何获得和保存以及这些将对个人学习产生多大的影响等方面的概念很容易建立。当然组织学习主要源于所有聘用员工个人学习的结果。例如，随着操作者越来越熟练，知识就嵌入到软件和操作方法中去了。知识也可以嵌入到组织的结构中去。如当一个组织把它的工业工程（IE）团队从集中于某一地点的功能组织中转移到员工分散在工厂各地的分权组织中时，怎样提高生产率这些方面的知识将会嵌入到组织结构中去。如果个人离开组织，知识将贬值。如果技术水平达不到或难以使用，知识也会贬值。

3. 答：与传统会计成本观相比较，作业会计实现了重大突破。具体而言，作者认为有以下五个方面：

（1）溯本求源

改变成本动因传统成本法比较关注产品成本结果，成本计算的对象是企业所生产的各种产品，产量被看做是产品成本的唯一动因，并认为它对成本分配起着决定性的制约作用。按照这一思想，企业的全部成本分为变动成本和固定成本。

（2）强调成本的战备管理，延伸成本概念

传统的成本概念只局限于产品的生产制造过程，但随着市场格局逐渐由卖方市场向买方市场转化，产品的价值实现比价值形成更为重要，因此，应选择实施按成本管理要求的全程管理。ABC法正是立足于这种全程的成本概念进行管理，将成本视野向前延伸到产品的市场需求，分析相关技术的发展态势，将产品的设计向后延伸到顾客的使用、维修及处置阶段，且尤其重视在产品投产前设计阶段的成本控制。如果说价值工程强调在设计阶段剔除产品过剩功能，以达到节约成本的目的，ABC法则强调在设计过程中消除不增加价值的作业，对于可增加价值的作业，在不影响产品必要功能的前提下，也选用低成本作业。因此，ABC法被看做是价值工程在成本会计应用中的深化、细化。

（3）强调决策的成本关联性，辅助相关成本决策法

相关成本决策法是管理会计中发展起来的一种重要的管理决策方法，它将与某种决策相关的成本和收入进行配比来做出决策，只考虑随决策而变动的成本，而忽略不受决策影响的成本。相关成本决策法假设决策对成本在短期内发生影响和多项决策之间是相互独立、互不影响的。

（4）重新界定期间费用，完善成本概念

传统成本观下，产品成本是指其制造成本，就其经济内容看，只包括与产品成本直接有关的费用，而用于管理和组织生产的支出则作为期间费用处理。产品成本按费用的经济用途设置相关项目。而在作业成本观下，产品成本是指完全成本。就一个制造中心而言，该制造中心所有的费用支出只要是合理有效的，都是对最终产品有益的支出，就应计入产品成本。即作业成本观强调费用支出的合理有效性，而不论其是否与产出直接相关。

（5）降低成本的主观动因，完善责任会计

在产品成本的形成中，除了受产量、作业量等一些客观因素的驱动外，还会受人为主观因素的驱动。比如，职工的成本管理意识、工作态度和责任感、员工之间以及员工与领导之间的人际关系等。在作业成本观念下，按作业设立责任中心，使用更为合理的分配基础，易于区分责任，减少成本的主观动因。同时 ABC 法还特别强调产品的零部件数量、调整准备次数、运输距离和质量检测时间等非财务变量，因为它们与产品实际成本耗费也有极强的相关性。

4. 答：中国企业应用作业成本法、开展作业成本管理的关键包括：

（1）获得企业高层的认同

企业领导者的认同是实施作业成本的前提。我国制造企业对作业成本的认同，与国际性企业的认同存在较大差距。这不仅与不同的经济体制有关，也与国内理论和实践中对作业成本的了解不足有关。只有获得企业领导者的支持，才能为在企业中推广作业成本法，进而开展作业成本管理创新条件。

（2）明确实施的责任主体

作业成本法属于管理会计范畴，同时涉及企业内部的各个部门。但中国制造业企业内部，大多没有管理会计这一职位或负责部门，其功能多是分散在财务、采购等多个部门中。如果作业成本的实施中没有一个具体的主管部门，就可能出现人人有责人人都不负责的情况。

（3）推动组织再造

作业成本从某种程度上说是全员实施的一项工程，因为作业成本必须清楚企业的运作过程，作业成本核算体系设计、基础数据收集以及改善行动都需要全员参与。另外实施作业成本法，成本在产品之间的重新分配和对作业进行核算，不可避免的导致对个人和组织的绩效的影响，受到影响的组织和个人可能会抵制作业成本的实施。因此推动组织再造是成功实施作业成本法的重点之一。

（4）开发和应用实施工具

作业成本的实施离不开软件的支持，国外已经有成熟的作业成本软件。但国内目前还没有出现成熟的软件工具，当前的一些应用作业成本法的企业多是利用自行开发的工具来支持。没有软件工具的支持，作业成本的运行与数据分析都是困难。尽快开发适合中国企业特色的作业成本软件，使作业成本法的实施标准化、信息化，同时加快与企业现有信息系统的集成，是促进作业成本在制造、电信和 IT 等行业规模化实施的关键。

（5）新的管理观念和方法的应用

旨在改变传统成本会计的作业成本法和作业成本管理，适应了新制造环境，提出了新的管理观念和方法，是企业管理和成本核算的一次大变革。中国在信息化和工业化的道路上，将努力建成为"世界工厂"，制造业企业对作业成本的需求将会十分强烈，而一些非制造行业的成本核算与控制比较复杂，传统成本对此无能为力，如电信行业、银行、保险、铁路、医疗行业的成本核算与控制上，作业成本管理也将大有作为。

5. 答：（1）总体拥有成本的优势

①TCO认真量度与资产相关联的所有成本。

②TCO作为一项长期量度法，致力于减少资产服务周期内的总成本，提高投资回报率。

（2）总体拥有成本的局限

①需要做TCO分析。

②执行TCO分析本身就会发生成本。

③没有普遍公式。

④不适用于无形资产。

⑤有时候很难判断某项资产的关联成本。

⑥通过TCO来降低成本是一个长期过程，所以如果企业打算在短期内降低成本，TCO帮助不大。

⑦通常，TCO对购买一项资产的风险不作评估。

⑧从发挥资产投资与企业目标的战略策应作用角度来看，TCO帮助不大。

（七）案例分析题答案（本题共2小题）

案例一：

1. 答：压低进货价格和降低经营成本：直接从生产厂家进货、把货物的运费和保管费用降到最低、严肃公司纪律与管理、采取联合库存管理降低库存管理费用、压缩广告费用等。

2. 答：销售预算、商品采购预算、销售和管理费用预算、现金预算。

3. 答：沃尔玛纪律严明、监督有力，商品统一由配货中心根据各商场的需求进行供给，把消费者的利益放在心中的服务理念，不追崇高价广告，重视对职工思想、工作理念上的培养，这些都值得中国企业学习。

案例二：

1. 答：将产品目标成本中的各项指标层层分解到分厂、车间、班组、岗位和个人，使厂内每一个环节都承担降低成本的责任，把市场压力及涨价因素消化于各个环节；二是通过层层签订承包协议，联利计酬，把分厂、车间、班组、岗位和个人的责、权、利与企业的经济效益紧密结合起来；三是将个人的全部奖金与目标成本指标完成情况直接挂钩，可以提高员工的工作效率；四是总厂每月进行一次全厂性的物料平衡，对每个单位的原材料、燃料进行盘点，可以防止成本不实和出现不合理的挂账及待摊，确保成本的真实可靠。

2. 答：ABC分析法的过程是：

①定义业务和成本核算对象（通常是产品，有时也可能是顾客、产品市场等）。如果两种产品满足的是顾客的同一种需求，那么在定义业务时，选择顾客要比选择单个产品更

为恰当。

②确定每种业务的成本动因（即成本的决定因素，如订单的数量）。

③然后，将成本分配给每一成本核算对象，对各对象的成本和价格进行比较，从而确定其赢利能力的高低。

3. 答：通过结合新生产技术，运用先进的成本管理方法，并通过改善组织与人的关系，寻求更高的生产效率。通过产品或服务的再设计，有效降低总成本。

第十一章 战略采购的实施

一、知识概述

通过本章的学习，熟悉采购战略的基本内容，掌握采购战略的流程，了解采购战略的流程重组和采购计划的制订。

二、基本概念

1. 概念1——战略采购

【说明】所谓战略采购是一种系统性的以数据分析为基础的采购方法。简单地说，战略采购是以最低总成本建立服务供给渠道的过程，一般采购是以最低采购价格获得当前所需资源的简单交易。

2. 概念2——采购决策

【说明】采购决策是指根据企业经营目标的要求，提出各种可行方案，对方案进行评价和比较，按照满意性原则，对可行方案进行抉择并加以实施和执行的管理过程。采购决策是企业决策中的重要组成部分。

3. 概念3——采购计划

【说明】采购计划是指企业管理人员在了解市场供求的情况下，以认识企业生产经营活动过程和掌握物料消耗规律为基础，对计划期内物料采购活动所做的预见性的安排和部署。它包括两部分内容：一是采购计划的制订；二是采购订单的制订。

4. 概念4——综合平衡

【说明】综合平衡就是指从全局出发，综合考虑生产经营、认证容量、物料生命周期等要素，判断认证需求的可行性，通过调节认证计划来尽可能地满足认证需求，并计算认证容量不能满足的剩余认证需求。

三、重点内容

1. 采购战略管理的流程

（1）设定回报目标。

（2）组建商品团队，寻找降低成本的领域。

（3）评估需求，制定商品采购战略。

（4）与关键供应商沟通关键问题。

（5）验证、追踪并监控每个成本项。

（6）把实现的节约转变为企业的利润。

（7）对供应链伙伴实行优胜劣汰。

2. 采购战略管理的原则

战略采购包括以下几个重要原则：

（1）考虑总体成本。

（2）在事实和数据信息基础上进行协商。

（3）采购的终极目标是建立双赢的战略合作伙伴关系。

（4）制衡——双方合作的基础。

四、习题与案例

（一）单选题（本题共 20 小题）

在每小题列出的四个备选项中只有一个是符合题目要求的，请将其代码填写在题中的括号内。错选、多选或未选均不得分。

1. 战略采购的（　　）发生在企业内部。

A. 供应商评价和选择　　　　　　　B. 买方—卖方长期交易关系的建立

C. 供应商发展　　　　　　　　　　D. 采购整合

2. 不属于供应商评价系统的是（　　）。

A. 正式的供应商认证计划　　　　　B. 供应商业绩追踪系统

C. 供应商优化计划　　　　　　　　D. 供应商的评价和识别系统

3. 对于战略定位于成本领先的公司，指标体系的（　　）是其最为重要的指标。

A. 定价结构　　　　　　　　　　　B. 产品质量

C. 技术创新　　　　　　　　　　　D. 配送

4. 下列不属于战略采购关于供应商的认识的是（　　）。

A. 供应商是采购公司的一部分　　　B. 供应商是买方企业的延伸

C. 与主要供应商的关系必须持久　　D. 双方应重视以后的合作

5. 下列不是采购整合的转变方向的是（　　）。

A. 前瞻性　　　　　　　　　　　　B. 程序化

C. 跨职能部门　　　　　　　　　　D. 整合的功能转变

6. 不属于战略采购原则的是（　　）。

A. 单一成本最低　　　　　　　　　B. 在事实和数据信息基础上协商

C. 建立双赢的战略合作伙伴关系　　D. 以制衡为合作基础

7. 现代经济条件下，企业必须讲求（　　）的模式。

A. 服务　　　　　　　　　　　　　B. 合作

C. 双赢　　　　　　　　　　　　　D. A、B、C

8. ( ) 不仅能帮助企业寻找到最优的资源，还能保证资源的最大化利用，提升企业的水准。

A. 集中采购   B. 扩大供应商基础

C. 优化采购流程   D. 产品、服务的统一

9. 通过 ( ) 可以降低采购处理成本。

A. 公开招标   B. 批量计算

C. 菜单式购买   D. 电子商务

10. 战略采购中的信息共享不包括 ( )。

A. 专利技术   B. 技术信息

C. 市场信息   D. 成本信息

11. 企业商誉不包括 ( )。

A. 企业能力   B. 社会信任结构

C. 经营理念   D. 企业文化

12. 我国属于____信任文化，企业的不确定性回避程度较____。( )

A. 低、高   B. 低、低

C. 高、低   D. 高、高

13. 权利距离____的社会认为每个人该有恰当的地位，我国的权利距离____。( )

A. 大、大   B. 大、小

C. 小、大   D. 小、小

14. ____降低了企业间信息交流的效率，____造成企业间信息资源拥有处于不平等状态。( )

A. 信息集中、信息不规范   B. 信息不规范、信息不规范

C. 信息不规范、信息集中   D. 信息集中、信息集中

15. 政府授意企业兼并和联盟属于 ( ) 的负面影响。

A. 社会信任结构   B. 不确定性回避程度

C. 社会信息特征   D. 交易环境

16. 战略采购流程的第一步是 ( )。

A. 组建商品团队   B. 设定回报目标

C. 评估需求   D. 与关键供应商沟通关键问题

17. 具有组织整体中心是____运营具有的能力，战略采购同时能详细地了解要求及相关成本是____运营的一个特征。( )

A. 分权式、集权式   B. 分权式、分权式

C. 集权式、分权式   D. 集权式、集权式

18. 属于首席采购官的职能的是 ( )。

A. 制订战略采购计划   B. 对商品小组的资源分配

C. 与供应商谈判   D. 活动的识别与优先化

19. 为运营部门制订采购计划和选择时机是（　　）的职能。

A. 首席采购官　　　　　　　　B. 采购委员会

C. 商品小组　　　　　　　　　D. A、B、C

20. 管理和加工成本对于____价值，____交易性的商品尤其重要。（　　）

A. 低、低　　　　　　　　　　B. 低、高

C. 高、低　　　　　　　　　　D. 高、高

（二）多选题（本题共 10 小题）

请把正确答案的代码填写在题中的括号内，多选、漏选、错选不得分。如果全部答案的代码完全相同，例如全选 ABCDE，则本大题不得分。

1. 战略采购包含（　　）的内容。

A. 供应商评价和选择　　　　　B. 买方—卖方长期交易关系的建立

C. 供应商发展　　　　　　　　D. 供应商优化

E. 采购整合

2. 供应商业绩评价的指标体系通常由（　　）几方面构成。

A. 定价结构　　　　　　　　　B. 产品质量

C. 技术创新　　　　　　　　　D. 配送

E. 服务

3. 公司在发展供应商关系时应该做（　　）努力。

A. 帮助供应商解决技术、经营困难　　B. 对供应商的业绩提高进行回报与鼓励

C. 与目标供应商进行沟通　　　D. 与供应商就关键问题进行交流

E. 培训供应商员工

4. 战略采购需要考虑的成本有（　　）。

A. 购买价格　　　　　　　　　B. 库存费用

C. 使用成本　　　　　　　　　D. 管理成本

E. 其他无形资本

5. 实施采购战略所需要的技能有（　　）。

A. 营销和战略分析　　　　　　B. 信息收集和技术知识

C. 绩效评估技能　　　　　　　D. 产品开发技能

E. 谈判技能和形成伙伴关系

6. 全部拥有成本模型所说的价格包括（　　）。

A. 支付的价格　　　　　　　　B. 数量折扣

C. 利金分派收益　　　　　　　D. 支付条款

E. 交货期限

7. 供应商会议应该讨论（　　）问题。

A. 企业战略采购积极性　　　　B. 供应商能力

C. 价值增值服务　　　　　　　　　D. 处理供应商关系

E. 传递一揽子投标

8. 采购决策有（　　）特点。

A. 预测性　　　　　　　　　　　　B. 长期性

C. 目的性　　　　　　　　　　　　D. 可行性

E. 评价性

9. 企业的外部信息包括（　　）。

A. 物资需求情况　　　　　　　　　B. 本企业采购队伍情况

C. 货源的信息　　　　　　　　　　D. 科技信息

E. 运输方面的信息

10. 采购决策有（　　）方法。

A. 采购人员估计法　　　　　　　　B. 期望值决策法

C. 经理人员意见法　　　　　　　　D. 数学模型法

E. 直接观察法

(三) 名词解释题（本题共 4 小题）

1. 战略采购

2. 采购决策

3. 采购计划

4. 综合平衡

(四) 判断题（本题共 20 小题）

对的在括号内画"√"，错的画"×"。

1. 战略采购是一种系统性的以分析数据为基础的采购方法。（　　）

2. 战略采购是以最低采购价格获得当前所需资源的过程。（　　）

3. 实施战略采购的企业根据其核心经营职能的重要需求确定最适合的供应商关系。（　　）

4. 通过深入的价值分析，公司甚至能比供应商自己更清楚供应商生产过程和成本结构。（　　）

5. 采购实践是供应商评价和选择、供应商发展、采购整合三方面的统称。（　　）

6. 采购的终极目标是建立双赢的战略合作伙伴关系。（　　）

7. 企业不应该在发展之初就实施战略采购。（　　）

8. 低信任文化不利于微观层面的目标企业间信任关系的建立。（　　）

9. 不确定性回避程度低，说明社会趋向于规避风险，喜欢确定和安全。（　　）

10. 权利距离会降低采购部门调整供应商市场、发掘供应商市场机会的主动性。（　　）

11. 战略方法意味着对买方、供应商和分销商所推行传统关系的根本方法。（　　）

12. 采购方与供应商之间权利不平衡会使它们的伙伴关系倒向零和博弈。（　　）

13. 企业为了达到采购存储总费用最低的目的，就必须采用经济型计算最佳采购批量。（　　）

14. 采购人员估计法需经过多次反复，耗费时间，可行性差。（　　）

15. 对于价格低廉、临时性需求及非直接生产用途的物料比较适合定期采购法。（　　）

16. 固定期间法最适合于订购成本不高的采购。（　　）

17. 销售计划以生产计划为依据进行制订。（　　）

18. 计算认证容量是采购计划的第一步，也是最重要的一步。（　　）

19. 供应商的承接认证容量等于当前供应商正在履行认证的合同费。（　　）

20. 生产物料需求的时间是根据生产计划产生的，通常生产物料需求计划是订单计划的主要来源。（　　）

（五）简答题（本题共 10 小题）

将答案要点写出并作简要叙述，必要时可以画出流程图或示意图进行阐述。

1. 简述供应商评价系统的内容。

2. 简述战略采购对买方、卖方的观点。

3. 简述战略采购的重要性及对不同部门的影响。

4. 简述商品小组的职能。

5. 简述实施战略采购所需要的技能。

6. 简述采购决策的特点。

7. 简述采购决策的作用。

8. 简述采购决策的主要方法。

9. 简述采购计划编制的目的。

10. 简述计算认证容量的主要内容。

（六）论述题（本题共 9 小题）

要求阐述过程中理论联系实际、结构严谨、分析透彻，必要时可以画出流程图或示意图进行阐述。

1. 论述战略采购的构成。

2. 论述战略采购的重要原则。

3. 论述战略采购实施的方式。

4. 分析战略采购的影响因素。

5. 论述战略采购的流程。

6. 论述供应商和分销商保持伙伴关系平衡的方法。

7. 论述采购决策的程序。

8. 论述影响采购计划的因素。

9. 论述采购认证计划的主要环节。

（七）案例分析题（本题共 2 小题）

案例一：科尔尼公司采购战略管理

科尔尼公司的某个食品行业的客户在实施了一项为期 18 个月的项目之后节约了 5 千万美金的成本。该客户对从印刷品代理到促销策划服务提供商等诸多领域进行了考察，试图发现在维持现有营销活动的质量基础上缩减开支的机会。

该客户发现，在技术的帮助下，他们能够在更高的成本效率的水平上生产印刷品助销材料。公司借助技术工具接近那些高水准的供应商，并且把其每一项印刷任务都放在网上竞标。客户对市场调研、包装设计和促销策划代理商进行一番考察后发现，市场部的经理们对于不同的项目都自行选择供应商，营销开支分散于许多不同的供应商之间。

因此，许多供应商都把该公司看做小客户。供应商们不会积极地派出最佳员工和资源或者拿出最佳的工作状态，为该公司服务。通过精减供应商，该客户不仅确保拿到最好的报价，而且确保获得高质量的服务。更有甚者，某供应商还派遣两名员工常驻到该客户的公司提供服务。

该客户在选择促销策划代理商这一方面，也更有战略性地把未来的营销活动和需求考虑在内。在赞助某项全国性体育运动团队的活动中，该公司采购团队在续约谈判中争取到了25%的额外利益。

为了对这些举措提供支持，该公司财务部门委派职员对市场调研、促销策划以及包装设计代理商的协议费率进行监管。这些措施实施的第一年中，每季度评估一次；从第二年开始每半年评估一次。这些监管机制使得该客户能够保持其所获得的不菲利益。

结合案例，请回答以下问题：

1. 简述战略采购的概念并回答材料中所述的是不是属于战略采购。

2. 分析该公司采取了战略采购实施的哪几种方式。战略采购的实施方式还有哪些？

3. 给该公司在供应商发展方面提点建议。

案例二：某公司的采购战略管理

某公司是一家北京空调的批发公司，它的客户既有像西单、蓝鸟、双安这样的大商场，也有北京街头很多地方可看到的空调专卖店，大致能有几十家，大商场的销售占主要部分。公司主要出售三家公司的空调产品：美的、日立、三菱，其中美的的产品占公司销售的绝大部分，经营空调的品种大约为三四十种。公司的销售额已经达到了1亿元，假设一台空调的平均单价为2000元，一年销售空调的数量将大致为5万台，这5万台空调绝大部分集中在一年的三个月或更短时间中销售，公司的财务部人员5位，主要业务就是核算与供应商及客户的往来账和库存商品的明细账。它的主要供应商"美的"必须采用预付款的方式进行往来结算，而其他两家可以采用赊购的方式。

由于 5 万台空调集中在比较短的时间里采购与销售,公司的人手又少,同时在空调热卖的日子里,同一型号的空调不同的进货批次价格不一样,它的供应商都是空调的货先到,采购发票延迟很长时间后才能到达。所以,由于这些原因导致企业与供应商的往来账始终不能非常清楚,与供应商对账时,有时无据可查。在空调热卖的日子,公司的经理常会说,空调的预付款怎么又没有了,因为这之前已经花了。另外,企业的管理人员尽管知道哪种空调好卖,但没有准确的数字,所以有时不能准确地把握未来空调进货的数量,进多了可能会占压库存(为了节省成本,此公司的仓库较小),进少了又失去了销售的机会。

此公司应用了进销存软件之后,解决了两大问题。第一,采购管理完善了,与供应商的往来账变得清晰明了,有据可查了。他们是这样解决问题的,因为发票迟后到达,所以公司首先输入原始到货单和付款单,公司的计算机系统自动记录供应商往来账,及时为企业的经理提供信息,待到采购发票到达了,再进行核对。这看起来似乎是很简单的问题,但因为企业的采购批次及采购的品种繁多,就发生了本质的变化,变得非常复杂。供应商往来账的清晰仅是一个结果,为了实现这个结果,在计算机系统的帮助下,企业规范了采购管理的业务处理流程与原始数据。第二,增强了采购的准确性,减少了盲目性,同时为企业采购资金的筹备提供了依据。这个企业大部分的空调销售是来自大商场,顾客在商场付款购买空调后,公司是在两三天后才给客户安装的,而此时公司在商场的信息员,将把信息发回公司,公司的计算机系统对此信息进行汇总,据此公司可以较准确地预测未来采购的数量。

结合案例,请回答以下问题:

1. 该空调批发公司在供应商管理方面存在哪些问题?

2. 该公司应该如何解决实际中遇到的问题?

3. 该公司要实施战略采购,应遵循哪些原则?

五、参考答案

（一）单选题答案（本题共 20 小题）

1	2	3	4	5	6	7	8	9	10
D	C	A	A	B	A	D	B	D	A
11	12	13	14	15	16	17	18	19	20
B	A	A	C	D	B	C	A	C	B

（二）多选题答案（本题共 10 小题）

1	2	3	4	5	6	7	8	9	10
ABCE	ABCDE	ABCDE	ABCDE	ABCDE	ABCDE	ABDE	ACDE	CDE	ABCDE

（三）名词解释题答案（本题共 4 小题）

1. 答：所谓战略采购是一种系统性的以数据分析为基础的采购方法。简单地说，战略采购是以最低总成本建立服务供给渠道的过程，一般采购是以最低采购价格获得当前所需资源的简单交易。

2. 答：采购决策是指根据企业经营目标的要求，提出各种可行方案，对方案进行评价和比较，按照满意性原则，对可行方案进行抉择并加以实施和执行的管理过程。采购决策是企业决策中的重要组成部分。

3. 答：采购计划是指企业管理人员在了解市场供求的情况下，以认识企业生产经营活动过程和掌握物料消耗规律为基础，对计划期内物料采购活动所做的预见性的安排和部署。它包括两部分内容：一是采购计划的制订；二是采购订单的制订。

4. 答：综合平衡就是指从全局出发，综合考虑生产经营、认证容量、物料生命周期等要素，判断认证需求的可行性，通过调节认证计划来尽可能地满足认证需求，并计算认证容量不能满足的剩余认证需求。

（四）判断题答案（本题共 20 小题）

1	2	3	4	5	6	7	8	9	10
√	×	√	√	×	√	×	√	×	×

11	12	13	14	15	16	17	18	19	20
√	√	√	×	×	×	×	×	√	√

（五）简答题答案（本题共 10 小题）

1. 答：供应商评价和选择是战略采购最重要的环节，供应商评价系统（Supplier Evaluation Systems，SES）包括：

①正式的供应商认证计划。

②供应商业绩追踪系统。

③供应商评价和识别系统。

2. 答：战略采购使买方—卖方的交易关系长期化、合作化。这是因为战略采购对供应商的态度和交易关系的预期与一般采购不同。战略采购认为：①供应商是买方企业的延伸部分；②与主要供应商的关系必须持久；③双方不仅应着眼于当前的交易，也应重视以后的合作。在这种观点的指导下，买方企业和供应商致力于发展一种长期合作、双赢的交易关系。

3. 答：战略采购的重要性及对不同部门的影响详列如下：

（1）研究与开发、工程与设计

战略采购在与研发部门相结合时发挥了作用。它必须了解所开发的产品以及为取得产品研制成功之后的采购要求。战略采购能够确保得到产品设计所需的必要零部件，同时能够支付得起并满足必要的质量要求。

（2）生产和运作

为了采购最适合的产品和原材料，采购需要了解质量调度、生产时间和供应可得性等问题。战略采购能够通过与运营合作避免紧急购买、生产停工和计划外生产转变来增加价值和节省资金。

（3）销售和营销

通过了解产品是以多少成本如何出售给消费者，战略采购能够更加有效地规划它的购买。它需要持续地与销售和营销沟通以了解因促销或季节性而潜在的需求高峰。

（4）会计与财务

战略采购是应付账款和供应商之间的中介。支付货款对企业有较大的财务影响。战备采购和财务部门有较好的关系，并理解对方的目标与需求以及理解对现金流和劳动资金成本的影响是重要的。

4. 答：商品小组的职能是：

①实施商品总成本降低。

②与供应商谈判。

③为运营部门制订采购计划和选择时机。

5. 答：实施战略采购所需要的不同类型的技能如下：

（1）营销和战略分析

识别最好的供应商，包括那些目前在行业外部的供应商——需要战略分析技能。买方必须能够分析和评价潜在的供应商，进行约束条件分析，细分供应市场，确认竞争对手，分析入业成本结构和了解产品在生命周期不同阶段的定价。

（2）信息收集和技术知识

买方也是企业技术和商业意识的关键参与者，因为他们既要建立关系又要开发技术技能。除了购买，他们必须持续地搜集信息，学习新材料和新产品，进行一致性检查和开发企业外部信息网络。

（3）绩效评估技能

传统上销售价格是评价供应商的唯一判别要素。然而，现在由于供应商管理技术和成本降低活动，供应商评价更加复杂详细，包括服务评价、共同开发能力、创新能力、质量和前置时间精确度。

（4）产品开发技能

由于活动在市场的最前并且是产生成本的原因，买方能够推动企业内部的变革。他们必须与供应商一起执行产品或服务的共同开发方案。买方必须同时非常了解价值分析和目标成本设计，并且能够识别运用这些技术的机会，为技术人员提出产品改进试验方案。

（5）谈判技能和形成伙伴关系

除了日常运营管理技能之外，管理伙伴关系要求熟知法律和具有谈判技能。一旦伙伴关系确定，保持和监督这种伙伴关系就非常重要。

6. 答：采购决策是企业决策中的重要组成部分，它具有以下特点：

①预测性。指对未来的采购工作做出推测，应建立在对市场预测的基础之上。

②目的性。任何采购决策的目的都是为了达到一定的采购目标，如降低采购成本等。

③可行性。指选择的决策方案应是切实可行的，否则就会失去决策的意义。

④评价性。评价性是指通过对各种可行方案进行分析评价，选择满意方案。

7. 答：采购决策除了具有规避风险、增强活力等一般作用之外，还可以发挥以下重要作用：

（1）优化采购活动

采购活动对生产经营过程、产品成本和质量等产生重要影响，为了保证企业各项目标的实现，必须推进采购活动的优化，实现采购方式、采购渠道、采购过程的最优化，提高采购资源的最佳配置。很显然，优化采购活动必须对采购活动涉及的诸多重大问题进行科学的谋划，做出最佳的选择，没有科学的采购决策就不可能产生理想的采购活动。

（2）实现准时化采购

为了满足即时生产的需要，应实行准时化采购，而合理的采购决策则使准时化采购成为可能。

(3) 提高经济效益

在产品的规格、质量、服务等一定的情况下，准确采购可降低进价、减少库存、降低各种费用的支出，使企业获得更大的利润，提高企业的竞争力。采购活动受到诸多因素的影响，它们之间存在特定的关系，任何一种因素处理不好，都有可能影响经济效益的提高。必须以采购决策正确处理这些影响因素。

8. 答：采购决策的方法很多，有定量决策的方法，也有定性决策的方法。这里结合国内采购工作的实际，主要介绍采购人员估计法、期望值决策法、经理人员意见法、数学模型法和直接观察法。

(1) 采购人员估计法

这种方法是召集一些采购经验较丰富的采购人员，征求他们对某一决策问题的看法，然后将他们的意见综合起来，形成决策结果。

(2) 期望值决策法

这种方法是根据历史资料来进行决策。

(3) 经理人员意见法

这种方法先征求部门经理的意见，再做出决策。如果企业要选择合适的供应商，可采用经理人员意见法。

(4) 数学模型法

如果企业为了达到采购存储总费用最低的目的，就必须用经济型计算最佳采购批量。值得注意的是，采用数学模型一定要注意使用条件。

(5) 直接观察法

采购部门的决策者在对简单问题决策时，按一定的标准或按关键采购标准，淘汰不符合标准的方案，对符合标准的方案按优劣顺序及可行性排列，选择方案。

9. 答：采购计划的编制应该达到如下目的：

①预计物料需用的时间和数量，防止供应中断，影响产销活动。

②避免物料储存过多，积压资金，占用库存空间。

③配合企业生产计划和资金调度。

④使采购部门事先准备，选择有利时机购入物料。

⑤确定物料的耗用标准，以便于管理物料的采购数量和成本。

10. 答：计算认证容量是采购计划的第 3 个步骤，主要包括以下 4 个方面的内容：

(1) 分析项目认证资料

这是计划人员的一项重要业务，不同认证项目的过程及周期也是千差万别的。各种物料项目的加工过程各种各样，非常复杂。

(2) 计算总体认证容量

在采购环境中，供应商订单容量与认证是两个不同的概念，有时可以相互借用，但存在着差别。在认证供应商时，一般要求供应商提供一定的资源用于支持认证操作，或者只做认证项目。

（3）计算承接认证容量

供应商的承接认证容量等于当前供应商正在履行认证的合同费。一般认为认证容量的计算是一个相当复杂的过程，各种各样的物料项目的认证周期也不相同，一般是计算要求的某一时间段的承接认证量。

（4）确定剩余认证容量

某一物料所有供应商群体的剩余认证容量的总和，称为该物料认证容量，可以用下面的公式简单地进行说明：物料认证容量＝物料供应商群体总体认证容量－承接认证容量。

（六）论述题答案（本题共 9 小题）

1. 答：战略采购作为整合公司和供应商战略目标和经营活动的纽带，包括四方面的内容：供应商评价和选择、供应商发展、"买方—卖方"长期交易关系的建立和采购整合。前三个方面发生在采购部门和外部供应商群之间，统称采购实践；第四个方面发生在企业内部。

（1）供应商评价和选择

供应商评价和选择是战略采购最重要的环节。供应商评价系统（Supplier Evaluation Systems，SES）包括：正式的供应商认证计划；供应商业绩追踪系统；供应商评价和识别系统。供应商业绩评价的指标体系通常由定价结构、产品质量、技术创新、配送、服务等几个方面构成。但根据公司战略不同，在选择供应商时所重视的业绩指标有所不同。

（2）供应商发展

由于在供应商选择对供应商业绩有所侧重，有时目标供应商的业绩符合了买方企业主要标准，而在其他方面不能完全符合要求；或有些潜在贡献能力未得到发挥，买方企业就要做一系列的努力，提高供应商的业绩。这些努力包括：①与目标供应商进行面对面的沟通；②公司高层和供应商就关键问题进行交流；③实地帮助供应商解决技术、经营困难；④当供应商业绩理论新探有显著提高时，有某种形式的回报或鼓励；⑤培训供应商员工等。

（3）"买方—卖方"长期交易关系的建立

战略采购使"买方—卖方"的交易关系长期化、合作化。这是因为战略采购对供应商的态度和交易关系的预期与一般采购不同。战略采购认为：①供应商是买方企业的延伸部分；②与主要供应商的关系必须持久；③双方不仅应着眼于当前的交易，也应重视以后的合作。在这种观点的指导下，买方企业和供应商致力于发展一种长期合作、双赢的交易关系。

（4）采购整合

随着采购部门在公司中战略地位的提高，采购逐渐由程序化的、单纯的购买向前瞻性、跨职能部门、整合的功能转变。采购整合是将战略采购实践和公司目标整合起来的过程。与采购实践不同，采购整合着眼于企业内部，目的是促进采购实践与公司竞争优势的统一，转变公司高层对采购在组织中战略作用的理解。采购整合包括：采购部门参与战略计划过程，战略选择时贯穿采购和供应链管理的思想，采购部门有获取战略信息的渠道，重要的采购决策与公司的其他战略决策相协调。

2. 答：战略采购包括以下几个重要原则：

（1）考虑总体成本

成本最优往往被许多企业的管理者误解为价格最低，只要购买价格低就好，很少考虑使用成本、管理成本和其他无形资本。采购决策依据就是单次购置价格，例如购买一台复印机，采购的决策者如果忽略了采购过程发生的电话费、交通费、日后维护保养费用、硒鼓纸张等消耗品情况、产品更新淘汰因素等而只考虑价格，采购的总体成本实际上是没有得到控制的。采购决策影响着后续的运输、调配、维护、调换乃至产品的更新换代，因此必须有总体成本考虑的远见，必须对整个采购流程中所涉及的关键成本环节和其他相关的长期潜在成本进行评估。

（2）在事实和数据信息基础上进行协商

战略采购过程不是对手间的谈判，而应该是一个商业协商的过程，协商的目的不是一味比价压价，而是基于对市场的充分了解和企业自身长远规划的双赢沟通。在这个过程中需要通过总体成本分析、第三方服务供应商评估、市场调研等为协商提供有力的事实和数据信息，帮助企业认识自身的议价优势，从而掌握整个协商的进程和主动权。

（3）采购的终极目标是建立双赢的战略合作伙伴关系

双赢理念一般很少用在采购中，更多的企业管理者更喜欢单赢，喜欢在采购的过程中总是"我方为刀俎，他人为鱼肉"。事实上双赢是"放之四海而皆准"的真理，它在战略采购中也是不可或缺的因素，许多发展势头良好、起步较早的企业一般都建立了供应商评估与激励机制，通过与供应商长期稳定的合作，确立双赢的合作基准，取得非常好的效果。要知道，现代经济条件下市场单靠一两家企业是不能通吃的，必须讲求"服务、合作、双赢"的模式，互为支持、共同成长。

（4）制衡——双方合作的基础

企业和供应商本身存在一个相互比较、相互选择的过程，双方都有其议价优势，如果对供应商所处行业、供应商业务战略、运作模式、竞争优势、稳定长期经营状况等有充分的了解和认识，就可以帮助企业本身发现机会，在互赢的合作中找到平衡。现在，已有越来越多的企业在关注自身所在行业发展的同时开始关注第三方服务供应商相关行业的发展，考虑如何利用供应商的技能来降低成本、增强自己的市场竞争力和满足客户了。

3. 答：（1）集中采购

通过采购量的集中来提高议价能力，降低单位采购成本，这是一种基本的战略采购方式。目前虽有企业建立集中采购部门进行集中采购规划和管理，以期减少采购物品的差异性，提高采购服务的标准化，减少了后期管理的工作量。但很多企业在发展初期因采购量和种类较少而进行集中采购，随着企业的集团化发展，在采购上就出现分公司各自为政的现象，很大程度上影响采购优势。因此，坚持集中采购方式是企业经营的根本原则之一。

（2）扩大供应商基础

通过扩大供应商选择范围引入更多的竞争、寻找上游供应商等来降低采购成本是非常有效的战略采购方法，它不仅可以帮助企业寻找到最优的资源，还能保证资源的最大化利用，提升企业的水准。

（3）优化采购流程

制定明确的采购流程有助于企业实现对采购的控制，通过控制环节（要素）避免漏洞，实现战略采购的目的，流程可采用的要素有：货比三家引入竞争，发挥公开招标中供应商间的博弈机制，选择最符合自身成本和利益需求的供应商；通过电子商务方式降低采购处理成本（交通、通信、运输等费用）；通过批量计算合理安排采购频率和批量，降低采购费用和仓储成本；对供应商提供的服务和产品进行"菜单式"购买。需要注意的是：供应商提供的任何服务都有价格，只不过是通过直接或间接的形式包含在价格中。企业可以通过"菜单"选择所需的产品及服务，往往这种办法更能有效降低整体采购成本。

（4）产品、服务的统一

在采购时就需充分考虑未来储运、维护、消耗品补充、产品更新换代等环节的运作成本，致力于提高产品和服务的统一程度，减少差异性带来的后续成本。这是技术含量更高的一种战略采购，是整体采购优化的充分体现。

4. 答：战略采购的影响因素主要表现在正面影响和负面影响两方面。

（1）正面影响

①采购部门地位对战略采购的正影响。采购部门地位反映了企业对采购部门的信心。采购部门作为采购职能的主要执行者和战略采购的重要参与者，其在企业中的地位将直接影响采购与战略管理过程的整合。研究表明，采购部门地位对战略采购有显著的正面影响。

②合作历史和商誉对战略采购的正影响。信息和信任是战略采购的两大基石。交易伙伴间信任的来源，一是合作历史，二是企业商誉。对一个企业的商誉的判断也是基于历史合作经验的考察，但与合作历史不同的是，企业商誉是多个企业共同考察和评价的结果，它更具客观性。由于战略采购需要买方企业和供应商的共同参与，买方企业的合作历史和商誉也同时被供应商所考察，所以交易双方的合作历史和商誉都会影响战略采购的成功实施。

③民族文化对战略采购、采购部门地位及合作历史和商誉的影响。民族文化与企业的经营活动密切相关。企业的一切经营活动都是在一定的文化氛围中进行并受其影响和制约。

（2）负面影响

①社会信任结构对企业合作历史和商誉及战略采购的负影响。社会信任结构分为高信任文化和低信任文化两种模式。在高信任文化中，信任可以超越血缘等特殊关系，自发性社会交往很多，社会中间组织很发达，其直接的结果就是很容易形成组织间的合作或联盟。而低信任文化中，信任往往局限于血缘关系，自发性社会交往很少，社会中间组织不

发达，其直接的结果就是组织间合作或联盟较难形成，一旦形成这种合作或联盟关系也较不稳定。

②不确定性回避程度对战略采购的负影响。不确定性回避程度是指人们回避或接受风险的程度。不确定性回避程度高，说明社会趋向于规避风险，喜欢确定和安全；反之，说明社会喜欢冒险，追求新奇的解决问题的方法。

③权利距离对采购部门地位的负影响。权利距离是指社会期待甚至喜好权利的差异程度。权利距离大的社会认为每个人都应该有恰当的地位，这样会有很好的社会等级秩序；反之，表明社会认为每个人都应该有相等的权利的机会，从而能改变自己在社会中的地位。我国的权利距离大，上下级之间等级分明，集权程度高。

④社会信息特征对合作历史和商誉的负影响。信息层次高低的主要指标是其规范度和分散度。中国社会的信息不规范且比较集中。信息不规范降低了企业间信息交流的效率，而信息集中造成企业间信息资源拥有处于不平等状态，降低了企业间信息交流的意愿。

⑤交易环境对合作历史和商誉及战略采购的负影响。从1992年邓小平南巡讲话宣布我国全面实行市场经济至今，不过十余年时间，我国市场经济体制还十分稚嫩。这种稚嫩表现为缺少相关的法律、制度和惯例保证公平的交易环境。突出存在的问题有政府干涉企业行为、地方保护主义和交易过程中的腐败现象。

5. 答：企业实施战略采购，可以遵循以下七步流程。

（1）设定回报目标

要设定初期回报目标，首先，必须确认采购总支出，所有用于间接和直接原料的支出以及企业其他支出；其次，设定每年、每季度所降成本的宏观百分比目标。要选择一个可以实现的百分比目标，这一点很重要。如果标准设得太高，管理层会对初期结果失望；如果标准设得太低，没有人会真正发现潜在的机遇有多大。

（2）组建商品团队，寻找降低成本的领域

应该按照不同的技术或产品组成不同的商品团队，例如印制电路板团队或金属冲压团队。商品团队的任务是收集技术、制造和市场情报以及采购信息，从而帮助企业得出每种产品、每个关键零部件的全面概述，为制定战略打好基础。如果企业决定削减供应基地，减少常用零部件数量，那么这一步就尤为重要了。

（3）评估需求，制定商品采购战略

每种商品都有不同的技术和定价策略，按照节约成本的困难程度对商品进行排序是关键。这样，商品团队就可以从容易实现的目标着手，确认能首过的（first－pass）开支削减目标，例如飞机酒店费用、原材料成本等，以提起众人对新措施的热情，并为团队积累经验。这为处理更具挑战性的商品降低了难度，因为在实现了那些容易实现的目标后，团队可以看到立竿见影的收益，这激起他们无穷的动力和激情去迎接后面更难的任务。

（4）与关键供应商沟通关键问题

衡量供应链管理绩效的标准应该包括按零部件与商品组划分的成本分解细目、质量绩效历史数据以及有关特殊问题的注释。另外，来自供应商与客户双方的有关市场趋势和竞争形势的信息有助于企业抓住重点。

（5）验证、追踪并监控每个成本项

战略采购步骤需要重点强调，因为人们常常误解、忽略这一步骤。许多供应链管理部门虽然找到了大规模降低成本的机会，但却不能将之转化为明显的利润增长，因为它们没有跟踪监控降低的成本。因此，当成本出现降低时，一定要做到VTC，也就是验证（Verify）、追踪（Track）、监控（Control）每一个成本项。如果没有一个规范的监控开支节省的常规程序，节省下来的成本会很快消失，对最终利润几乎没有任何影响。

（6）把实现的节约转变为企业的利润

企业必须把预计会降低以及实际降低的成本直接与最高的损益表挂钩。这些财务数据是管理层的控制系统。如果首席财务官与首席运营官通过供应链管理计划了解了例如销货成本（COGS）降低的来源，那么他们就能规划所得收益。当股东与审计员听到利润增加的消息，每个人对供应链调整的热情就会高涨。

（7）对供应链伙伴实行优胜劣汰

许多好的措施在刚开始取得突破性结果后就夭折了。所以企业必须不断重新审核供应链的绩效数据，通过淘汰绩效不佳者来维持高标准。这并不是说在削减了供应基地后，剩下的几十名供应商必须要进一步减少到几名。相反，重要的是买家要仔细审核现有的选择。改善的机会很多，培训供应商、开展联合研究项目就是其中几种。

6. 答：双方之间权力不平衡，会使这种伙伴关系倒向零和博弈。保持这种伙伴关系平衡的几种方法如下：

（1）伙伴关系需要开始时就清楚地界定。必须建立契约关系确保工作和利润在关系存续期间的公平分配。在供应商与买方合同中严格的关系定义是实现贸易量和稳定性的关键。明确地规定双方在伙伴关系内的各种情况将使机会主义行为最小化。如果伙伴关系的持续时间界定清晰（如产品寿命），那么成本和服务水平就可以保持弹性，并根据消费者需求变化与内部过程优化或原材料价格水平进行调整。例如，成功的关系合同将规定未来价格调整和未来生产率增加及供应链成本增加的分配。

（2）信息必须对双方透明，提供合作伙伴关系的经济绩效的完全信息。实现相互尊重的伙伴关系的透明度需要规则，特别是对供应商业绩评价、买方需求预测的质量和技术规格的规定性。总采购成本的控制对伙伴关系的运转也是至关重要的，通常要求重组标准的控制程序。成本需要由供应单位分配，不仅要对直接原材料和人工成本，而且要对间接成本如物流成本、非质量成本和管理费用进行分配。

长期伙伴关系要求的第二个层次的透明化不仅强调供应商的成本结构和赢利能力，而且强调买方的成本结构和赢利能力。关于价格调整和利润分享的合同条款要求关键效益指标的透明化。合作伙伴关系保持竞争性是因为它的持续时间是确定的。为了维系交易，供应商必须在允许的时间内证实他们的竞争实力。成本结构说明了内部业绩，能够有助于指导增进和创新活动。

（3）正如前面业绩评价技能中所提到的，应当在更广泛的业绩基础上评价伙伴关系中的供应商。

（4）伙伴应当有能力通过产品重新设计或整合物流战略进行成本缩减。一般认为，产品设计占产品成本的40%。供应链整合能够同时增加利润和反应性。

（5）除了日常的管理技能外，管理伙伴关系要求精通法律知识和复杂的谈判技能。随着采购人员更多地参与到企业战略决策中来，人员技能甚至将变得更加重要。

7. 答：采购决策关系到采购工作的质量，是一项复杂的工作，必须按照一定的程序来进行，基本程序如下所述。

（1）确定采购目标

根据企业的总体经营目标，确定企业的采购目标。企业采购的总目标是实现及时准确的采购，满足经营的需要，降低采购费用，提高经济效益。根据采购总目标，可制订采购的具体目标，如订购批量目标、订购时间目标、供应商目标、价格目标、交货期目标等。

（2）收集有关的信息

信息是采购决策的依据，信息的可靠性决定采购决策的正确性。信息按来源不同分为外部信息和内部信息。企业外部信息包括以下内容：宏观的法律、经济政策；货源的信息；科技信息；运输方面的信息；有相同需求的同行情况；物资需求情况；库存情况；财务情况；本企业采购队伍情况。

（3）拟订实现目标的多个可行性方案

在收集分析企业内外部各种信息的基础上，组织有关人员，集思广益，提出各种可行性采购方案，每个采购方案应包括采购预算、货源渠道、供应商、产品质量、价格、服务、运费、交货期、结算条件等，为采购决策者做出正确的决策提供依据。在具体拟订方案中应把握两点：一是尽可能地将所有可行性方案都找出来，以避免漏掉满意方案；二是各方案之间应是互斥的，相同或相似的可归为一类。

（4）选择满意的方案

针对以上各种方案，综合分析选择满意方案。方案的选择问题是一个对各种可行方案进行分析评价的过程。具体的评价标准因企业不同以及企业外部环境不同而异：例如，某企业在夏季经销电风扇，货源有本地、外地两种选择（如下表所示）。

电风扇货源情况表

项目	质量	进货成本
本地	一般	较低
外地	好	较高

对于这种问题的决策，其选择标准因市场供求状况不同而不同。若该地电风扇供过于求，竞争激烈，则选择外地进货，用优质来竞争；若电风扇供不应求，则选本地进货较

好，因为即使质量一般，也不必担心卖不出去。实际工作中，即使市场行情一定，不同类型的企业也会根据自身条件，采用不同的评判标准。满意的方案不一定是赢利最大的方案，而是对企业最有利、最切实可行的方案。

（5）实施与反馈

有了采购目标和满意的采购方案，还要制定具体的实施细则，以使采购方案得以实施。同时，还应注意收集、整理方案在实施过程中出现的新情况和新问题，以保证采购目标的实现。最后，对采购方案的实施进行检查和分析。在实施与反馈过程中，应将实际执行与原定决策目标进行比较。

上述采购决策程序，可用下图表示：

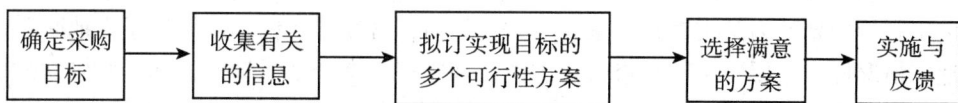

确定采购目标 → 收集有关的信息 → 拟订实现目标的多个可行性方案 → 选择满意的方案 → 实施与反馈

采购决策程序

8. 答：影响采购计划的因素

（1）年度销售计划

在激烈的市场竞争中，企业根据市场销售情况确定生产经营规模。当市场没有出现供不应求时，企业年度的计划多以销售计划为起点。而销售计划的拟订，又受到销售预测的影响。

（2）生产计划

生产计划是确定企业在计划期内生产产品的实际数量及其具体分布情况。其公式为：预计生产量＝预计销售量＋预计期末存货量－预计期初存货量。生产计划决定采购计划，采购计划对生产计划的实现起物料供应保证作用。企业采购部门应积极参与生产计划的制订，提供各种物料的资源情况，以便于企业领导和计划部门制订生产计划时参考。

（3）用料清单

在企业中，特别是在高新技术行业中，为适应市场需求，产品研究开发层出不穷。用料清单难以做出及时修订，致使根据产量所计算出来的物料需求数量，与实际的使用量或规格不相符，造成采购数量过多或不足，物料规格过时或不易购得，从而影响企业的生产经营。因此，为保证采购计划的准确性，必须依赖最新、最准确的用料清单。

（4）存量管制卡

若产品有存货，则生产数量不一定等于销售数量。同理，若材料有库存数量，则材料采购数量也不一定等于根据用料清单所计算的材料需用量。因此，必须建立物料的存量管制卡，以表明某一物料目前的库存状况，再依据物料需求数量，并考虑采购物料的作业时间和安全存量标准，算出正确的采购数量，然后开具请购单，进行采购活动。

（5）物料标准的设定

在编制采购预算时，因对将来拟采购物料的价格不易预测，所以价格多用标准成本替代，但由于多种原因很难保证其正确性。因此，标准成本与实际购入价格的差额，即是采购预算正确性的评估指标。

（6）劳动生产率

劳动生产率的高低将使预计的物料需要量与实际的耗用量产生误差，因此劳动生产率也会影响到采购计划的准确性。

（7）价格预期

在编制采购预算时，常对物料价格涨跌幅度、市场景气或萧条、汇率变动等进行预测，并将其列为调整预测的因素。

由于影响计划的因素很多，故采购计划拟订后，必须与产销部门保持经常地联系，并针对现实情况做出必要的调整与修订，才能实现维持正常产销活动的目标，并协助财务部门妥善规划资金来源。

9. 答：采购认证计划的主要环节有：准备认证计划、评估认证需求、计算认证容量、制订认证计划。

（1）准备认证计划

准备认证计划是采购计划的第一步，也是非常重要的一步。关于准备认证计划可以从5个方面详细的阐述：①熟悉认证的物资项目。②熟悉开发批量需求。③掌握余量需求。④准备认证环境资料。⑤制订认证计划说明书。

（2）评估认证需求

评估认证需求是采购计划的第2个步骤，可以从3个方面进行详细的阐述。①分析开发批量需求。要做好开发批量需求的分析，需要分析量的需求和掌握物料的技术特征等信息。②分析余量需求。首先要对余量需求进行分类。对于因市场销售量增加等原因造成的，可以通过市场及生产需求计划得到各种物料的需要量及时间；对于因供应商萎缩造成的，可以通过分析现实采购环境的总体订单容量与原定容量之间的差别得到。③确定认证需求。认证需求是指通过认证手段，获得具有一定订单容量的采购环境，它可以根据开发批量需求及余量需求的分析结果来确定。

（3）计算认证容量

计算认证容量是采购计划的第3个步骤，主要包括以下4个方面的内容：①分析项目认证资料。这是计划人员的一项重要业务，不同认证项目的过程及周期也是千差万别的。各种物料项目的加工过程各种各样，非常复杂。②计算总体认证容量。在采购环境中，供应商订单容量与认证是两个不同的概念，有时可以相互借用，但存在着差别。③计算承接认证容量。供应商的承接认证容量等于当前供应商正在履行认证的合同费。④确定剩余认证容量。某一物料所有供应商群体的剩余认证容量的总和，称为该物料认证容量，可以用公式简单地进行说明：物料认证容量＝物料供应商群体总体认证容量－承接认证容量。

（4）制订认证计划

制订认证计划是采购计划的第 4 个步骤，主要包括 4 个方面的内容：①对比需求与容量。物料认证需求与供应商对应的认证容量之间会存在差异。②综合平衡。综合平衡就是指从全局出发，综合考虑生产经营、认证容量、物料生命周期等要素，判断认证需求的可行性，通过调节认证计划来尽可能地满足认证需求，并计算认证容量不能满足的剩余认证需求。③确定余量认证计划。指对于采购环境不能满足的剩余认证需求，应提交采购认证人员分析并提出对策，一起确认采购环境之外的供应商认证计划。④制订认证计划。这是认证计划的主要目的，是衔接认证计划和订单计划的桥梁。只有制订好认证计划，才能根据该认证计划做好订单计划。

（七）案例分析题答案（本题共 2 小题）

案例一：

1. 答：战略采购是一种系统性的、以数据分析为基础的采购方法。属于战略采购。

2. 答：该公司精减供应商，属于集中采购；网上公开招标属于优化采购流程。实施方式还有扩大供应商基础和产品、服务的统一两种。

3. 答：公司应该继续和供应商保持良好的合作伙伴关系，为维护良好的关系并取得更好的发展可以做以下努力：①与目标供应商进行面对面的沟通；②公司高层和供应商就关键问题进行交流；③实地帮助供应商解决技术、经营困难；④当供应商业绩理论新探有显著提高时，有某种形式的回报或鼓励；⑤培训供应商员工等。

案例二：

1. 答：缺乏有效的信息传递系统，忽视不确定性对库存的影响，库存控制策略简单化等。

2. 答：针对采购批次及采购的品种繁多的问题可以采取集中采购来解决；针对空调集中在比较短的时间里采购与销售而人手又少的问题可以采取 VMI 库存管理策略；针对对账时无据可查问题可以采取建立高效的信息传递系统。

3. 答：考虑总体成本、在事实和数据信息基础上进行协商、建立双赢的战略合作伙伴关系、以制衡为合作基础。

参 考 文 献

[1] 王方华，陈继祥．战略管理 ［M］．上海：上海交通大学出版社，2003.

[2] 牛鱼龙．中国物流经典案例 ［M］．深圳：海天出版社，2003.

[3] 宋华．现代物流与供应链管理案例 ［M］．北京：经济管理出版社，2001.

[4] 利丰研究中心撰写．供应链管理：香港利丰集团的实践 ［M］．北京：中国人民大学出版社，2003.

[5] 于淼．供应商管理 ［M］．北京：清华大学出版社，2006.

[6] 段文斌，王化栋．现代期货市场学 ［M］．北京：经济管理出版社，2003.

[7] 黄保海，倪慧君．西方经济学简明教程 ［M］．济南：山东大学出版社，2006.

[8] 鲁照旺．采购环境与供应市场分析 ［M］．北京：机械工业出版社，2008.

[9] 北京中交协物流人力资源培训中心组织．采购绩效测量与商业分析 ［M］．北京：机械工业出版社，2008.

[10] 余文声．商品采购管理 ［M］．广州：广东经济出版社，2005.

[11] 段文斌．现代西方经济学原理 ［M］．天津：南开大学出版社，2006.

[12] 胡建绩，陆雄文．企业经营战略管理 ［M］．上海：复旦大学出版社，2004.

[13] 夏文汇．物流战略管理 ［M］．成都：西南财经大学出版社，2006.

[14] 商务部编写组．国际贸易 ［M］．北京：中国商务出版社，2007.

[15] 卓小苏．国际贸易风险与防范 ［M］．北京：中国纺织出版社，2007.

[16] 田运银．国际贸易实务精讲 ［M］．北京：中国海关出版社，2007.

[17] 张雪莹，刘昕蓉．国际贸易实务单证大全 ［M］．天津：天津大学出版社，2007.

[18] 龚晓莺．国际贸易与国际直接投资的关系及政策选择 ［M］．北京：经济管理出版社，2006.

[19] 方博亮，武常岐，孟昭莉．管理经济学 ［M］．北京：北京大学出版社，2008.

[20] 赵晓燕．市场营销管理：理论与应用 ［M］．北京：北京航空航天大学出版社，2008.

[21] 余景选．成本管理 ［M］．杭州：浙江人民出版社，2008.

[22] 乐艳芬．成本管理会计 ［M］．上海：复旦大学出版社，2007.

[23] 马浩．战略管理学精要 ［M］．北京：北京大学出版社，2008.

[24] 黄凯．战略管理：竞争与创新（第二版） ［M］．北京：北京师范大学出版